辣椒没有冬瓜大，冬瓜没有辣椒红。对每位学
生施以不一样的度，教育才可能适度。

　　　　　　　　　　　　　　　　——李慧军

· 教育家成长丛书 ·

李慧军
与适度教育

LIHUIJUN YU SHIDU JIAOYU

中国教育报刊社·人民教育家研究院 组编

李慧军 著

北京师范大学出版集团
BEIJING NORMAL UNIVERSITY PUBLISHING GROUP
北京师范大学出版社

图书在版编目（CIP）数据

李慧军与适度教育/李慧军著. —北京：北京师范大学出版社，2016.4
（2025.3 重印）

　（教育家成长丛书）

　ISBN 978-7-303-17501-7

　Ⅰ. ①李…　Ⅱ. ①李…　Ⅲ. ①小学教育－教学研究　Ⅳ. ①G622.0

　中国版本图书馆 CIP 数据核字（2016）第 027978 号

出版发行：北京师范大学出版社 https：//www.bnupg.com
　　　　　北京市西城区新街口外大街 12-3 号
　　　　　邮政编码：100088

印　　刷：北京虎彩文化传播有限公司
经　　销：全国新华书店
开　　本：787 mm×1092 mm　1/16
印　　张：18.75
字　　数：300 千字
版　　次：2016 年 3 月第 1 版
印　　次：2025 年 3 月第 4 次印刷
定　　价：65.00 元

策划编辑：伊师孟　　　　　　责任编辑：陶　虹
美术编辑：焦　丽　　　　　　装帧设计：焦　丽
责任校对：陈　民　　　　　　责任印制：马　洁

教育家成长丛书

编委会名单

总　顾　问：柳　斌　顾明远

顾　　　问：叶　澜　田慧生　林崇德　陈玉琨

编委会主任：杨春茂

编　　　委：（按姓氏笔画为序）

于　漪　王瑜琨　方展画　田慧生

成尚荣　任　勇　刘可钦　齐林泉

孙双金　李吉林　杨九俊　杨春茂

吴正宪　汪瑞林　张志勇　张新洲

陈雨亭　郑国民　施久铭　徐启建

唐江澎　陶继新　龚春燕　程红兵

赖配根　鲍东明　窦桂梅　魏书生

主　　　编：张新洲

副　主　编：赖配根　王瑜琨　汪瑞林

总　序

教育是国家发展的基石，教师是基石的奠基者。古人云："国将兴，必贵师而重傅。"兴国必先强教，强教必先重师。党中央、国务院高度重视教师队伍建设。2013 年教师节，习近平总书记在给全国广大教师的慰问信中指出："百年大计，教育为本。教师是立教之本、兴教之源，承担着让每个孩子健康成长、办好人民满意教育的重任。"2014 年，在第 30 个教师节前夕，习总书记到北京师范大学视察并发表重要讲话，指出："一个人遇到好老师是人生的幸运，一个学校拥有好老师是学校的光荣，一个民族源源不断涌现出一批又一批好老师则是民族的希望。"《国家中长期教育改革和发展规划纲要（2010—2020 年）》也明确提出，"有好的教师，才有好的教育"，要"努力造就一支师德高尚、业务精湛、结构合理、充满活力的高素质专业化教师队伍"。"倡导教育家办学"，要创造有利条件，鼓励教师和校长在实践中大胆探索，创新教育思想、教育模式和教育方法，形成教学特色和办学风格，造就一批教育家。"两个一百年"奋斗目标的实现、中华民族伟大复兴中国梦的实现，归根结底要靠人才、靠教育，而支撑起教育光荣梦想的，是千百万的教师。

时代呼唤好老师。有一流的教师，才有一流的教育；有一流的教育，才有一流的国家。出名师、育英才、成伟业，是时代赋予我们教育战线的神圣使命。"所谓大学者，非谓有大楼之谓也，有大师之谓也。"好学校、好教育的最重要标准，就是要有好老师。一所学校、一个地区，乃至一个国家，如果教师有理想、有爱心、有学识、有高超的教育艺术，那么即使硬件设施有些简陋，家长、学生也会心向往之。教师是中国梦的奠基者。教师的重要使命，就是为每个孩子播种梦想、点燃梦想，并帮助他们实现梦想。每一间平凡的教室，每一节朴实的课，都不仅是知识的传递，而且是人类文明精神的接续、人生梦想的起航。正是有亿万个孩子梦想的放飞、绽放，中国梦才更加光彩夺目。如果说中国梦最坚实的土壤是学校，那么教师就是最伟大的"筑梦师"，他们用默默无闻、孜孜不倦的智慧劳动，让每一颗年轻的心灵都与中国梦激情相拥。

倡导教育家办学，造就一批好老师，首先要尊重、珍惜我们的本土智慧、本土创造。教育家不是凭空产生的，而是扎根于自己的民族文化土壤，同时吸收人类文明成果，从而创造出独特而生动的教育实践、教育智慧和教育文明。五千年源远流长的中华文明，不但形成了有我们民族特色的教育理论体系，而且涌现出了千千万万优秀的教育家，有被推崇为"大成至圣先师""万世师表"的孔子，有"匹夫而为百世师，一言而为天下法"的韩愈，有"捧着一颗心来，不带半根草去"的人民教育家陶行知，等等。改革开放 40 年来，随着教育改革的不断深入，教育战线涌现出了一大批杰出教师。他们痴情于教育事业，坚守理想信念和教育良知，在三尺讲台上默默耕耘、刻苦钻研，同时以敢为天下先的精神大胆创新，不断进取、不断超越，形成了各具特色的教育思想和教学风格。正是他们的成功探索和实践，创造了具有中国风格的教育经验，丰富了具有中国特色的教育理论宝库。原由教育部师范教育司组织编写，现由中国教育报刊社人民教育家研究院组织编写的"教育家成长丛书"，就是要向这些宝贵的本土创造性的教育经验致敬。

当前，教育领域综合改革正在深入推进，考试招生制度改革的大幕已经拉开，立德树人、培育和践行社会主义核心价值观成为大中小学教育的头等任务。可以预见，中国教育将发生深刻的变革，将从"中国制造"向"中国创造"转变。"没有革命的理论，就没有革命的运动。"没有适合中国土壤、具有中国智慧的教育理论，就不可能为未来的中国教育改革提供有效的指导。我们的教育要向"中国创造"飞跃，必然要首先创造属于我们自己的教育理论，而不是"言必称希腊"或者老是贩卖欧美的教育理论。170多年前，美国思想家、诗人爱默生发表了著名演说《美国学者》，号召美国知识界："我们依赖旁人的日子，我们师从他国的长期学徒期时代即将结束。在我们周围，有成百上千万的青年正在走向生活，他们不能老是依赖外国学识的残余来获得营养。"由此，美国迈入精神立国阶段。

如今，我们也面临与爱默生同样的情形。随着我国GDP已从世界第二向第一迈进，我们要自觉养成强烈的"中国意识"，独立的中国文化品格，并由此去环视世界，去改造本土实践，去创造属于我们自己的精神养料——这在教育界显得尤为紧迫。"教育家成长丛书"，旨在把我们本土教育实践中蕴含的中国智慧提炼出来，从而形成具有时代意义的中国特色的教育话语体系，再以此去观照、引领、改造中国的教育实践，为伟大的教育改革提供经验、理论支持，也为未来的教育家提供丰富、可资借鉴的精神养料。

让我们为中国教育的伟大未来一起努力吧！

2018 年 3 月 9 日

前 言

　　见证着中国基础教育半个世纪的春华秋实，代表着中国基础教育教学成果的最高成就——"首届基础教育国家级教学成果奖"，闪耀着李吉林、窦桂梅、吴正宪、张思明、洪宗礼、唐江澎、邱学华、于永正、孙双金、薄俊生、龚春燕等一大批优秀教师的名字。而上述这些教师杰出代表恰恰都是《人民教育》"名师人生"栏目中最受读者喜爱的名师，都是"教育家成长丛书"的作者。

　　"教育家成长丛书"（以下简称"丛书"），是在第20个教师节前夕，为了研究、总结、宣传和推广我国众多优秀中小学教师的先进教育思想和鲜活宝贵的教育教学经验，培养造就一大批德才兼备的优秀教师和杰出的教育家，促进教师队伍整体素质的提高，根据教育部党组安排，由师范教育司组织编写的一套凝聚着一大批教育家成长智慧的大型教育丛书。

　　"丛书"自2006年问世以来，不但得到国务院和教育部领导同志的高度重视，而且先后印刷多次尚不能满足广大读者的需求。这其中的奥秘何在？

　　当你翻开"丛书"，每一部著作都讲述着一位教育家成长的故事。这些著作主要从"成长历程""思想概述""课堂实录"和"社会反响"等方面全景式反映其教育思想、教育智慧、专业精神和专业人格的形成过程与教学实践过程。这是教育家成长的基本素质所在。

　　当你沿着教育家成长的足迹走近他们的时候，你会融入这些带有"草根色彩"、扎根中华教育实践大地、充满田野芳香的真实感人的教育故事中。

当你从"丛书"中,从这些当年和自己一样的普通教师,成长为今天受人尊敬的教育家的成长过程中受到启迪,当你触摸着自己的心,把学生的成长和祖国的未来紧紧连在一起的时候,你会真切地感受到教育家离我们并不遥远。

当你用整个身心蘸着自己的生活积累去品味"丛书"中的每一部著作的"成长历程"时,在一位位名师不断学习、不断超越自我、不断超越学科教学的求索足迹中,你会读懂"教育是事业,其意义在于奉献"的丰富内涵。

当你研读"丛书"中的每一部著作的"思想概述",和每一位名师展开心灵对话的时候,都会深深地感受到,一名教师对教育独立的理解与执着的追求有多么重要。从一名普通的教师成长为受人尊敬的教育家的过程中,你会读懂"教育是科学,其价值在于求真"的深刻含义。透过"丛书",你会看到一代代教师用爱与智慧塑造民族未来的教育理想。

随着我们从"知识核心时代"走向"核心素养时代",教师教育教学活动的视野已拓展到人的生存与发展的方方面面。教师要结合自己的教学实践去感悟"教育理念是指导教育行为的思想观念和精神追求",应该把爱化为自己的教育行为,让爱充盈课堂,触摸到一个个灵动的生命,让爱产生智慧,让爱与智慧在学生心中留下岁月抹不去的美好回忆,让教育者和受教育者都感受到教育的幸福。这是"丛书"给我们的启示,也是每位教师应有的胸怀和视野。

时代呼唤教育家。为了进一步把我们本土教育实践中蕴含的中国智慧提炼出来,从而形成具有时代意义的中国特色的教育话语体系,以此去观照、引领、创新中国的教育实践并在更大范围加以推广,"丛书"将由中国教育报刊社人民教育家研究院继续组织编写,希望能够在更广大教师的心田中播种教育家成长的智慧,从而出更多的名师,育更多的英才,成就中华民族复兴的伟业。这是时代赋予广大教育工作者的神圣使命。如果广大教师能在每位教育家成长、探索教育智慧的过程中受到启迪,形成自己的教育智慧,则实现了我们编辑这套"丛书"的初衷。

"教育家成长丛书"
编委会
2018 年 3 月

目 录
CONTENTS

李慧军与适度教育

我的成长路

我的教育观

走进教育实践

社会反响

后　记

我的成长路

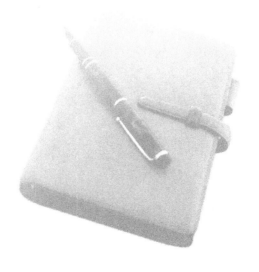

一、从建筑小工到小学教师

我出生在河南省濮阳市郊区一个普通的小村庄。我的父亲是一名在当地小有名气的建筑技师，周边农村种田的年轻人，为了学点技术都来拜他为师，心地善良的父亲先后收下近30个徒弟。父亲为人谦和，技术出众，爱徒如子，深受徒弟和乡亲们的拥戴。我的母亲不识字，却有着坚毅刚强的性格。由于父亲常年在外带着他的弟子们铺路修桥建房子，所以一年四季多数时间都不在家，照顾我们姐弟四人的事情只能靠母亲一人来承担。排行老大的我，为了减轻母亲的负担，就过早地做起了家务，很小的时候就学着帮母亲干活。每天放学回来，我主动烧火、做饭、担水、劈柴、照看弟弟妹妹，有时还去薅草、挖野菜，巴望着自己养的几只小兔、小羊快快长大，好拿到市场去卖换点钱贴补家用。我的勤快与懂事经常受到街坊邻居的表扬。因此，干那么多活，我不仅不觉得累，心里还时常美滋滋的。

1982年6月，因家里生活困难，加上责任田里的活没人干，我辍学了，那年我17岁。为了减轻家庭负担，我随父亲到离家15里路之外的建筑工地当小工。一是帮助父亲挣点钱，让家庭生活稍微宽裕点儿；二是想着攒够了钱，我好有资格再去上学。所以我每天搬砖、和泥、拌浆、拉车、爬脚手架，干着和男人们同样的力气活。有时我还跟着我婶子拉着车子走街串巷买破烂儿等。不管干什么，不管多累，我从没叫过苦，因为我心里始终有一个美好的梦想，那就是总有那么一天，我还要上学读书。就这样，我在建筑工地干了将近一年。

1983年4月30日那天，我得到了小中专招生考试的消息，等待已久的心再次激动不已。终于，我哭软了父亲的心，老人家勉强同意了我的报考请求。两个半月的紧张复习，我熬烂了眼睛，累瘦了身体，终于以全濮阳县总分第八名的成绩考入了滑县师范。就这样，我上学的愿望终于实现了。

自从进了滑县师范的大门，我就下定决心，不能虚度光阴，要好好读书，刻苦学习，掌握多种本领。于是学校无论开展什么活动：如朗诵会、演讲会、故事会、板报设计大赛、《滑师园地》征文、学科知识竞赛、唱歌、弹琴、说相声、演哑剧、歌咏比赛、当播音员等，凡是能够参加的，我都参加。1984年9月的迎新晚会上，我和同班同学何凤彩自编自演的相声《说反话》，一下子轰动滑师，博得老师和同学们的交口称赞。接下来我们还自编自演过相声《滑师一游》《推普》《相互吹嘘》等，后来，所演相声《推普》还代表滑师参加河南省比赛，获得全省一等奖。就这样，我非常充实地度过了三年师范生活。在这里，我由一个普通的农村姑娘，成长为一名中国共产党党员，成为了一名合格的师范毕业生。

从建筑小工到师范毕业生，是我生命之歌中奏响的第一个音符。实践告诉我，有追求，就有动力，敢想，就有可能。有梦想和追求，就会抒写出壮丽的人生篇章，只有在不断的人生冲刺和自我超越中，才能挖掘潜能实现自身价值，做到最好的自己。

二、第一次得奖

1983 年，国务院批准濮阳建市，应运而生的濮阳市第一所小学——濮阳市实验小学也于 1986 年 9 月建成并正式开学招生。时任濮阳市实验小学首任校长刘延义早在同年 4 月份就前往滑县师范挑选优秀毕业生，经母校校长和老师们推荐，我和同班同学何凤彩同时成为濮阳市实验小学的教师。

一开始，我任教五年级一个班的语文课，与我教同头课的其他四位教师，都是有近 20 年教龄的老同事。无须任何督促，就凭这几位老教师于我就是一种鞭策。从此我上紧了事业和生命的发条，开始了日以继夜、夜以继日的繁忙工作；别人上课，我也上课；别人在课余时间休闲，锻炼身体，我却独自在自己的住所伏案读书、练字；别人下班回家，我就在办公室泡上方便面，买上两个馒头，边吃边备课；星期天，同龄人都回老家看望父母，与家人团聚，我却趁这个时间跑到图书室，借上几本教育教学书籍，认真地阅读做笔记，写教学反思。为了保证每一节课的质量，我每天抽出一定的时间对着镜子练习讲课。有时怕影响同住所的老师休息，我就跑到教室里，也不开电灯，摸儿黑对着满教室的桌椅板凳搞试讲。

一年后，我教的班参加学校升级考试荣获年级第一名，我个人参加学校教师工作综合考评，荣获全校第二名。为此，校长、特级教师刘延义还亲自为我颁发了一本有他签名的荣誉证书。级别虽不算高，也算不上什么荣誉，但这是我参加工作以来第一次受到表彰，是零的突破。在我的思想意识里，这个不显眼的小红本，却成了一把鞭子，它告诉我，只要努力，你是可以把教师工作做到优秀的。于是我就不断地给自己加油，挑战更多更高的目标。学校让我带毕业班，我走马上任，成绩仍然是年级第一名。学校聘我当中队辅导员，我所辅导的少先队活动，荣获濮阳市最佳活动奖。让我代表学校参加濮阳市教书育人演讲赛，荣获全市第一名。就这样，我总是拿出自己十二分的努力去争取百分之百的成功。

一个篱笆三个桩，一个好汉三个帮。在我坚持不懈持续向前的奋斗史上，凝聚着许多人的关怀和帮助，有刘延义老校长的谆谆教诲和悉心栽培，有各位同人的热情帮助，有老师们的鞭策激励，有家里亲人们的大力支持，我的教学水平才有了长足的进步，逐步得到了广大同行的认可。参加市里公开课比赛，我荣获全市第一名；参加全省电教优质课评比，我执教的课荣获全省第一名；参加全国电教优质课评比，我执教的课《火烧云》荣获全国二等奖（一等奖空缺）。我还应邀在河南省语言文字工作学术研讨会上，为来自省内外的几千名代表示范教学。在全国第二届小学电教协作研究会上我现场作的课，被江西省电教馆录制成像向全国发行。我一共教了八年语文课，当了八年班主任，六年年级组长，所教班语文成绩连续八年在升级考试中荣获同年级八个班中第一名，1992 年我教的班参加唯一的一次全市统一考试，班平均成绩获全市第一名。

虽然，我是语文教师兼班主任，但我不把自己的职责局限在语文教学上，而是利用课余时间带领学生开展丰富多彩的文体活动，鼓励学生全面发展学有特长。课间，我带领学生坚持做仰卧起坐、跳绳、踢毽子，促使孩子健康成长；我还辅导学

生学习绣花、编排节目、演课本剧；星期天，寒暑假带领学生去远足、野餐，搞夏令营带领全班学生赴少林寺、大伾山等，丰富多彩的社会实践活动，使我们班形成了积极向上的良好班风，孩子们全面发展、各有所长，其强烈的集体观念和团队精神，让我无论何时回想起来，都感到无比幸福和骄傲。

三、自主求索路

　　教师是人类灵魂的工程师，教师之所以神圣，是因为教师是在孩子的心田上播种希望，为孩子点亮心灯，打开其通往未来的心灵之门。然而，打开孩子的心窗，必须掌握心理学这门科学理论。于是，我决心攻读心理学。1989年7月，我自费报考了中国科学院心理学函授大学，对函大开设的13门心理学课程进行了系统学习，这为我接下来持续搞教育科研打下了坚实的理论基础。其中最难学的就是心理统计学，当时，不像现在有电脑可以查资料，我就靠一种蚂蚁啃骨头的韧劲，把13门课程一一拿下。最令我难忘的是，1989年7月接到学校通知书和学员证，9月初，我开始自学心理学函大第一学期课程之际，恰巧当时也开始了妊娠反应。前三个月里，几乎一口饭都吃不下，吃一口，吐一口，然而，我没有停止学习的脚步，依然坚持

晚上加班读书自学，在白天坚持上课，在不影响给孩子们批改作业的基础上，按时往中科院寄去我的学习答卷。

1990年4月，是我上函大的第二学期。那时，我担任的是毕业班的语文课。怀有身孕的身体一天比一天笨重，而我每天除了完成教育、教学、教研任务外，还要按自己规定的学习任务攻读心理学。后来我的脚被笨重的身体压迫成严重的静脉曲张，又青又肿，不得不穿40码的大拖鞋。爱人陪我去医院检查，医生着急地劝我休息，坚持为我写病休条，但遭到我的拒绝，我拿定主意，坚持不向领导请一天假，因为孩子们马上要毕业，他们需要我。就这样，我仍然坚持备课、上课、辅导、家访。

为了学好心理学，我白天上课改作业，晚上备课学习，没有过过一个完整悠闲的星期天和节假日。不到两年半工夫，我全部学完了函大开设的13门课程。这期间，我写下了几万字的读书笔记，掌握了一定的心理学知识。这使我在师范学习的肤浅心理学知识基础上，又较为系统地掌握了心理学教育学，比如：对皮亚杰的儿童认知理论、对儿童遗忘规律、皮革马力翁效应、心理测试和心理统计学及对中西方国家的心理学发展史等，均有了较为系统的了解，这一切对我下一步更好地完成教育教学及管理工作，奠定了良好的基础。

1991年6月，我顺利拿到了中国科学院心理学函授大学颁发的毕业证书。

四、见彩虹须经风雨

福无双至、祸不单行。1990 年 1 月，在我每天超负荷学习工作的日子里，传来了父亲患了胃癌的不幸消息。姐弟四人数我大，家境依然贫困，千斤重担自然落在了我的肩上。我当时已怀孕 5 个半月，和爱人费尽周折，四处借贷，把老人家安排住院治疗。为了能够上课和照顾父亲两不误，我和爱人商量把父亲安排在离学校最近的医院做手术。父亲做手术那天，我依然是上完第一节课后，才拖着笨重的身体步行来到医院，只看到我的爱人、妹夫陪着我母亲在手术室门口守候。

父亲做了胃切除手术，老人家非常需要我的照顾。可我每天无论如何也要在给学生上完课后，再去医院伺候老人，一天假也没肯请。精神上的压力，心灵上的痛苦，经济上的拮据，工作上的紧张，身体上的虚弱都达到了极限。人人为我担心，怕我受不了，而我咬紧牙关，硬是承受了。我明白，伺候父亲和保护体内的孩子都是自己的义务，而教好学生，使他们在临近毕业时，情绪上不受干扰，学习上不受影响，取得优异成绩，顺利完成我的教书育人任务，更是我的责任。就这样，我一直坚持到临产期。后因血压过低时常头晕才不得已离开讲台。孩子 5 月 23 日出生时，学生离毕业还有一个月时间。

人休息了，躺在病床上，可我的心仍在教室里，64 名学生就像 64 根绳索牵系着我的心。为了不使一个学生掉队，我常捎信让学生到我家里来补课。还经常让我爱人当通讯员，把班干部叫来向我汇报班内情况，并教给他们今后的工作和学习方法，安排适量的学习内容。最后，学生们终于全部以优异的成绩升入了初中，我这才放了心。

可我万万没有想到，在女儿出生 28 天时，父亲因病情恶化，医治无效，永远地离开了我们。我追悔莫及，在父亲生前，我只顾忙于工作，就连星期天和节假日都没能抽空去看望他。更使我遗憾的是，作为父亲的大女儿，没能在他的病床前多陪一会儿，没能跟老人家见上最后一面，说上最后一句话。我深感对不起故去的父亲，但只有在心里乞求父亲的原谅，让怀念和忏悔的泪水往心里流淌。

是啊，有奉献就会有牺牲，当一个人朝着自己认准的目标努力奋进时，总免不了要舍弃一些这样和那样的东西，在这些被舍弃的东西里面，有时是金钱利益，有时是高官俸禄，有时却是骨肉亲情。

在人生奋斗史上，有多少仁人志士，在为了工作尽职尽责无私奉献的同时，舍弃了多少才有了今天的成功啊！所以我想，在九泉之下的父亲一定会原谅并为我高兴，因为虽然我舍弃了一段父女情长，但我却对得起那一颗颗望子成龙的学生家长的心。

父亲的病逝对当时只有 24 岁的我来说，仿佛遭受了一场塌天之祸，心灵遭受了巨大的创伤。在感情上我欠下父亲的债是永远也偿还不了了；在经济上，我背上了一副与我的年龄不太相称的重担；我是母亲的大女儿，是弟弟妹妹的大姐，同时又是妻子、是母亲、是老师，无论哪一个角色，我都得尽职尽责。值得庆幸的是，我从来没以家庭负担重为由而影响过工作。经过几年的磨炼，我逐渐学会了依靠夜以继日地读书学习来摆脱沉重的家庭负担所造成的困扰。

五、我的两次破格

"在科学的道路上，是没有平坦的大路可走的，只有那些不畏劳苦沿着崎岖的山路勇于攀登的人，才有希望达到光辉的顶点。"马克思的这句话是我自 14 岁以来就恪守的座右铭。当然，攀登是要付出辛劳和汗水的。自从孩子降生后，我就打定主意：今后要更加善于挤时间，工作要更加追求高效率。1991 年 6 月拿到函大的毕业证书后，我本该好好轻松一下，可我又马不停蹄，为了将学来的知识投入应用，又精心设计出一个电教研究课题实验方案。该课题于同年 10 月被定为全国教育科学"八五"规划国家教委重点课题的子课题。从此，在我的肩上除了繁重的教育教学任务外，又压上了搞课题研究这一重担。

从课题研究方案的设计到实验实施，从实验效果的检测到实验报告、实验论文的撰写等，一系列纷繁复杂的工作胜过我身上其他所有工作任务的总和。况且，在我搞课题研究的同时，学校领导又聘我为学校教研室主任，承担全校的业务研究工作。抓教研室，我要定期作示范课，搞讲座，辅导年轻老师，听课、评课，尽量做好老师们的帮手；带毕业班，要比带其他班多付出一倍到几倍的时间去备课、上课、辅导、家访等。

有人问我："你任务这么重，工作这么忙，不但没把你累垮，反而样样都干得很出色，这是咋回事儿？"是呀，朋友们哪里知道，在那点所谓的工作成绩的背后，我熬了多少夜，吃了多少苦，付出了多大的代价，没有亲身经历怎么能体会得到呢？

攀登是要付出辛劳和汗水的，然而只要付出就会有相应的收获。我承担并主持完成的"运用电教媒体优化评赏阅读，促进学生认知能力发展"课题研究，历时六年，探索出了一套顺应素质教育要求的小学语文教学法——评赏阅读教学法，此教法被濮阳市科学技术委员会鉴定为濮阳市重要科技成果，并先后荣获河南省教育科研成果一等奖、全国电教课题研究成果一等奖，该成果先后在河南、四川、江西、湖北、山东、广东、湖南等地广泛交流。我所撰写的 60 余篇教育教学论文先后在省级、国家级报刊上发表并获省级国家级奖励。一部约 25 万字的教学法专著《电教评赏阅读教学法》，于 1997 年 11 月由河南人民出版社出版发行。

这些成绩的取得，得到了各级领导的充分肯定，我先后被授予河南省优秀教师、河南省跨世纪学术技术带头人，全国教育系统劳动模范，并由教育部人事部联合授予人民教师奖章、濮阳市拔尖人才、建市功臣等光荣称号，1993 年 4 月，教学不满 7 年的我，被破格评聘为小学高级教师。

1996 年 11 月，我被遴选为"河南省为人师表育人楷模"巡回报告团成员，先后在全省 17 个地市、省直机关、省各高校和濮阳市五县一区及市直机关作巡回报告

60 余场。我们报告团一共由五人组成，其中三位来自农村，一位来自省高校，报告团由原教育厅副厅长董奇峰先生带队，每到之处，均收到热烈欢迎。各地市主管教育的副市长出席报告会，报告会均是在当地最大的剧场、影院举办，座无虚席，我认真对待每场报告，保证让每一句话说进观众的心里。令我难忘的是，我的报告总是多次被阵阵掌声所打断。报告团巡回全省讲下来，持续了两个半月，我为我的事迹激励了广大教育同人而感到幸福。很多人认为，这两个半月，能受到那么高规格的接待，是个很好的玩的机会，能到全省各地四处转转。然而，大家所不知道的是，我利用这"难得清闲"的日子，晚上加班整理我的语文教学法，完成了《电教评赏阅读教学法》大约二分之一书稿，还写成了两篇论文发表在《河南教育》上。总之，我是不会白白让时间从身边溜走的。刘延义校长曾经颇有感慨地说："李慧军身上具有可贵的品质——勤奋，她当教师这辈子所做的事情，比两个人做的事情都要多。"在我的不懈努力下，1997 年 10 月，我的第一部 25 万字的著作《电教评赏阅读教学法》由河南人民出版社正式出版发行。

1997 年 12 月，我再次被破格评聘为中学高级教师，至此，距我破格评为小学高级教师仅有四年时间。

六、三次赴京领奖的难忘记忆

第一次领奖，那是在 1995 年教师节，教学刚满九年的我荣获了全国教育系统劳动模范光荣称号，受到了国家人事部、教育部的联合表彰，并作为河南省五位代表之一赴京领奖。表彰会先是 9 月 9 日那天在天津人民会堂召开的，河南共有六位代表参会，李岚清副总理和雷洁琼副委员长都出席了会议，并亲自为我们颁奖。会后，就在天津人民会堂的门前与我们全体代表合影留念。对此，我们都已经感到荣幸之极——与副总理和副委员长合影，机会是难得的，因此，我的心里十分高兴和激动。然而，最令人难忘和激动的是 9 月 10 日教师节这天，因为，李鹏总理要在人民大会堂接见我们。听到这个消息，我激动得几乎一夜没合眼，作为一名刚满 29 岁的小学教师，受到如此殊荣，怎能不激动呢？记得那天，天气格外晴朗，我一大早梳洗完毕，把金灿灿的"人民教师奖章"佩挂在胸前，也不知照了多少遍镜子，心里的激动实在无法自抑。

　　上午九点钟，我们乘大巴从天津赶到了北京人民大会堂。在工作人员的引导下，我们来到接见大厅，被安排一排排站立在一个固定的照相阶梯架上，不到五分钟我们的队就站好了，代表们都极力克制着内心的激动静静地等候总理的到来。大约过了15分钟，伴着一阵热烈的掌声，循声望去，只见李鹏总理面带微笑一边招手一边迈着矫健的步子向我们走来。我站在第三排的中间，目不转睛地看着总理的一举一动。总理先跟第一排第二排部分代表一一握手，这期间掌声一直不断，大约一分钟后，李鹏总理来到事先放好的立杆话筒前，在大家阵阵掌声中进行了热情洋溢的讲话，之后与我们合影留念。整个接见活动大约20分钟。受到李鹏总理的接见，是我教师生涯中第一次难忘的记忆，每每想起，都会浑身充满力量，这成为了我不断努力工作的加油站和助推器。

　　第二次领奖，是在1996年，我被河南省教育厅作为唯一人选推荐为全国十杰中小学中青年教师提名奖候选人。同年5月到6月，《中国教育报》先后大篇幅报道了全国30位候选人的事迹后，经过全国范围内的筛选与甄别，我荣获20个提名奖之一。1996年教师节，按照统一安排，全国30个获奖者全部赴京领奖，我当然也不例外。在 30 位获奖者中，小学占了 10 名，初中占了 9 名，高中占了 8 名，幼儿园和特殊教育占了 3 名。我们的表彰会是 9 月 8 日这天在北京饭店召开的，时任全国人大常委会副委员长费孝通亲自为我们佩戴奖章颁发奖杯。

第二天，经会务组的周密安排，在工作人员的陪同引领下，我们先后参观了天安门城楼、天安门广场、人民英雄纪念碑和毛主席纪念堂等，《中国教育报》和《人民教育》的记者也和我们一起活动并为我们拍照合影，我们的欢声笑语飘荡在天安门上空，这一天我们过得非常愉快。晚餐时间，会务组人员突然很神秘地对我们讲："明天早餐提前半小时，我们七点半准时出发，前往人民大会堂，大家一定要着正装，并且佩戴好奖章。"我尽管很想知道去干什么，可是也没再多问。

这天一大早我就起了床，认真梳洗、简单早餐后，来到指定地点候车。其实我们住的地方离人民大会堂很近，为了统一时间统一行动，会务组安排统一乘车。大约 8 点 20 分，我们乘坐的大巴开到了人民大会堂门前，我们排队进入中央大厅。一进大门，非常出乎我意料的是，我发现一个七八十米长的照相架子上已经站满了人。这时候，工作人员才告诉我们：这些人是参加全国教育系统先进集体和先进个人表彰会的代表，我们来这里是要和他们一起等候江泽民总书记接见的。一时间，我又惊讶又激动。这时，场上尽管人多但非常安静。我们根据安排，站在了事先留好的指定地方。大约半个小时，热烈的掌声从我们的右侧响起来了，我循声望去，只见江泽民总书记在记者们的闪光灯下，迈着矫健的步伐缓缓来到大厅。只见他面带微笑，时而鼓掌，时而向我们招手，紧随其后的还有李鹏、李岚清等党和国家领导人。掌声越来越热烈，江总书记首先跟第一排的同志一一握手，之后缓缓来到话筒前站定，进行了大约五分钟的讲话，全场报以热烈的掌声。整个接见、合影活动持续了大约 30 分钟。

接见活动结束了，但是它带给我的激励却没有停止，我把这次荣誉当作继续前进的巨大动力，作为一名小学教师，获得如此高的荣誉和礼遇，无疑是荣幸的，是自豪的。从此，我拿定主意，要珍惜荣誉，埋头苦干，力争取得更大成绩，来回报党和人民的信任和重托，要把自己的全部精力奉献给所热爱的教育事业。

第三次领奖，是在 2015 年 "五一" 前夕，我又作为濮阳市唯一一名机关、事业单位代表被市总工会推荐为 "全国先进工作者" 再次赴京领奖。首先，这次领奖使我明白了 "全国先进工作者" 与 "全国劳动模范" 是同等称号，前者是针对机关公务员和事业单位专业技术人员的称呼，后者是对工人身份和农民身份的受表彰人员的称呼。全国本次受表彰的全国劳模和全国先进工作者共计2968名全部参加，其中全国先进工作者903名，仅河南代表团就去了144位受表彰人员，其中35位是全国先进工作者。

这次领奖比起前两次都更加隆重。26日出发前，市总工会专门安排我们披红戴花为我们送行、合影留念。27日上午，在河南人民会堂，省委副书记邓凯等省级领导，专程赶来为我们144名获奖者披红戴花举行欢送仪式并合影留念。随后，由省总工会主席带队，我们乘坐高铁来到北京，住在职工之家大厦。当晚，各省工作人员就将荣誉证书和奖章送到我们手上。

4月28日这天，我同样是天还不亮就起了床，梳洗完毕，穿好专门为领奖买的新衣服，按照要求，把自己有史以来获得的所有奖章都要戴在胸前。我首先把这枚金灿灿的印有"中国共产党中央委员会"和"中华人民共和国国务院"字样的"全国先进工作者"奖章，认认真真戴在胸前最上方，然后再把以前获得的"人民教师奖章""全国十杰中小学中青年教师提名奖奖章""河南省三八红旗手奖章""建市功臣奖章"都整齐地摆在新衣服上用别针别好。也不知照了多少次镜子，心情的激动更是无法用语言描述，因为，今天要见到敬爱的习主席了。出于前两次的经验，我在脑子里想象着习主席接见我们的各种情景。

早饭过后，代表们都迅速来到候车点，按照事先编好的序号，上了车。九时许，我们的车队来到了天安门广场西侧，百余辆大巴车仿佛事先演练好的一般，非常整齐有序地停在了规定区域。我们下了车，在工作人员的引领下，排队进入人民大会堂。与上次不同的是，这次我们的手里都拿着手机，可以拍照，我们边走边见缝插针地拍，还生怕掉了队。我们随着人流排队走进会议大厅，按照出席证上显示的座位号坐好。抬头望去，只见写着"2015年全国劳动模范全国先进工作者表彰大会"字样的巨大横幅悬挂在人民大会堂主席台上方，主席台上：习近平、李克强、刘云山、俞正声、张德江、张高丽、王岐山七大常委的座签摆放在一排铺着金黄色台布的会议桌上，这排会议桌的右前方，设有一个发言席，发言席上面放着话筒。

　　十点整，人民大会堂音乐响起，全场热烈的掌声也随之响起。只见习近平主席迈着矫健的步伐来到主席台中央，不时地向全场会议代表挥手致意。这时全场代表自觉起立，持续有节奏地鼓掌，习主席来到座位前站定了和我们一起鼓掌。大约过了十几秒钟，随着李克强总理主持会议开始，掌声才渐渐停歇。

　　习近平主席出席并作重要讲话，李克强总理主持会议，刘云山、俞正声、张德江、张高丽、王岐山七大常委全部出席会议，这都是令我们始料未及的。会议议程简单，时间不长，仅有一小时十分钟，但却给我留下一生难忘的印象。大会第一项由刘云山宣读表彰决定；第二项由习主席和常委们为代表颁奖；第三项获奖代表发言；第四项就是习主席讲话。

　　本次会议给我印象最深的就是习主席讲话了。当主持人李克强总理宣布习主席作重要讲话以后，只见习主席从座位上站起身，绕过一排长长的会议桌，健步来到主席台正前方，首先面向全场代表深鞠一躬，然后再走到特设的发言席上发表讲话。习主席的讲话非常鼓舞人心，会场上不时爆发出热烈的掌声。我此时此刻坐在会场上，能够亲耳聆听总书记重要讲话，感到无比自豪和无上光荣。

　　据了解，这次表彰会是新中国成立以来最隆重的一次。说其隆重：一是参加人数多，二是规格高。会议在人民大会堂举行，中共中央七大常委全部出席会议并亲自为我们代表颁奖，会议由李克强总理主持，习近平总书记作了长达近四十分钟的讲话。三是在我们的奖章和证书上，第一次加盖了"中国共产党中央委员会"的章，原来仅有"中华人民共和国国务院"的章，对此，每个代表都激动不已。我心想，自己不就是做了一些自己该做的事情吗？党和国家就给了我这么高的荣誉，我有什么理由不付出、不奉献、不继续前进呢？

七、享受国务院特殊津贴的小学教师

1997年8月，我从濮阳市实验小学语文教师兼教导处副主任的岗位上，接受市教委党组任命，到濮阳市子路小学任业务副校长。从此，我就抱定一个信念——在以前当语文老师的工作中所获得的一切荣誉都已成为过去，一切将从头来，千里之行，又重新始于足下。在校长谢世山同志正确的办学思想指引下，在全体教职工们的鼎力协助下，我在学校教育教学工作原有的基础上，狠抓教育教学规范管理。建立《常规教学规范化管理制度》，起草《子路小学素质教育实施方案》，完善《德育工作量化评估方案》，改进《教师工作考评方案》和《年级组工作考评方案》等。

1997年10月，我应邀到河南省中小学教研室举办的小学语文教学研讨会上，做示范课《揠苗助长》，受到了到场专家和老师们的一致好评。河南省小学语文教学专家胡富强评价说："李慧军老师这节课，让我们充分感受到她扎实的语文教学基本功，她改革的力度很大，充分体现了学生的主体性，她无痕的教学设计，让人感受到一股清新的风，非常自然舒服，各个教学环节的设计水到渠成，尤其是她能够面向全体学生，训练扎实，效果很好。"

1997年11月，河南省教育科学规划领导小组办公室给我们下达一项省重点研究课题"三特学校实验与研究"。我作为主管业务的副校长，便义不容辞地承担起有关研究任务。在谢世山校长领导下，我们以培养特长学生、造就特长教师、创办特色学校为目标，进行了深入系统的经验总结和理论探索，形成了特色教育的理论与实践框架。

经过近三年的努力，探索出了一套新型的素质教育办学模式。该项成果"三特学校实验与研究"于1999年12月正式通过了河南省科学技术委员会和河南省教育科学规划领导小组的专家鉴定，专家们评价说："该项研究填补了我省小学阶段全员参与器乐教育的空白，创建了一种素质教育办学模式，其研究成果达到国内同类研究先进水平……"该成果还先后荣获河南省教育学会教育实验研究成果一等奖，河南省教育科研成果一等奖和中国教育学会教育实验研究成果评比一等奖。并荣获濮阳市十大技术攻关成果奖。

为了进一步深化课堂教学改革，自1999年底我们又致力于教学质量评价模式的研究。首先，我们建立素质教育课堂教学管理机制和评估机制，制定了《学生学科素质养成目标》，同时建立与之相配套的《学生学科素质检测办法》，又经过三年多的努力，我们所探索出的以全体师生全面发展为目标的"展示性评价"评价模式，得到了专家们的充分肯定。

展示性评价改革无论对学生、对老师、还是对学校所带来的效益是无法估量的。也正是实施了展示性评价，才让我们觉得孩子是那样可爱，教育是那样精彩，我们的工作是那样有意思，一个个脱颖而出的"小明星"们是那样耀眼夺目，老师们的教学有方，多才多艺，令人称道，学校各项工作蒸蒸日上，从不同渠道不断传来老师的、学生的、学校的各种好消息，我们的学校——1995年新建的濮阳市子路小学开始走在全市、全省前列。

从1998年，也就是我自费学完了中科院心理学函大课程后，又紧接着参加了高等教育汉语言文学自学本科考试。同时，自费6000元，参加了华东师大研究生课程进修班，自学研修了相关课程，还自修了计算机课程，均取得了毕业和结业证书。这期间，我的付出同样有了回报，1999年被河南省人事厅命名为跨世纪学术技术带头人，2001年被评为享受国务院特殊津贴专家，在当年全省获此殊荣的各界人士中，我是唯一一名中小学教师。这一殊荣的获得，既是对我个人工作成绩的充分肯定，更是我永远不竭的前进动力。

八、"适度教育"筑起我的梦

2006年10月，根据工作需要，局党组又把我从子路小学副校长的位置上调回到实验小学任校长。实验小学是一所追求卓越的学校，首任校长刘延义为这个团队注入了"朝气、勇气、豪气"之魂，在每个人的潜意识里都形成了"当第一是我们的习惯"和"向星星瞄准总比向树梢瞄准打得高"的思想认识，正是刘校长培养的这样一支团队，才赢得了"濮阳基础教育的一面旗帜"的赞誉。然而此时的我，还从来没有在一把手的岗位上历练过，又这么年轻，加上原来和大家是同事平起平坐，而今要来当校长？！"李慧军能堪此重任吗？"期待和关注的目光一下子投向了我。然而，面对来自校内老师和社会各界的各种担忧、质疑和观望，我没有退缩也没有彷徨，毅然把推动学校快速发展的重任扛在了肩上。

上任后，如何在青藏高原上再建"珠穆朗玛峰"，成为摆在我面前的一项新的使命。

呵护孩子完整的童年——这是我对小学教育本质的追求。在对基础教育现状进行科学分析之后，发现制约小学教育发展的三大问题普遍存在：即教育的"过度"，教育的"不及"和教育的"错位"，凡是与考试有关的教育都做"过度"了，凡是跟考试无关，却跟孩子的未来发展和终生幸福有关的教育都做得严重"不及"。为了抑制过度的教育，提升不及的教育，调整错位的教育，发展绿色的教育，我们提出"小学适度教育模式"研究课题，并立项为全国教育科学"十一五"规划课题。

这期间，为了把校长蓝图变为全体教职工的共同愿景，我们制定三年发展规划，并请教育部政策评估研究室主任教育学博士杨银付、北京教科院教育学博士程晗、河南大学副校长刘志军、河南大学教科院院长汪基德前来做规划论证。通过这次论证，全体教职工统一了思想，明确了方向，消除了顾虑，濮阳市实验小学继续扬起了前进的风帆。

随后，实施适度教育的"六大工程"：健康教育工程、诚信德育工程、潜能开发工程、绿色课堂改革工程、教师专业化发展工程、学校形象策划工程。连年开展科技艺术节和体育文化节，开展主题性阅读展示活动，开展丰富多彩的社团活动等，学校呈现出再发展再提升的勃勃生机。

"辣椒没有冬瓜大，冬瓜没有辣椒红。每个孩子的潜能和天赋存在着巨大差异，在我的眼里学生人人是宝，个个是星，然而我们的教育却总是只关注冬瓜的大，而不去管辣椒的红，我们坚持实施的适度教育就是要努力制造出科学评价的尺子，量出属于每个同学自己的满分。"这是我常常对老师们说的话。有一次，我去四年级(4)班听一节美术课，发现学生吕家兴的美术作业不一般，素描、水粉、国画、卡通在他笔下活灵活现，令人耳目一新。我灵机一动，这是多好的学有特长的榜样啊！于是，我当场承诺为他举办个展。尽管学校房子紧张，但我们硬是腾出两间来，两个月后"吕家兴个人美术作品展"如期举行。各种各样的小石头、饮料瓶、包装袋、废纸盒都变成了艺术作品，色彩鲜艳、造型独特，格外引人注目。这次展览，不仅对吕家兴是极大的鼓舞，而且激发了全校学生对艺术的兴趣和痴迷、对美的追求和创造。

适度教育研究历时六年，取得一系列成果："三六五"课堂教学模式、"情思不及"小学作文模式、诚信德育模式、"双轨道三层级"校本教研模式、教师专业化发展模式、适度教育质量评价模式等。2010年11月27日，全国教育科学"十一五"规划课题"小学'适度教育'模式研究"结题专家鉴定会在濮阳市实验小学召开，该课题研究成果被鉴定为优秀等级，2011年3月，又作为全国小学领域唯一一项科研成果被全国教育科学规划办专家终端鉴定，获得中央教科所颁发的"良好"等级鉴定证书。教育部原政策法规司副司长、研究员、教育学博士郭戈对"适度教育"研究成果给予高度评价，他说："该项研究实现了学校实验研究和理论研究的有机结合，在做好中小学学校教育研究方面堪称典范。"《中国教育报》以《适度教育：让教育不过度无不及》为题、新华社新闻稿以《河南：小学倡导适度教育学生作业实行"自助餐"》为题、《教育时报》以《保卫童年》为题先后两版对学校适度教育进行了报道；《教育时报》头版头条以《适度教育为中国教改带来了什么》为题对适度教育进行了大篇幅的报道；《辅导员》杂志2011年第12期以《"适度教育"引领学校科学发展》为题报道；《辅导员》杂志以《校本教研，在适度教育研究中绽放》为题对学校适度教育校本教研进行长篇报道；省市各级电视台多次对适度教育进行专题报道。适度教育已成为濮阳基础教育中一张亮丽的名片。

九、开到北京师范大学的适度教育研讨会

2010 年 3 月，参加全国小学优秀校长高级研究班之际，在我的导师陈锁明院长和楚江亭老师的支持帮助下，由教育部小学校长培训中心主办，濮阳市教育局和濮阳市实验小学承办的"适度教育办学思想研讨会"在北京师范大学举行。

3 月 16 日下午，经过精心准备，我们把教育部小学校长培训中心的合堂教室布置一新，小院里摆满了适度教育研究的各种资料，正在此参加各种培训的来自全国各地的校长和老师们纷纷前来参观咨询，我们的中层以上干部和骨干教师一行 20 人，热情接待和解答了专家同行们的问询。

下午三点，会议如期举行。教育部人事司综合处处长王光彦出席会议并讲话，教育部小学校长培训中心主任褚宏启教授，副主任陈锁明博士，中国教育学会原常务副会长郭永福，原北京中关村四小校长刘可钦，北京师范大学教授楚江亭、北京教科院程晗博士，《中国教育报》徐启建主任、苏令记者，《河南教育》编辑部主任史道祥和《教育时报》记者褚清源，濮阳市教育局局长朱世泽、副局长张玉田、教研室主任苏东升都出席了会议。

会议由楚江亭教授主持。首先，我用近一个小时的时间做了题为《适度教育，引领学校科学发展》的专题汇报。接着，各位专家的精彩点评和深入研讨，把会议推向了高潮。郭永福副会长评价说：适度教育实际上是在努力创造符合科学发展观的教育。他说："初识李慧军校长，缘于她曾邀请我为其主编的《适度教育丛书》写序，阅读了该书并翻阅了中国教育报苏令的《适度教育：让教育不过度无不及》后，对李校长提出的适度教育有了一些初步了解。李校长是一位有胆识、有思想、具有创新精神的校长。她对当前教育现实中普遍存在的'过度'和'不及'现象进行了深刻的剖析，提出的适度教育很有针对性，在当前应试教育既过度又不及的情况下，对推动教育改革与发展具有积极意义。"

　　"应试教育首先是过度教育，即考什么教什么学什么，为了片面追求高分高升学率，让学生机械训练，频繁考试，搞得学生精神负担、课业负担都很重。本来规定中学生每天学习时间是 8 小时，而实际上是 15 小时，这就是过度教育。说应试教育又是一种不及教育，是因为不考的就不教不学，忽视德育、体育、美育，使学生畸形发展。应试教育所表现的过度和不及教育都带来很多危害，不利于教育方针的贯彻，不利于青少年的健康成长和人才的培养。李慧军校长提出的适度教育是在矫正过度教育和不及教育中寻求恰如其分的教育。正如李校长所说：所谓'适度教育'，是指教育过程、教育内容、教育方法均处于一种自然和谐状态的教育。"

　　"适度教育是符合教育规律和青少年成长规律的教育，是符合科学发展观的教育。它是克服应试教育、实施素质教育、减轻学生过重课业负担和精神负担、提高教育教学质量的有效途径。在李校长的引领下，濮阳实验小学在实施适度教育的三年中，实施了'六大工程'，形成了六大操作理念，促进了'三个发展'，打造了'五个亮点'，形成了自己的办学特色，成绩是显著的。学校除了教育、教学质量在本地持续领跑外，学生的综合素质和各项健康指标也有不同程度的提升。适度教育受到师生的普遍认可，濮阳实验小学的做法和经验值得总结推广。"

"真心希望李慧军校长继续引领她的研究团队在今后的实践中，不断完善自己的做法，丰富自己的经验，把经验上升到理论，得出规律性认识，以便更好地指导实践，努力提供适合每个学生发展的教育。让更多孩子在适度教育实践中和谐发展、健康成长！"

程晗博士评价说："我们的课题到现在为止，首先，从课题研究的性质来讲，它是发源于我们大陆一个土生土长的原创性的研究课题，过去没有。其次，它是科学发展观在教育界的具体化的一个体现。我认为，科学发展观的本质是什么，是适度发展。邓小平讲发展是硬道理。不发展不行，发展过头了也不行。所以适度发展是科学发展观的本质。最后，我们这个课题研究的性质定位，应该是我们通过这个课题的研究看到了构建有中国特色的教育理论体系的希望。因为我们这个课题不是像教育部搞课程改革那样把西方的后现代搬到中国来。我们适度教育是根据中庸哲学的思想原理及而不过的现代化的一种开发，也是马克思主义、辩证唯物主义的哲学质量度研究的一种结果，这是性质的定位。"

与会专家们都做了很精彩的发言与点评，都从不同角度给予适度教育、给予我和我的团队以鼓励和鞭策，我把专家们的点评发言看作至宝，回来后认真整理，反复琢磨，贯彻落实，这次会议使我长高了一大截。

通过这次研讨会，一方面加深了我对适度教育的深刻认识，认识到了适度教育之于当下基础教育的重大意义和价值；另一方面也更加坚定了我和我的团队继续研究和实施适度教育的决心与信心，特别是增强了我校教师的信心和决心。从那以后，适度教育成为学校品牌，"适度"也真正成为实验小学老师们共同的教育价值观，老师们实施适度教育的劲头更足了。

十、轮岗，我又赴新征程

令我万万没有想到的是，正当我和我们班子信心十足地带领濮阳市实验小学这艘航船快速朝着既定目标航行的时候，2012 年 8 月，在教育均衡发展的大政策背景下，局党组把我从濮阳市实验小学调到濮阳市第二实验小学任校长。濮阳市第二实验小学比实验小学晚建两年，然而，我在实验小学是第三任校长，在第二实验小学已是第六任。我调入时，第二实验小学已有 24 年办学史。

8 月 18 日下午 4 点，市教育局局长朱世泽把我送到第二实验小学时，眼前的一切令我惊呆了，学校正处在危房改造一切重建的困难时期，进入校门，展现在面前的是一片建筑工地和比较陈旧的办学设施。由于我这个新校长到任，我们的中层干部就发挥创造性因陋就简，随便找了一个教室拉了一下桌椅摆成开会的样子，就这样我跟中层干部们匆匆见了个面。结束后，办公室主任把我领到我的办公室，由于学校危房改造，房子紧张，我的办公室只能是半间未启用的厕所。整个学校没有一间会议室，接下来的第一次全体教职工大会也只能在学校院子里坐在小板凳上露天举行。

面对眼前的困境，我没有气馁和彷徨。为了增强大家战胜困难的决心和信心，我提出了"不怕难、不叫苦、不推诿、不计较、不抱怨"的"五不"精神，看似鼓励大家，实则为自己打气。虽然眼下条件艰苦，但是自从我踏入第二实验小学这道门槛后，却没有表现出丝毫的懈怠，依然是怀揣梦想执着前行。

下面是我第一次全体教职工会议讲话全文：

到第二实验小学第一次全体会讲话

老师们：

大家好！

首先非常感谢程校长对我的介绍，其次感谢大家热情、接纳的掌声。

今天，我非常高兴，因为，我觉得自己好有福气，上级党组织又赐予我这么好的机会，让我从子路到实验再到我们二实验，又多结识一帮新朋友。从今天起，我们又成为一家人，成为朝夕相处的战友同事，不是亲人胜似亲人，怎能不高兴？同时，我看到我们的老师一个个都很朴实、真诚，待人接物温文尔雅，颇具人民教师的风采，我很高兴。借此机会，我讲两层意思。

一、期待

来了一位新校长，大家肯定都充满期待；可以期待，但是期望值不要太高。我没有你们想象的有那么大的能力，我也是普普通通人民教师出身，工作做好靠大家，学校发展靠大家，我们慢慢来。有句广告词说得很好，叫走近你、关注你、支持你、依靠你。二实验的发展关键依靠大家。我一个校长浑身是铁也打不了几个钉，我会慢慢地走近你、关注你、支持你、最后学校的发展依靠你。

那么，既然靠大家，自然而然就需要一个目标、需要有方向，记得一位名人说过："对一艘没有方向的船而言，任何方向的风都是逆风。"因此，对一艘前进中的大船而言，首先需要的是确定方向，进而把各个部件的内驱力变成顺风，变成大船的推动力。但同时我又觉得，当掌舵人正式开船之前，要先进行一下检修也是非常必要的。一般来讲，检修的方法，就是先按照其自身的惯性行走一段时间。为此，我们眼下需要的是提出近期工作目标和原则。

目标要求——按照原来的行走方式走好每一步，把自己的分内工作做好。不过度，无不及，过了是大错，不及是大恶；过了不行，不及更不行，要做到位。

工作原则：

一是讲团结。不利于团结的话不说，不利于和谐的事不做。做到不打听、不传播、不违规。懂得成全和维护。维护他人的尊严和荣誉。尊重他人就等于尊重自己，积小德而成大德。说话有口德，做事有手德。常言道：正人先正己，我们都是老师，老师就是正人者，要想正人先得端正自己。

二是讲合作。本来应说讲和谐，但是"和谐"一词包括好多层意思，我今天只讲一层就是"合作"，和谐的重要特征是能合作、善合作，会合作才是真正的和谐。为什么强调合作呢？因为合作有来自伙伴的支撑，减轻了你独自一人孤军奋战的劳苦；因为合作会把来自伙伴的真诚，化作无法抗拒的热情和动力，来激励你前行；因为合作会使你狭隘的思想变得豁然开朗，会使你单薄的力量变得更强，会使你枯竭的智慧迅速萌生。因此，加强合作是下一步二实验腾飞的重要条件。让我们珍惜缘分，把握当下，减少单干，加强合作。坚信，合作才会赢。

三是讲标准。没有一个适度的标准，工作就会要么过度，要么不及。怎样才适度？符合要求，家长认可，孩子喜欢，同事赞同，就适度。标准还要有高度，因为标准是努力的方向，标准低了，永远都飞不高，一实验的校长刘延义建校初期总是用这样的一句话激励引领我们——"向星星瞄准，总比向树梢瞄准打得高"，这就是说，你做事的效果取决于你的标准，如果你只是向树梢瞄准，那么你永远都打不到星星。

四是讲奉献。每个人都跟学校荣辱与共，校兴我荣，校衰我耻，在社会上抬不起头的感觉是不好受的，想让社会认可，想让社会上看得起，我们自己得先看得起自己，其表现就是爱学校，像爱自己的眼睛一样。爱学校不能停留在口头，而要表现在行动上，我会拭目以待。

二、打算

我来当校长别无所求，只想做好三件事——

一是传承。传承好二实验24年来取得的辉煌办学成就。

二是服务。我来是为大家服务的，今后我们就是一家人了，无论你生活上还是工作中，无论是你本人还是孩子、老人、爱人，无论遇到什么困难都要及早告诉我，我会尽全力帮助大家。同时也希望大家相互帮助，当同事遇到困难或者家里有了重大事情需要帮助，我们都要在第一时间送去问候和关怀，也许我们的问候挡不了多大的事，但是我们的问候会产生温暖，这种温暖会产生极大的动力支撑他渡过难关。

三是成全。我会通过工作成全大家两个梦想，一是成全大家的专家梦；二是成全大家在社会上扬眉吐气的梦想。

老师们，同志们，人在路上，梦在心里。让我们风雨同舟，患难与共，努力度过眼下校园建设这一非常时期，相信有一天，我们的努力会赢得濮阳各界广大市民的普遍关注与信任。

　　我跟大家推心置腹、意味深远的讲话至今还常常被老师们提起。虽然，那天160 名教职工是被暴晒在太阳底下坐在小板凳上听会的，然而会场上安静的秩序以及老师们凝重的表情、期盼的眼神，我终生都难以忘怀。

　　站在新起点，再绘新蓝图。在接下来的时间里，我抓班子、带队伍、理思路、指方向，带领全体教职工在搞好学校危房改造的同时，进行设施建设、环境建设、队伍建设、制度建设、文化建设、课程建设，为全面激发老师们的工作积极性，进行系统的思想引领，提振教职工队伍精神。

　　为充分调动每位教职工的内驱力，打造一支有魂的团队，结合学校实际，提出校魂"正气、大气、雅气"，校训"做最好的自己"，办学核心理念"让每一个生命幸福成长"，办学目标"努力办一所教有特色学有特长、师生共享成长幸福的充满活力的有文化有内涵的学校"，育人目标"精心培养身体壮、心智强、习惯好、讲诚信、爱学习、懂感恩、有教养、善创新的高素质公民"。开辟"二实验讲坛"。推进实施"三全科研型适度教育管理模式"，建立健全科学高效工作机制。坚持走科研兴校之路，实施适度教育，全面构建绿色育人系统，即思想引领、评价导航、科研管理、高效课堂、公民德育、绿色质量、文化润泽、全人成长。我认为：实施适度教育，构建科学完善的绿色育人系统，是托住底儿办真正适合每一个学生教育的需要，是让每一个孩子健康全面可持续发展的需要，是尊重规律办学实现教育资源均衡化发展的需要，是让学校健康发展、可持续发展的根本出路。

十一、轮岗一年后

2013年11月17日，厦门市实验小学尤颖超校长带领当地27名校长来我校参观（尤校长是我第十九期全国小学校长高级研修班同学），尤校长一行满满一个上午在我校参加了升旗仪式、听课、参观、座谈之后赞叹不已，我感到了他的赞叹是由衷的。令尤校长一行没有想到的是，我来校工作一年时间学校竟然发生如此大的变化，而且是从外到内的变化，我们教职工队伍的精神风貌尤其让尤校长称赞。尤校长回到厦门，专门以我校为例做了一场报告，题目是《校长品格与学校精神》。

那么，一年后学校究竟有了怎样的变化呢？这里特别链接2013年10月《濮阳日报》一篇报道：

走进濮阳市第二实验小学，你会感到一股浓浓的儒雅之气，你会听到一个个生命幸福拔节的声音，你更会感慨道：如今的二实验真美呀！"校长要把自己的思想化作教职工的思想，把自己大脑中设计的学校发展蓝图变为广大教职工共有的蓝图。否则，你自己能量再大也无济于事。学校的发展变化得益于上级领导及社会各界对学校的扶持和关注，更得益于全体教职工有着共同的教育信念，并不懈努力、无私奉献、敬业乐业。'让每一个生命幸福成长'是我们提出的办学核心理念、敬业理念，旨在让每一个生命同在蓝天下，共享一份幸福；让基础教育充满生机和活力！"谈起该校的变化，校长李慧军如是说。

思想引领明方向。该校校长李慧军说："先进的办学理念和学校精神是立校之灵魂，决定着学校的发展方向和发展动力。"据悉，两年多来，李慧军校长带领全体教职工在搞好学校楼房建设、设施建设、环境建设、队伍建设、制度建设、文化建设、课程建设的同时，为全面激发老师们的工作积极性，全面进行了系统的思想引领，提振了教职工队伍的精神，充分调动了每位教职工的内驱力，打造了一支有魂的团队。"李校长用她的博学、睿智以及对教育的独特理解和执着追求，激励着老师们不断昂扬向上，不断超越自我，使学校焕发出前所未有的勃勃生机与活力。"一位中层干部这样对记者说。"李校长的思想引领，转变了我们的观念，更加明确了我们努力的方向，形成了我们共同的教育信念：让每一个生命幸福成长！"一位老教师这样感慨。

评价导航促发展。说到学校评价制度建设，李慧军校长说："在学校，质量评价不应为了论长短，而应为了促发展。只有以更好地促师生幸福成长，促学校更好更快发展为导向的评价，才是科学的。有什么样的评价，就会有什么样的教育。"据了解，该校从两个方面实施敬业评价，引领全体教职工"8小时内顶格干、8小时外求卓越"。一是评价教职工的工作表现。制定《教职工敬业评价细则》，学期末通过年级组互评、全体教职工评等环节评价教职工的敬业精神，比如对后勤职员敬业精神评价，以《职员工作日志》为抓手，进行期末展评。这种评价督促引领各位职员积极主动干工作，既敬业又乐业。二是评价学生全面发展的三个维度，即学业水平、人文素养水平、个性发展水平。该校一改"以单纯考试为主要评价依据的应试教育评价机制"为以"素质教育质量三维评价体系"作为评价教师敬业精神的主要标准。学业水平评价包括重过程的展示性评价和重结果的纸笔考试评价；人文素养评价，依托《小公民自育手册》，通过日日、周周、年年的自评、组评、师评等环节，潜移默化引导孩子在小学阶段做身体壮、心智强、习惯好、讲诚信、爱学习、懂感恩、有教养、善创新的高素质小公民；个性发展评价，给学生制定《学生个性发展导航仪》，让学生人人制定学期目标，人人明确前进方向，加上过程中的家长督促指导、教师适时点评、小组自评互评等环节来促学生个性发展全人成长。据了解，李慧军校长常常对老师们这样说："辣椒没有冬瓜大，冬瓜没有辣椒红。每个孩子的潜能和

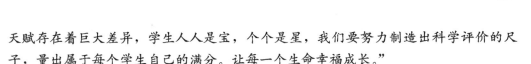

天赋存在着巨大差异，学生人人是宝，个个是星，我们要努力制造出科学评价的尺子，量出属于每个学生自己的满分。让每一个生命幸福成长。"

文化建设增内涵。据悉，该校校园文化建设以弘扬校魂正气、大气、雅气"三气"为出发点，以儒雅文化为主题，形成了儒雅之根、儒雅之道、儒雅之德、儒雅之礼、儒雅之博、儒雅之美六个系列，依托二实验讲坛、文化讲堂、道德讲堂、抄读经典、晨诵课等活动凸显思想文化价值，注重道德教育功能；书香文化艺术节给全体学生提供了广阔舞台。师生合力设计了8000平方米的儒雅文化墙，一楼大厅校魂墙休闲角的建设、儒雅石的解读等都有效营造了儒雅文化氛围。"我们充分利用走廊墙壁的激励作用，广泛为孩子们搭建展示成果培育自信的舞台；我校各个教学楼，每个楼层、每个班级门前都张贴满了孩子们的作品，这些作品都是在老师的指导下，在小队干部的带领下自己动手制作的，这一做法为所有孩子体验成功搭建了更多平台，每个孩子几乎都能从中受到激励。"一位老师说。目前，通过广大师生的共同努力，该校已经逐步构建了完整的儒雅文化系统，营造了浓厚的文化氛围，初步实现和造就了儒雅之师，培养儒雅少年的目标。

环境是发展的基础。该校以市教育局提出的教育装备年为契机，2014年学校硬件建设取得新突破。在信息技术方面，一二三年级每个教室都配备了现代教育技术手段一键触控电子白板；建立了新网站，入了互联网，在任何时候都可以打开该校的网页进行阅览，而且内容充实丰富，动静结合，更新及时，目前已成为内外点击率不断攀升的新网站；新建科技教室、机器人室、教师阅览室、心灵氧吧、一楼大厅的休闲角；为每位老师准备了鞋柜；校园安装了LED大彩屏，成为该校一大亮点；每班教室门前安装了书袋子，配上了室内书柜，极大方便了学生读书；建设和完善了少年宫，为少年宫更新配备了桌凳，成立了42个学生社团，涵盖了书法、音乐、美术、舞蹈、形体、乐器、体育、英语、科技等学科，开发了42项师本课程，学生根据

老师开发的课程和自己的爱好发展自己的特长，达到了拔出尖儿、又托住底儿的目的，为每个孩子展示才华、发展特长、幸福成长、全面发展提供了营养丰富的绿色育人土壤，真正做到了为每一个生命幸福成长保驾护航。

十二、成为新亮点

刚到第二实验小学时，不少人为我"鸣不平"，有人说"今后悠着点吧，爱惜一下自己吧"。也有朋友劝我说："今后别再那么傻了，那么累干什么？您也不小了，爱惜自己身体才是最重要的，学校过得去就行了。"我知道大家是在关心我，甚至是心疼我，然而，我丝毫没有在意外界的评价和朋友的规劝，而是埋下头来俯下身子，潜心工作，执着前行。在 8000 平方米的校安工程实施重建的同时，把思想建设、制度建设、课程建设、文化建设、环境建设、硬件设施建设一起抓，同时，又润物无声地把"适度教育"移植到了这片沃土上。

"三全科研管理"为学校管理自动化提档升级。从 2013 年秋季开始，为了让适度教育理念尽快渗透到学校各个方面，我们开始推行实施"三全科研型管理模式"，"三全"即全员参与、全过程科研、全方位渗透实施适度教育。首先，把学校原有的中层科室进行整合，把原有的所有中层职能科室，都变成了适度教育研究室，促使学校原有的一个个单纯的管理机构变成了一个个适度教育研究组织，促使学校干部、教师、职员人人在一种科研兴校、科研兴师、科研兴教的氛围中实现科学发展，全人成长。学校队伍的内功开始变化了，主要表现在人人能自觉主动参与科研过程，人人享受成长的幸福，既托住了底儿，又拔出了尖儿，工作过程变为科研过程，实现了工作与研究同步，实现了教育质量的增长方式由经验型增长向科研型增长转轨。教师队伍迎来了成长发展的春天。

学生迎来了发展的春天。为引导孩子全面发展、全人成长，引领老师为孩子们广泛搭建成长平台，在我校多年来开设校本课程——书法课的基础上，增设形体课、小公民修身课、国学吟诵课，成立了36个学生社团，书法、绘画、科技小制作、机器人、足球、篮球、乒乓球、古筝、古琴应有尽有，创办辅仁书院，举办书香文化艺术节，举行校园吉尼斯，定期举行各种各样的社会实践活动，引导孩子们积极参与广泛参与，极大调动了孩子们发展成长的主动性，形成了文明儒雅的校园文化。

聊斋
——心灵氧吧1个

学校面貌焕然一新。短短两年时间，第二实验小学无论从校容校貌还是广大师生的精神状态工作干劲都焕然一新，学校上下心齐、气顺、劲足，充满活力，呈现出人心思变、人心思干、人人思发展的良好局面。学校整个团队就像一列动车组，每节车厢都充满生机活力，赢得了濮阳社会的广泛关注和普遍赞誉。如今屈指算来，我到第二实验小学工作已满三年，学校一跃成为社会关注的热点学校，所有来访者无不赞叹学校的发展与变化：老师们追求卓越，无私奉献，热情高涨，纪律严明，工作出色；学生更是生龙活虎，全面发展，全人成长，秩序井然，特别是校容校貌的变化、儒雅文化的建设，以及绿色育人系统的形成，都为第二实验小学的可持续发展备足了后劲儿。

各项工作名列前茅。学校的根本变化体现在方方面面的不断进步上。三年来，学校各项工作均取得显著提升，课堂教学改革成效显著，教学成绩在全市统一检测中受到上级领导的好评。体育成绩连续两年获得全市第一名；近视率是全市范围内保持最低的一所学校；未成年人思想道德建设工作全市第一名；素质教育和内涵发展工作在全市考核评估中名列前茅；我校推出的音乐舞蹈节目获全省一等奖（全市唯一学校）；语文、数学、音乐、作文优质课大赛，我们参赛的课均获得市优质课一等奖；连年举办书香文化艺术节、经典诵读展演活动；全市小学生汉字听写大赛获得 2013 年市城区学校组第一名。全市中小学生安全知识竞赛，我校获得总分第一名。2015 年成为全市唯一一所获得教育科研成果一等奖的学校；成为全市唯一一所获得濮阳市综合治理先进单位的学校等。

荣誉接踵而至。三年来，学校先后荣获"河南省未成年人思想道德建设先进单位""河南省师德师风建设先进单位""河南省文明学校""河南省教育系统先进集体""全国巾帼建功文明示范岗""濮阳市首批素质教育示范校""濮阳市首批教育内涵发展先进校"等称号，2015 年 10 月，在全市教育行业竞争十分激烈的情况下，我校脱颖而出，成功创建省级文明单位，成为我市教育系统一个新的亮点。省委常委宣传部部长赵素萍、省人大常委会副主任段喜中、省教育厅厅长朱清梦、市委副书记何雄、市委副书记申延平、市委常委宣传部部长郭岩松等领导先后多次来校视察，均给予高度评价。

备受关注和赞誉。学校的发展与变化先后吸引了来自省、市内外的各界同仁前来参观学习，特别是 2014 年秋季学段，我市创建全国文明城，在作为我市唯一一所学校接受创建考核组对未成年人思想道德建设工作进行考核验收之后，考核组的同志在反馈时对学校给予高度评价，认为濮阳市第二实验小学办学方向明确，文化底蕴丰厚，管理精细有品位，教育效果显著扎实，是一所有特色、有内涵、有文化、有品位的学校。2015 年 5 月，我校成功承办河南省小学校长论坛活动，来自全省各地市的 100 余名校长老师，实地参观后均给予高度赞誉。2015 年，中宣部要在濮阳召开全民敬业行动全国现场会，我校成为濮阳市委宣传部市文明办对外推出的一个窗口和典型，并授予我校全民敬业行动先进单位。

29 年来，我一直坚持走科研兴校兴教之路，自"八五"以来"九五""十五""十一五""十二五"29 年从未间断，一直坚持课题研究，取得了六项科研成果：《评赏阅读教学法》《三特学校实验与研究》《展示性评价模式研究》《小学适度教育模式研究》《双轨道三层级主题性校本教研模式》《三全科研型管理模式研究》等一系列研究成果，均获得河南省教育科研一等奖、河南省科技进步二等三等奖或濮阳市科技进步一等奖。出版著作《电教评赏阅读教学法》《教育因适度而精彩》《适度教育——理念与管理》《适度教育——绿色课堂》《适度教育——诚信德育》。

我校教师创编的《濮阳市第二实验小学爱岗敬业歌》中这样唱道："特别有梦想，特别有追求，特别能吃苦，特别能实干，爱岗敬业真情在，无怨无悔做贡献……"这不是对我个人的一种褒扬，而是对我们这个优秀团队的赞誉，为了让更多的孩子享受到适度教育，我愿意无怨无悔带领我的新团队坚定行走在适度教育大道上，追寻教育梦，助力中国梦！

　　读了我的故事，也许您和我一样觉得平淡无奇，也许您从这平淡无奇中联想到了一句至理名言："人是靠自己的双脚站立在这个地球上的。"是啊，靠山山倒，靠水水跑，只有我们自己才是自己的靠山。此时此刻，我不由得想起我国当代教育家魏书生说过的一句话："人活于天地之间，就是干实事的，我们不能老惦记着那些机遇不允许的东西，而要牢牢抓住真正属于我们自己的，那就是时间，只要我们牢牢抓住每一分、每一秒，并且在这分分秒秒中能充分发挥自己的能量，珍惜自我、超越自我，把每一件细小的工作都当作一个宏大的世界去对待它、研究它，就一定能取得成功。"

我的教育观

我心中的教育

教育应不过度无不及："适度教育"命题的诞生

一、初当校长，寻找发展切入点

2006 年 10 月 22 日，我接受濮阳市教育局党组任命，从濮阳市子路小学副校长的岗位上，调回到濮阳市实验小学任校长。在别人看来，这是对我的提拔和重用，可对我来讲，无疑是一种考验和挑战。

濮阳市实验小学建校 20 多年来，在历届领导班子和全体教职工的共同努力下，形成了辉煌的历史和丰厚的文化底蕴，有了令人瞩目的地位和影响，每一代师生都积极传承着"朝气、勇气、豪气"的校魂，并不断汲取新的力量、赋予它新的内涵。学校逐渐发展成为以人为本、文明和谐的育人"场"，催人奋进、助人成长的竞争"场"，底蕴殷实、积淀文明的读书"场"，智慧碰撞、个性张扬的创新"场"，健全人格、健美体魄、成才成功的锻炼"场"，为国家培养了一批又一批管理干部和教育精英，成为濮阳基础教育的一面旗帜。

而今，如何举起这面"旗帜"，实现新的跨越式发展？如何在青藏高原上建起珠穆朗玛峰？这成为摆在我这个新校长面前的艰巨任务，也是实验小学 160 名教职员工和 3500 名学生面对我这位新上任的校长，自然画出的一个大大的问号。

经过认真思考得出结论，要建"珠

穆朗玛峰", 首要的程序必须找到与"青藏高原"的牢固结合点。于是, 我这个刚上任的"新官儿", 便开始燃起了"第一把火"。

在长达两个月的时间里, 在处理好日常工作的前提下, 我先后组织了校级领导、中层干部、年级组长、骨干教师、学校职员、退休教师、学生代表 (三个层次)、家长代表、代课教师等, 召开了十几个不同形式的座谈会。在每一个座谈会上, 我们一起分享学校曾经拥有的成果与辉煌, 一起研究学校所面临的机遇和挑战, 大家知无不言, 言无不尽, 畅所欲言。通过这样的沟通和交流, 在重温学校办学成就的基础上, 把准了老师的脉搏, 了解了大家的所思所想所困……同时, 我也对学校原有的办学理念、主要成绩、主要经验和主要的办学特色进行了客观的分析、总结、概括、提炼和梳理。

(一) 办学理念

建校 22 年来, 学校的主要办学理念, 一是师生积极传承的"朝气、勇气、豪气"的校魂, 并在传承过程中不断赋予它新的内涵。二是坚持"一切为了学生, 为了一切学生, 为了学生一切"的办学宗旨, 促进学生全面发展、全员发展、主动发展、和谐发展; 三是坚持"一切为了教师的进步、一切为了学生的成长、一切为了教育的和谐", 积极营造文明育人、育人文明的充满活力、充满激情的教育"场"。

(二) 主要成绩

学校共计培养了 11000 余名德智体美劳全面发展的优秀毕业生; 涌现出一大批师德高尚、业务精湛的高素质教师, 30 余名教师获得了"全国教育系统劳动模范""全国优秀教育工作者""全国为人师表模范""全国模范班主任"等省部级以上荣誉称号; 为市直中小学培养输送了 29 名会管理、业务精的校级领导干部; 学校获得了200 多项国家、省、市级集体荣誉称号, 良好的校风、教风、学风赢得了社会的高度赞誉。

(三) 主要经验

自 1986 年建校以来, 学校坚持"校长负责制、全员聘用制、量化考核制、动态

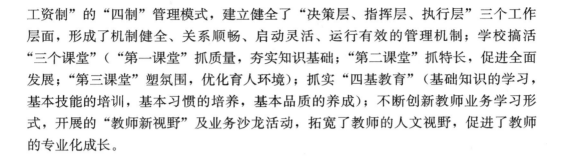

工资制"的"四制"管理模式,建立健全了"决策层、指挥层、执行层"三个工作层面,形成了机制健全、关系顺畅、启动灵活、运行有效的管理机制;学校搞活"三个课堂"("第一课堂"抓质量,夯实知识基础;"第二课堂"抓特长,促进全面发展;"第三课堂"塑氛围,优化育人环境);抓实"四基教育"(基础知识的学习,基本技能的培训,基本习惯的培养,基本品质的养成);不断创新教师业务学习形式,开展的"教师新视野"及业务沙龙活动,拓宽了教师的人文视野,促进了教师的专业化成长。

(四)办学特色

学校长期实施校园"净化工程""绿化工程""美化工程""诗化工程""书化工程",使读书成为师生学习生活的一部分、校园墙壁"会说话"、株株花草能育人,浓厚的文化氛围促使师生自我教育、自我管理。

学校长期坚持"师德建设大家谈"活动,扎实有效的思想政治工作促使学校积淀了丰厚的文化底蕴,学校形成了"争创第一"的校园文化,老师有强烈的主人翁意识和敬业精神,"不用扬鞭自奋蹄"成为老师们无私奉献、自加压力、自主创新的追求。

学校乒乓球训练成绩突出,被评为"河南省乒乓球传统项目学校"。曾培养过国家乒乓球一队队员——李晓丹。在由全省 32 所"乒乓球传统项目学校"参加的比赛中,学校乒乓球队连年获得好成绩。在 2007 年的全省比赛中,刘祎荺同学获得女子单打冠军,团体获第四名。

(五)学校发展存在的主要问题

1. 缺编问题直接影响学校发展。

学校现有 50 个教学班,学生 3279 人,根据上级编制核定的比例 1∶20,学校应有编制数为 163,这与 2003 年重新核定编制数 108 相比,缺编 55。缺编问题给学校带来师资紧张的局面,再加上生源递增,学校聘用了一大批代课教师。他们对校园文化缺乏了解,再加上待遇较低、上编无望,阻碍了他们的进步和发展,更导致学校师资结构出现断层、教师队伍稳定性差,直接影响学校发展。

2. 学校班额较大，直接影响教育教学质量。

学校每班平均 65 人，超国家标准班 20 人，不利于因材施教。超员情况导致教师教育教学任务繁重，班大人多导致某些新课改项目难于推广开展，在某种程度上制约着素质教育的深入实施。

3. 学校缺乏高质量的原创性研究成果。

学校虽然参与了全国"八五""九五""十五"课题研究，但均属于子课题或实验校课题，全国教育科学规划办直接批准立项的课题尚属空白。学校教育质量的增长方式仍然在经验型增长与科学型增长之间徘徊。提高教育教学质量主要靠经验，科研含量较低。

4. 学生健康问题不容忽视。

经 2007 年 4 月对全校学生的视力检测和体检，发现学生体质普遍较差，视力较弱，平均近视率为 47.26%。这直接影响着学生的健康发展。

5. 办学设施相对滞后。

学校虽有较好的发展基础，但由于教学楼重建导致原有的较为先进的教学设施损坏，许多硬件设施亟待进一步改善，如：微机房尚是空白（如今孩子只能在教室上计算机理论课），教室多媒体需要添置；操场需要铺设弹性跑道；音、体、美教学器材需要更换；教学仪器需大面积更新，图书资源大多为过时图书，失去阅读价值；学生活动室严重短缺。但上级为促进教育均衡发展，从政策导向上向农村倾斜，因此原有名校缺少政策上的支持和资金上的保障，再加上学校拆除重建工程导致资金缺口较大，这些都严重阻碍着学校的更快发展。

6. 随着时代的发展，学校管理制度的某些条款已显滞后，需要改革和创新，但这需要一定的过程和教职工承受心理的培养时间，需要上级部门理解、帮助和支持。

经过以上调查研究和对学校办学现状的客观分析，学校的发展思路越来越清晰，新的发展方向渐渐凸显出来。

经过一段时间的梳理和沉淀，2007 年 2 月 6 日，我代表学校新一届领导班子，向全体教职工做了长达两个半小时的报告，题目为《精心打造和谐校园，扎实推进素质教育》。该报告成为新一届领导班子带领大家沿着新的办学目标奋进的一个重要里程碑。下面是部分讲话内容：

《精心打造和谐校园　扎实推进素质教育》

（2007 年 2 月 8 日全体教职工大会上的讲话）

老师们、同志们：

现在，我代表学校领导班子，就我校今后的发展方向问题做报告，题目是《精心打造和谐校园，扎实推进素质教育》。请予审议。

一、学校发展思路

实验小学建校 20 年来，在历届领导班子和全体教职工的共同努力下，形成了辉煌的历史和丰厚的文化底蕴，有了令人瞩目的社会地位和影响。每一代师生都积极传承着"朝气、勇气、豪气"的校魂，并不断汲取新的力量、赋予它新的内涵。学校逐渐发展成为以人为本、文明和谐的育人"场"，催人奋进、助人成长的竞争"场"，底蕴殷实、积淀文明的读书"场"，智慧碰撞、个性张扬的创新"场"，健全人格、健美体魄、成才成功的锻炼"场"。

学校发展到 21 世纪的今天，面临着新课程改革的大潮，面临着新义务教育法的颁布实施，面临着国家全面实施素质教育的新形势。作为一名教育工作者，有责任深入思考：在新的形势下，在这样的育人"场"中，应该怎样为学校的发展定位，应该确立什么样的培养目标，应该营造什么样的校园氛围，应该给每一位师生提供什么样的工作和学习条件，这个"场"中的什么最值得关注。基于此，学校确立了"以现有成果为基点，以求实发展为主题，以改革创新为灵魂，以科学管理为保障，以师生发展为目标，遵照教育规律，坚持依法治校，打造和谐校园，扎实推进素质教育"的发展新思路。

确立办学理念：关注生命质量，奠基终生幸福。这里"关注生命质量"的内涵是指关注学生的身心健康质量、行为习惯养成质量、学习质量和潜能得到开发的质量。只有学生的身心健康、学习和发展得

到关注，学生的生命质量才能得到保证，才能真正为其终生幸福奠基。

确定培养目标：培养身心健康、文明诚信、精细创新、全面发展的高素质公民。

打造实小精神：继续传承朝气、勇气、豪气的校魂，进一步打造关爱和谐、文明自信、求实创新、敬业奉献的实小精神。

二、学校发展目标定位

总目标：继续巩固"全国精神文明建设工作先进单位"创建成果，坚持以人为本，遵照教育教学规律，努力开创素质教育工作新局面，力争成为全国素质教育典型校、示范校。

具体目标：

一是营造"关爱、和谐、求实、创新"的校园文化氛围。

二是巩固和发展德育成果。

三是打造体育特色。

四是引入精细化教育理念，建构精细化教育文化体系。

五是铸造一支专业化教师队伍。

六是进一步深化课程改革，全面开发校本课程，为师生发展搭建平台。

七是进一步改进和完善评价制度。

八是构建以"精细、主动、低耗、高效"为目标的后勤管理模式。

三、主要措施

（一）营造"关爱、和谐、求实、创新"的校园文化氛围

1. 关爱

爱是教育的灵魂，充满爱的校园犹如洒满阳光的森林，置身其中，倍感温馨，催人奋进。

一是领导关爱教师。

关爱离退休教师。实验小学的今天是几代人共同努力的结果。离退休教师是建校元勋，他们为实验小学的发展做出了不可磨灭的贡献，是实验小学的第一批功臣，所以我们作为年青一代，什么时候都不能忘记他们。尊重他们的付出，铭记他们的贡献，让每位离退休教师感受到实验小学永远是他们的家。学校将通过召开座谈会、设置"功臣榜"、组织茶话会、赠生日礼物等形式，体现对老教师的关心和爱戴。

　　关爱在职教师。首先，关心大家的业务成长。充分发挥我校优秀教师资源，加强教师间的相互指导和交流，为广大教师搭建发展平台，让每位教师感受到工作的快乐和幸福。后面将谈到具体措施。其次，关心大家的生活。我代表班子向大家承诺，凡是教师家里有困难，需要学校帮助解决的，提出来，学校将会尽全力帮助解决。我办公室的大门随时向大家敞开，大家工作中有什么问题，思想上有什么不愉快，家庭有什么困难，都可以随时找我，我会成为大家值得信赖的倾诉对象。对于大家提出的个人生活困难方面的问题，我也会尽我个人所能，帮助大家。对于大家反映的工作条件方面的问题，我会尽快安排整改。属于学校制度不够完善的问题，我们会通过教职工代表大会修订完善后再做改进，以避免随意性。

　　关心大家的身体健康。为每一位教师建立健康档案，每年至少为全体教职工体检一次（含代课教师）。为了减少大家的疾病，让大家锻炼好身体，学校将在活动用房严重短缺的情况下，努力建设教职工健身俱乐部。在课余活动时间，真正活动起来，潇洒起来。凡是教师生病住院，各年级组要及时告知学校领导，我会带领班子成员前去探望。

　　二是教师关爱教师。老教师要关爱新教师的业务成长；新教师要关爱老教师的身体健康。牢固树立"与人为善、快乐他人、幸福自己"的观念，要努力让别人感受到自己的亲切、友善、真诚和愉快，切实建立和谐友好的同事关系。

三是教师关爱学生。关爱源于关注，要想做到关爱每一位学生，必须从关注每一位学生的细节开始，做到"十掌握"：掌握学生的健康状况；掌握学生的学习情况；掌握学生的生活习惯及特征；掌握学生的家庭情况；掌握学生的兴趣特长；掌握学生的心理状况及特点；掌握学生的个性特征；掌握学生的不足；掌握学生的交际环境、交友情况；掌握学生的发展情况。

另外，教师关爱学生须从尊重孩子的五种权利开始：即尊重孩子健康的权利；尊重孩子参与的权利；尊重孩子质疑的权利；尊重孩子出错的权利；尊重孩子越轨的权利。

教师决不能在学生出问题时叫家长，更不能训家长，（例如：没完成作业，或者没考好）。一旦学生出了问题，教师要想办法去引导，等学生切实有了进步有了成绩时，让学生带着成功的喜悦叫家长，教师再向家长述说孩子的进步，使孩子切实感受到家长和教师同时分享着他成功的喜悦，在这个前提下，再向其指出学生还有待怎样的提高，这样才便于家长接受教师的建议，以进一步和谐家校关系。我们的孩子才能带着成功的自信走向新的成功。

加强家访：对于问题学生教师要家访（电话联系不等同于家访）。只有家访才能真正了解学生的家境及生活状况，才能因学生的具体情况来施教，才有可能及时地挽救一些学生，才不至于让问题学生继续问题下去。下一步学校教导处将拿出对家访工作的管理方案，对家访工作做得好的教师要予以表彰。

不要把一些辅导学习的任务安排给家长，更不能以命令的口吻安排家长。家长自觉去做，那是家长们自己的事情。作为教师，我们不要过分依赖家长。

学校不提倡一些有条件的家长为教师帮忙做事情（包括工作的和个人的事情），即便是家长主动的也不行，这样不利于孩子的心理健康，因为，那些没能力帮助教师的家长的孩子容易产生自卑心理，能帮教师的家长的孩子易产生高傲的心理，这不利于孩子的健康成长。教师们一定要细心观察，在你的班里有没有很自卑的孩子，若有，你一定要及时地沟通、化解，通过你细致周到的工作，让孩子的心态阳光起来。请大家万万不可忽视，自卑是一切罪恶之源。

2. 和谐

一是人际关系和谐。包括班子关系和谐、干群关系和谐、师生关系和谐、生生关系和谐、家校关系和谐、一线和后勤的和谐。

二是校园环境和谐。学校是育人的场所，时时处处都要本着育人的宗旨去规划校园、美化校园，让整个校园成为育人的大课堂。

三是精神和谐，人人心情舒畅。实验小学教职工一定是人人心情舒畅的。我想这里应该有三个理由：

第一，我们有一个值得信赖的领导班子，这个班子不仅关爱体贴教职工，还尤其讲民主、讲团结、讲和谐、讲奉献。第二，我本人来自农村，对物质生活没有太高的奢望和要求，所以，心里很宁静，压根儿就没想着占公家一分钱的便宜。第三，今天既然组织上派我来当这个校长了，是对我的信任，所以我只有一个愿望，那就是把学校办好，让学生、老师、家长、社会都满意，别无任何杂念。基于此，我只会全身心地把自己的精力倾注在学校发展上，倾注在为老师的成长，学生的发展创造条件上。

所以，大家只管放心、开心地工作就行了，不用担心领导是不是公平公正。说起公平公正，还有一个关键词就是公开，今后学校将加大依法治校的力度，实行校长办公例会、中层例会、全体教职工例会制度，学校的重大决策和大项支出情况会及时召开相应的会议，跟大家及时沟通，来不及开会沟通的将发挥公示栏作用，及时公示。凡是牵涉到学校改革发展等重大决策问题的，要走教职工代表大会的民主管理程序，让大家来参与决策。

在我们学校，只有踏踏实实干工作的，不会有不踏实不敬业不肯干的，更不会有闹不团结的。实践证明，实验小学这支队伍绝对是指到哪里，干到哪里，而且是你只要稍作提示，就会干出加倍成果来。有那么多的成果让你享受，有那么多的成功让你体验，心情能不舒畅吗？

人人潜能得到充分发掘。人的潜能得到充分开发，并不意味着很累，相反大家会感到很快乐，因为你在工作中不断体验到成功，这种成功激励着你信心百倍地努力工作，这种激情是别人想拦都拦不住的。要想充分发挥人的潜能就必须创建素质教育的办学模式。大家会想，那是不是不要课堂教学了？绝对不是。相反，是对课堂教学质量要求更高了，把该完成的教学任务当堂完成，节余的时间不再做那些耗费大多数孩子生命的重复性劳动，让孩子们干他们最想干的事情，投入到最能开发其潜能启迪其智慧的活动中。我们的老师只有努力去做这些事情，其潜能才能得到充分发掘。

人人实现自身价值。我深有体会，像我这个年龄以上的老师们，恐怕都没有升官的愿望了，要说他们想发财吧，恐怕早就下海经商了。但是之所以和学校一起走到今天，是因为他们深爱着实验小学这块土地，深爱着教育事业。他们的最大愿望就是能让家长们满意，让孩子们快乐成长，让领导们认可赏识。这才意味着他们人生价值的实现，也是他们最大的满足。所以，作为校长，首先应该考虑为大家搭建平台，让大家充分施展自己的才华，充分享受工作的乐趣，进而实现自己的人生价值，实现自己的教育理想。

因此，未来的实验小学教职工，没有理由不高兴，也没有理由不舒畅。

3. 求实

以新的办学理念为支点，努力加强各项工作之间的有机联系。各个部门、各个同志都要从大局出发。不搞花架子，不做表面文章，扎扎实实、实事求是地做好各项工作。

一是育人工作要紧贴学生实际。培养学生良好的生活习惯、行为习惯、学习习惯，培养学生广泛的兴趣爱好。

二是管理工作要紧贴教师实际。充分发挥每位教师的专长，开展切实有效的业务活动，促进教师专业化成长，丰富教师的文体生活。

三是学校发展要紧贴学校实际。发挥学校现有资源优势，完善规章制度，激活竞争机制，抓实抓活文明创建工作，提升整体办学水平。

4. 创新

创新是生存之道、成功要诀。哲学家查提尔说过："当你只有一个点子时，这个点子就再危险不过了。"没有创新的意识和思想，人们永远只会墨守成规，千篇一律。要想把学校办成让家长满意，让学生快乐，让社会认可的学校，人人必须树立强烈的创新意识，从而使学校具备可持续竞争力。

一是管理工作要创新。学校的每位管理者都要增强学习意识，顺应时代发展的要求，使自己具备创新的能力和水平，对原有的制度、模式、措施、方法，勇于改革，勤于思考，善于创新。比如：学校要建立导师制度。聘请经验丰富、能力强的老同志当导师，使其履行导师职责，享受导师待遇，尽快为我校培养一批年轻的骨干教师，以进一步提升我校教师队伍的整体素质。每位教职工每学期都要写出一篇关于创新方面的工作总结，无须长篇大论，只需把你的创新表现和效果进行陈述即可，对创新效果突出者，要计绩，要发奖。

二是教育教学工作要创新。科技在发展，社会在进步，我们的教育对象也不断发生新的变化。这就要求每一位教师要不断更新教育观念，逐渐完成自身角色的转变——由教师型向导师型过渡，充分挖掘学生的潜能，并不断创新工作方法，不断为教育教学工作注入新鲜血液，以适应新的变化和要求。每位教师都要本着充分开发学生潜能、促使学生更好地发展这个目标，创新自己的教育教学工作。学校要设创新奖，只要你的方法很有效，创新成果突出，学生感兴趣，就可获得此项奖励。必要时将带领老师们走出去，学习其他学校的先进经验，再结合我校实际，研究出适合我校教师实际的低耗高效的课堂教学模式，把我校的教育教学工作再推向一个新高度。

鼓励培养学生的创新意识，哪怕是微小的、幼稚的，比如：有的小孩看到汽车废油、废地（占用地盘）、废人力，就说想发明一种飞行衣。看到坏人说好听话迷惑人，就说要发明一种良心测量仪，在坏人的胸口一按，就出来数据等，这些都是发明家的细胞。都要给予及时的肯定与鼓励，必要时要大张旗鼓地表彰，以切实培养学生的创新精神。

三是后勤服务要创新。牢固树立服务意识，学生就是我们的服务对象，我们要按照学生的身心发展实际，满足他们的学习需求、运动需求、精神需求、成长需求，尽全力为他们的学习和生活提供优质服务，让学校真正成为孩子们向往和追求的乐园。

当然，创新需要勇气，因为创新本身具有风险性，创新过程中隐藏着很多不可预见的问题。但创新本身又具有极大的磁力和无穷的魅力，相信大家都会在创新的过程中体味到超越自我的快乐，实现人生的价值，学校会理解同志们在创新中出现的问题甚至失败，也会在大家的创新中汲取不竭的动力，从辉煌走向更大的辉煌。

……

长达一小时的报告做完后，全体教职工回报的是长时间热烈的掌声。从这热烈

的掌声里，我听出了大家给予新班子的理解与信任，厚望与期盼。于是，在获得信心的同时，感觉肩上的担子更重了。

"关注生命质量，奠基终生幸福"的办学理念，从此在实验小学确立了，"身心健康、文明诚信、精细创新、全面发展的高素质小公民的培养目标"，也从此被明确地提出。

这次讲话，使得广大教职工以往的工作经验成果得以巩固和尊重，并且与新的发展思路进行了有机的衔接。学校发展的思路明确了，老师们心里亮堂了。

二、规划论证，提出"适度教育"命题

2007 年 8 月，调入实验小学一年后，在全面、客观地总结建校 21 年取得的成绩、查找影响学校发展问题的基础上，学校新班子带着这些问题和对学校发展的初步设想，专程赴京请北京教科院基础教育研究所副所长、研究员、管理学博士程晗给予高端策划。

程晗博士在认真听取了我们对学校发展现状所做的客观分析和陈述的基础上，

高屋建瓴，针对我国当前基础教育现状，又结合学校基本情况，站在基础教育发展与改革前沿的高度，提出了"以适度教育研究为核心的创意和科学理念，研究制定学校三年发展规划"的目标和任务，并就研究制定学校三年规划提出了指导性意见。

于是，学校研究制定了《濮阳市实验小学 2007－2010 年发展规划》。三年规划确定了新的办学指导思想：认真贯彻科学发展观、以人为本和构建社会主义和谐社会的战略思想，以我市正在实施的"教研赛考评"工程为契机，以健康教育为基础，以诚信教育为切入点，以构建"适度教育"模式为核心，以为学生的终生幸福奠基为制高点，以促进教师专业化成长为根本，以"菜单式"自助教育为机制，以科学的评价为导向，打造全国知名学校品牌。并把对适度教育课题研究纳入学校三年发展规划之中。

三年发展规划的草案形成后，2007 年 8 月，学校隆重举行全体教职工大会暨专家论证会，请专家给予科学论证和评价。教育部国家教育发展研究中心教育政策评估室主任、副研究员杨银付博士，北京教育科学研究院基础教育研究所副所长、研究员程晗博士，北京教育科学研究院德育研究中心郭喜青教授，河南大学教育科学学院院长、博士生导师刘志军博士等专家参加了规划论证会，给予了积极的肯定，并提出了新的建议。论证会期间，程晗博士做了题为《和谐社会呼唤适度教育》的学术报告，对学校深入开展适度教育研究，给予了思想和理论上的科学指导。

为了贯彻落实学校三年发展规划中提出的开展适度教育研究的目标和任务，学校把《小学适度教育模式研究》申请为全国教育科学"十一五"规划课题。"小学适度教育"命题就是在这样的背景下提出的。

学校三年发展规划的制定和三年发展规划专家论证会的召开，具有三层重要意义：一是使全校教职工及早形成了共识，及早打消了观望等待心理。二是把校长大脑中的发展蓝图变成了大家共有的蓝图，使得人人明确了发展方向和目标。三是能及时促使教师在明确学校发展方向的基础上，个人准确定位，制定个人成长规划，益于教师个人专业化成长。

2008 年 8 月，经学校申请，课题"小学适度教育模式研究"在全国教育科学规划办立项，成为全国教育科学"十一五"规划课题。从此，我校成为独立承担国家级研究课题的学校。

课题研究工作正式起步于 2007 年 9 月。

（一）适度教育概念界定

何谓适度教育？适度教育是指教育过程、教育内容、教育方法等教育要素均处于一种自然和谐状态的教育。要求施教者在适宜的时间和空间内，采取适当的方式、方法、措施，以一种发展的眼光、宽容的态度和期待的心理，营造一种相互接纳、健康和谐的教育氛围，顺应人的自然，开发人的潜能，对学生进行恰如其分的教育，进而达到教育的本真状态，实现人的全面、健康、和谐、可持续发展的目标。

适度教育，既是我们追求的一种教育理念，又是一种正待我们去探索的教育方法；既是教育过程中必须遵循的原则，更是我们所追求的一种教育境界。

（二）适度教育研究目标

适度教育的研究目标：即抑制过度的教育，提升不及的教育，调整错位的教育，发展绿色的教育。

四个目标之间的关系：发展绿色的教育促使学生健康成长，应该是适度教育研究的最终目标，但是，要想实现最终目标，必须通过研究首先达到最基本目标，即抑制过度的教育，提升不及的教育，调整错位的教育。只有这三个基本目标实现了，发展绿色的教育的目标也就自然达到了。

（三）适度教育研究特点

由上述适度教育的研究目标不难看出，适度教育研究不同于其他课题研究，它具有自己的如下特性。

实践性。其实，适度教育的研究目标已经决定了适度教育研究工作绝不是空中楼阁，而是存在于各项工作实践中。要想使不符合规律的教育，得到及时的抑制、提升和调整，必然要贴近学校的工作实际，及时查出工作实践中的过度、不及和错位，才能及时得到改进。如果脱离了实践，研究工作就必然失去意义。因此，适度教育研究具有实践性。

全过程性。由于学校各项工作都适度，才是最理想的办学境界，因此，适度教育研究就存在于各项工作过程中，于是研究过程就与工作过程自然并轨，工作过程就变成了研究过程，其结合点是：研究者每天对自己工作的反思，"我的工作适度吗？有无过度？有无不及？怎样改进？"这样的反思不仅仅存在于某个阶段，而是天天、事事、时时都可以进行，贯穿于学校一切事物本身发展的全过程，贯穿于人的成长发展全过程，因此，适度教育研究具有全过程性。

全方位性。适度教育研究不仅存在于课堂，存在于德育，也不仅存在于学校教育、家庭教育等，只要有时间、有人力、有精力，研究工作便可在学校教育的各领域中展开。如：课堂教学的适度，德育工作的适度，学校管理的适度，课程开设的适度，教师培训的适度，后勤服务的适度，家庭教育的适度等。从课内到课外，从宏观到微观，从校内到校外，可以全方位展开，在实验小学期间通过实践探索成立的 11 个研究共同体，就涉及了学校工作的各个方面，充分体现了适度教育研究的全方位性。

可操作性。适度教育研究具有很强的可操作性。人人、事事、处处都可以围绕是否"过度"有无"不及"是否"错位"三个问题来进行反思对照，从而改进工作提升自己。即便是团队也是如此，无论年级组、教研组、处室团队、服务人员团队，都可以坐下来认真反思，我们的工作有无过度、不及和错位，从而进行抑制、提升和调整。因此适度教育具有很强的可操作性。

全员参与性。适度教育研究可人人参与，全员参与。由于适度在某种程度上是一种价值观的体现，讲究适度是一个人、一个团队，追求高目标、高标准、高境界的体现，所以，人人参与就有了基本的可能性。事实证明，无论在实验小学的"双轨道三层级主题性校本教研模式"还是在第二实验小学实行的"三全科研型管理模式"，都很好地实现了全员参与、全员研究、全员成长的目标，对短时间提升一个团队的整体水平和办学质量，起到极大的推动作用。

共享互补性。大家研究的成果可以及时得到互补共享。基于适度教育研究的全员参与性，人人参与各研究团队开展研究就成为事实。每周在固定时间和地点，大家聚在一起分享自己的反思，互相欣赏激励，及时调整自己的工作，弥补自己思考得不到位或者错位等。慢慢地，研究就是工作，工作就在研究，工作和研究同步进行，因此，学校工作改进提升非常快。这或许就是我自认为适度教育管理模式的"科学"所在之处吧。

三、对适度教育的理性思考

（一）理论之源

　　适度教育概念提出后，我们从互联网及各种资料上未找到任何关于适度教育的研究成果或理论著述。但是，适度教育并不是无本之木、无源之水。追溯儒教文化之源，可从《中庸》思想中找到它的根。

　　《中庸》思想内涵深厚、富有哲理，使我们深受启发。其中"不偏之为中，不易之为庸；'中'者天下之正道，'庸'者天下之定理。""喜怒哀乐之未发，谓之中；发而皆中节，谓之和。中也者，天下之大本也；和也者，天下之达道也。致中和，天地位焉，万物育焉。"其主要意思是讲："不偏不倚，既无过分又无不足，谓之'中'，符合自然常理、社会法度，情感中正和谐，成为'和'。'中'是天下人们最大的根本，'和'是天下人们共性的普遍法则。达到了'中和'境地，天地便各在其位而运行不息，万物便各得其所生长发育了。"

　　笔者认为，这其中所蕴含的道理就是"适度"，即万事万物皆有度，讲究"适度"才有最佳状态，才能恰到好处，才能和谐自然。任何走极端的行为都不利于事物自身的成长与发展。

"中庸"，并非现代人所普遍理解的中立、平庸。研究发现：其主旨在于引导人们修养人性。其中包括学习的方式，做人的规范，中庸所追求修养的最高境界是至诚或至德。《中庸》主题思想是教育人们自觉地进行自我修养、自我监督、自我教育、自我完善，把自己培养成为具有理想人格，达到至善、至仁、至诚、至道、至德、至圣、合外内之道的理想人物，共创"太平和合"境界。

中庸，就是恪守中道，坚持原则，不偏不倚，不过度无不及。在处理矛盾时善于执两用中，折中致和，追求中正、中和、稳定、和谐。在《论语》中，孔子把"中庸"看成是一个最高的道德标准，也是他解决一切问题的最高智慧。中庸之道的主要原则有三条：一是慎独自修；二是忠恕宽容；三是至诚尽性。

以上所理解和把握的中庸思想内涵，为适度教育找到了理论基础，为扎实开展适度教育的理论和实践研究提供了丰富的理论源泉。

（二）生活之基

纵观我们的生活，不难发现，"适度"的理念非常普遍地存在着，可以说，时时刻刻、方方面面都需要"适度"，凡是有品位、有质量的生活中处处彰显着"适度"理念，如：行为的适度，言语的适度，情感的适度，工作的适度，进退的适度，情绪的适度，交际的适度，欲望的适度等。

花看半开色正好，酒饮微醉似神仙，这是行为的适度；出言不逊成剑戟，察言观色语如兰，这是言语的适度；多情自古空余恨，无情未必真豪杰，这是情感的适度；金钱健康都是宝，劳作休闲两不误，这是工作的适度；随机应变权宜计，可顺可逆自在行，这是进退的适度；喜怒未发谓之中，发而中节谓之和，这是情绪的适度；人脉网络本无价，一片赤诚莫全抛，这是交际的适度；能力大小各有位，不缓不躁稳步行，这是欲望的适度。

由此推而广之，在学校里又何尝不是时时处处需要适度的理念。教学内容、教学方法、教育形式、家校沟通、师生关系、干群关系、课程开发、考试评价等要适度；管理的方法、政策的执行、语言的表达、教师的行为方式、工作的强度等，方方面面都更需要讲究适度。

四、教育现实中的不适度现象剖析

为能有的放矢开展研究，取得研究实效，先对我们基础教育的现状进行剖析。

（一）普遍存在的教育"过度"

我们的教育对象是孩子，孩子们本应该拥有属于自己的生活和精神家园，在这样的精神家园中，他们可以自由地沐浴春风，用心地聆听花开花落的声音，无拘无束地挥洒青春的热情。可是我们的教育却似乎正让孩子们失却原本应该属于他们的生机勃勃的生活世界，变成了普遍存在的"过度"行为。

在学校，教育的不适度可概括为三大战役：时间大战、题海大战、分数大战。孩子们每天晚上写作业要到十点乃至十一点，周六周日依然被困在家里写卷子、做练习，寒暑假亦如此。一些学校按照考试成绩排名次，甚至把分数作为给学生排座位、选班干部的依据等，都严重伤害着学生的自尊，阻碍着学生的健康发展。孩子的大脑被一种功利思想主宰着，其一切行为大多是被动的，每天从家庭到学校再到班里，没有一点儿自主支配的时间和空间，更没有自主学习、思考的机会和余地。孩子们一天到晚趴在书桌旁，作业缠身。天长日久，这种与孩子们生活世界截然分离的教育，正渐渐让他们失去体验生命的机会，使得孩子们没有个性、没有自我、没有健康的心理和强健的体魄，于是也没有了健康精彩的童年。然而，生活世界恰恰是教育的根基，失去了根基的教育，其有效性和意义将从何谈起？受过这样教育的学生究竟能走多远呢？

在家里，家长对孩子教育的不适度可大致概括为五过：即过分溺爱、过度保护；过多指责、过多干涉；过高期望。

过分溺爱、过度保护。一方面，孩子被家里的所有人精心呵护着，恨不得天天捧在手上含在嘴里，就连吃个饭还要满屋子里追着喂，有了好吃好喝的，孩子吃饱了还要硬塞，一个个喂成了小胖墩儿。另一方面，见不得孩子受一点儿委屈，否则，就会主动出击，为孩子出气。有的更可笑，两个孩子闹着玩，不小心弄哭了，家长也要拿对方撒气，把对方孩子臭骂一顿狠揍一顿，自己的气还没消，孩子又什么都没有发生似的跑到一块儿玩去了。这样的教育只能使孩子变得自私、骄横、无礼、无能，处处以自我为中心，心中无他人，缺乏集体荣誉感。

过多指责、过多干涉。由于缺乏教育艺术，一旦孩子出了问题，家长们不是表现出无能为力，就是过分地抱怨指责，看不到自己孩子的优点和所长，常常盲目地进行攀比，比来比去，孩子们沮丧自卑，丧失自信，上学无望，厌学厌世，由此变得胸无大志，小小年纪便得过且过。如此下去，怎能成长为祖国栋梁？怎能担当起祖国未来建设的重任？

过高期望。我曾接到《手机报》上一则信息，说是某城市一个孩子家长，2009年暑假，花了 1.5 万元，为 9 岁的孩子报了 17 个兴趣班，把孩子压得透不过气来。全国妇联有一项调查，结果显示，53.8%的家长希望自己的孩子将来能够读博士。

总之，太多的事例显示，无论家庭还是学校，过重的负担，过高的期望，过分的考试评价，过少的自主时间，过小的自主空间，都让孩子们未老先衰，以至于厌师、厌学。殊不知，孩子厌学是万恶之源，"孩子在学校失败了，就离做人失败不远了"。所以，我们教育的底线是不能让孩子厌学。

然而，不可思议的是，当这些教育的"过度"普遍存在并且逐步演变成一种风气时，不仅得不到及时制止，还被看作是一种常态、见怪不怪，甚至愈演愈烈。

比如，每年高考之后，大家对高考状元的宣传普遍过度。据说：有的为"状元"送红包，有的给"状元"举办明星演唱会，有的给"状元"打出醒目的横幅及宣传标语，还有的给"状元"把种种的优惠待遇送上家门，恨不得要把"状元"捧上天。

当然，状元用其聪明才智取得优异成绩，的确可喜可贺。但是，我们不能只顾锦上添花，那些虽高考落榜，却会成为最大比例的基层建设者们是多么需要雪中送炭！可是，谁又愿去送呢？

据史料记载，自唐至清的 726 名状元，90%碌碌无为；1999—2006 年 560 多名高考状元（西藏、台湾除外），多数不是社会精英。可是，人们为什么还要热衷于宣传高考状元？笔者不是反对高考状元，只是认为，出"状元"本是自然而然的事情，有考试就必然出"状元"，有什么可炫耀？

个人观点认为，"状元"均为智商高的人，智商高的人考得好，跟老师跟学校没有太大关系，反言之，智商高的人考不好，就和老师和学校有关系了。

总之，教育"过度"的客观存在，成为阻碍教育健康发展的突出问题。

（二）普遍存在的教育"不及"

在功利思想盛行的大背景下，我们的教育是浮躁的，学生的成长是非常态的。疯狂的功利性教育，以不可阻挡之势袭击着我们，处处以分数为中心，使得教育的原生态荡然无存。

分数高可以一俊遮百丑，分数不高，一丑遮百俊。只要没有高分，其他再好也不算优秀，学生成了分数的奴隶。每天的课程除了语文、数学还是语文、数学，课下除了做卷子还是做卷子。在对学科成绩过度重视的同时，太多教育的"不及"自然成为常态。主要概括为以下几种表现：

一是身心健康教育不及。首先是身体健康问题：近视现象普遍存在、小胖墩、豆芽菜普遍存在，特别是近视现象，据调查我国小学、初中、高中、大学的近视率分别达到 37％、58％、67％、84.5％。其次是心理健康问题，自闭、孤僻、抑郁、自私、自我强迫、自我为中心、抗挫折能力差等，成为当前中小学生的标志性特征，一遇到思想问题，难以自拔，甚至轻生。据中央电视台报道，每年死于自杀的青少年人数为 7.1 万人。更有一些心理问题严重者，演变成杀人犯，一些杀母弑父案件屡见不鲜。每提及这些，作为一名教育工作者，我感到心痛！

二是创新精神培养"不及"。课堂教学单调乏味，作业练习机械重复，考试评价只顾及一些知识点，孩子们没有创新的动机、平台和机会，应试成为学习的唯一目的，新思维、新点子被扼杀在孩子们的脑壳里……

三是诚信品质培养"不及"。中国公民的诚信形象大家有目共睹，从大的方面讲，不少企业由于诚信缺失走向破产，不少公民由于缺乏诚信，演绎出许多发人深思的故事。可怜的孩子们，在诚信缺失的环境中长大，也学会了撒谎和欺骗，以至于闹出笑话。

五是实践能力培养的不及。不爱劳动，不会洗衣，不会做饭，连生活都不会自理的大学生在我国比比皆是，懒惰、无能、依赖、缺乏独立精神、吃苦精神，自己的事情都做不了，更谈不上替别人做事。20 世纪 90 年代一场震惊中外的《夏令营中的较量》所描述的情景至今历历在目。

六是文明礼貌教育的"不及"。不讲文明，没有礼貌，打架骂人，脏话粗话，对老人长辈不服管教，不懂孝道，不知感恩，这样的事例举不胜举。

七是合作精神的"不及"。有的人论个体很优秀，但是不善于与人合作。处处以自我为中心，事事把责任推给对方的人怎能与他合作呢？"同行是冤家"成为阻碍行业发展的重要因素。

其实，合作在现代社会中的重要性不言而喻。它如同润滑剂，能够减少冲突，提高工作效率。在团队中，合作能够汇聚每个人的智慧和力量，共同解决问题，实现目标。此外，合作还能培养学生的团队精神，增强学生间的信任与默契，为未来的发展奠定坚实基础。在个人层面，合作亦能拓宽视野，学习他人之长，实现自我提升。因此，无论是团队建设还是个人发展，合作都是不可或缺的要素，它让我们在共同努力中取得更大的成就。但目前，合作精神的"不及"几乎随处可见。

再往深处寻找原因，恐怕就找到教育上来了。

比如：中国孩子学走路，不小心碰到了桌子，就会"哇哇"地哭起来，中国妈妈怎么做呢？她会一边连忙抱起孩子，一边伸手去打那不长眼的桌子，嘴里还骂骂咧咧，她想用这种为孩子"报仇"的方法来弥补孩子的委屈，孩子呢？也因此停止了委屈的哭声。就这样，每当孩子被碰着或者磕着，妈妈都会用同样的方法来处理。长此以往，助长了孩子许多不良心理，一旦自己在成长的道路上出现了问题，总会把责任推给对方，绝不会朝自己身上寻找原因。也因此，一些人遇到挫折不善反思、不会调节，以至于走上极端，这不正是大家不善于合作的原因所在吗？

而其实我们也可以换一种方式。同样是孩子学走路，不小心碰到了桌子，孩子"哇哇"哭起来，有方法的妈妈的做法：第一不会跑上前去抱起孩子，第二也不会帮助孩子去"报仇"。她会很冷静地说："是你自己不小心碰到了桌子，有什么可哭的！站起来，重走一遍试试，看看还能否再被碰到？"于是，孩子爬起来，再走一遍，没碰着，乐了，妈妈竖起大拇指。这样的教育结果是什么呢？每当孩子遇到问题和挫折，他都会首先从自己身上找原因，而不会先把责任推给对方。这样的人才会合作，才可以合作。

另外，还有探究能力的不及、吃苦精神的不及等。

……

这些大量的"不及"，使得本该属于孩子们的精彩童年、童心、梦想、梦幻……全被化为泡影。盲目地追分使他们变得无情、无望、无奈、无责任感。整天疲于应付的孩子们，完全丧失了智慧的火花和灵动的天性。教师殚精竭虑，呕心沥血，太阳底下最光辉的职业变成了太阳底下最辛苦的职业。在巨大的精神、工作压力下，教师一致呼吁能有足够的时间去休息、去充电。在这样的状态下，哪里还谈得上教育规律？哪里谈得上健康成长和谐发展？

在对教育现状普遍存在的"过度"和"不及"现象进行深入查摆和分析的基础上，又从学生学习成长的角度概括出"十四过度""十四不及"，陈述如下：

（1）成人控制过度，个人兴趣不及

（2）规定内容过度，自主学习不及

（3）标准答案过度，发散答案不及

（4）学科知识过度，人文素养不及

（5）学习时间过度，体育锻炼不及

（6）纸笔训练过度，体验探究不及

（7）作业练习过度，尽情玩耍不及

（8）在校生活过度，闲暇去处不及

（9）智力活动过度，体力劳动不及

（10）死记硬背过度，灵活运用不及

（11）教辅书册过度，自主阅读不及

（12）优越条件过度，艰苦磨炼不及

（13）分数评价过度，多元评价不及

（14）校内生活过度，社会实践不及

（三）普遍存在的"做题教育"现实

幼儿园做题。由于受功利思想的影响，一些家长教育孩子根本不按照规律，甚至从幼儿园开始就训练孩子做题了。这里有一个真实的例子：2008年招生时，一个学生因年龄不足6周岁，被拒之门外，于是家长找到我说："校长，我们的孩子年龄就差两个月，让他上吧，绝对没问题能跟上，暑假里我让他参加了两个补习班，半天学拼音、半天学数学，每天都要做20张卷子，全部练的是20以内加减法和汉语拼音。晚上写不完，第二天早上叫醒，孩子立马起来接着写，可听话了。"家长的振振有辞，让我无语："对孩子成长而言，还有比做题更重要的东西啊！"我说，"这样下去，用不了多久，孩子就会对学习丧失兴趣，甚至对生活丧失兴趣！20以内的加减法和汉语拼音学不会能补，可是孩子童年的烂漫时光，孩子们无忧无虑的成长过程，孩子对生活、对大自然的认知兴趣，一旦失去怎么补呢？"

该例中的家长，就是一个把做题看成是教育的全部的典型。

小学做题。比起幼儿园，小学做题的理由似乎显得顺理成章一些。于是，语文作业，数学作业，课上做，课下做，白天做，晚上做，星期天做，寒暑假更做，孩子们天天趴在书桌旁就一件事——做题。以至于出现《一个爷爷的控诉》。说的是，一个三年级孩子的爷爷，因为看不惯孙女在所在学校这种枯燥、单调的做题教育现象，希望能还孩子一个健康快乐的童年，给他原本幸福的家庭重新找回幸福，他亲笔写信给当地教育行政部门，希望能得到纠正。信中说：

> ……我的孙女是个非常活泼的孩子，在幼儿园，每天无忧无虑，性格活泼开朗，唱歌跳舞非常突出，为我为我们的家庭增添了无穷的乐趣……可是，自从孩子上了小学，我们家就没有过过一天轻松日子，孩子每天的作业要到晚上十点十一点，一年到头，几乎天天都有作业，搞得孩子疲惫不堪。往日快乐活泼的身影不见了，家里幸福欢乐的气氛没有了，我已年过七旬……多么希望上级有关部门，能出面干预学校，以改变这种现状，还孩子一个欢乐的童年。我

们希望：

第一，学校能给孩子上体育课、音乐课、美术课，不要总上语文、数学课，语文、数学轮番轰炸，孩子连上厕所的时间都被剥夺了，这未免有点残忍。

第二，希望学校能少布置一些作业，让孩子多留出一些玩儿的时间，玩儿本是孩子们的天性，现在孩子连玩儿都不会了，天性都丧失掉了，怎样期盼他们长成栋梁啊？

第三，希望学校多组织一些活动，让孩子多参加一些活动，孩子在参加活动中，才能开阔视野，才能学会主动独立思考，才能培养出书本所不能培养的能力。

第四，希望领导出面干预一下，救救这些可怜的孩子们吧，我这个当爷爷的代表我的孙女和广大的孩子们求求领导，谢谢领导了！

某校一个三年级孩子的爷爷

初中做题。跟小学相比，初中实施做题教育就更是自然而然了。因为有充分的借口——中考升学率，所以，围绕升学率，一些中学逐步研究出三大法宝：

一是抢生源。抢生源之说并不新鲜，据了解，一些学校为了提升自己的升学率，想尽一切办法挖掘好生源，把那些会做题的学生招进来。几年后，能进入某中考前几名，从而能为学校争得荣誉。

二是加时间。不考的课程不开，不考的内容不教，为的是集中精力学会做升学专用的几种类型考试题；无限延长在校时间做题，周六、周日加班也是在做题，节假日不放假、少放假挤出时间做题，总之，不仅仅在课堂上学做题，几乎所有的时间都在做题。

三是减分母。为了提高升学率，学校不顾一切，想方设法把那些不会做题的学生要么劝退，要么隐瞒，要么……总之，那些不会做题考不出高分的学生，会被老师、被学校毫不犹豫地从分母中刨去。殊不知分母中刨去的不是一个简单的数字，而是一些活生生的孩子，孩子的背后是一个个家庭的希望，再说远点那是我们祖国的未来接班人，他们自从被刨去的那天起，也就不再进入老师关注的视线了。因此，社会上出现了很多校园暴力的施暴徒，甚至一些女孩子比男孩子还狠毒的现象，令人痛心疾首。

高中做题。众所周知，在很多高中学校，升学是唯一目标。所以，跟以上所有学段相比，高中做题就更无可非议了。在这些学校，学生的全部时间都在做题。在老师、学生和家长的心目中，只有一个信条——不管黑猫白猫，考不上好学校不是好猫。因此，为了能升入好学校，孩子们不顾一切，只学做题；为了让学生考入好学校，老师什么都不教，只教做题；家长们为了能让孩子考入好学校，一切家务都不让做，就连孩子自己的日常生活起居甚至都给包办，只顾让孩子学习做题。

这就是我国当今基础教育的现实，从小学到初中再到高中，从语文到数学再到其他学科，再从课内到课外，"做题"几乎成了孩子们学习生活的全部，他们除了记忆、考试、分数、名次之外，几乎没有别的什么追求，究竟为什么而学习，学生显得十分盲目。

残酷的现实告诉我们：尽管我们的孩子做题水平世界一流，我们国家缺少大量高水平的专业技术人才，我们的制造业缺乏大量的精细化程度高的工人。殊不知啊，我们的孩子做了十几年的题，考上了名牌大学，拿到了较高的文凭，可这仅仅是获得了进入社会的一个敲门砖，进入社会后，该如何工作，如何生活，如何与人相处，如何做讲文明守秩序的社会公民等，一切还得从头来，由此，电视中报道的中国式过马路现象和中国游客到国外的种种不文明遭谴责现象等，也就不足为奇了，因为，我们缺课啊！

美国著名教育家杜威早就提出"教育即生活"，是指教育就在生活中，在生活中做教育才能切合实际，让孩子多实践多参与多经历，才会成长。如果学校能够冲破分数与功利的桎梏，在孩子们接受教育的过程中呈现出生活的鲜活、生动与丰富，让教育成为孩子生活的一部分，让健康、快乐、自主学习和自由创造成为这段生活的主旋律，他们就能在感受生活的过程中幸福成长，我们的孩子才能够成为有情感、会思考、能担当、有责任感的人，教育的天空才能真正闪耀人性的光辉。

（四）教育者的"目中无人"

打个不恰当的比方，我们有些学校，几乎不像学校，而像是铸造同一规格产品的工厂一样。个性千差万别的学生没有被当成人去对待，而被当成同样的瓶子、罐子、一些没有思维没有个性的容器。这样培养的结果，使得男孩不像男孩，女孩不

像女孩，学生千人一面，缺乏个性，失去自我。

在一些老师眼中，只有分数，没有学生，分数高一俊遮百丑，分数不高，一丑遮百俊，其他再好，老师也不喜欢。要不，怎么会有体罚呢？有体罚，就意味着老师感情的砝码倾斜向了自己所关注的考试分数一边，倾斜到了与自己的切身利益相关的一边，而忽略了孩子这个人本身。

教育是育人而不是制造产品，这样的道理讲起来并不新鲜，甚至人人会讲。然而，广大教师却总是不去考虑我们面对的是活生生的孩子，一味地用同样的方式、同样的时间、同样的内容对存在着巨大差异的学生进行教育，自然就造成了千人一面，万人一模的局面。殊不知每个孩子都是一座潜在的宝藏，他们的天赋以及后天的生存条件和空间，都存在着巨大差异。所以，教育应该有长远的目光，在关注每一个个体在小学阶段要获得充分发展的同时，还应关注孩子一生的发展与幸福。

童年是一个充满活力、蕴藏着巨大发展潜力的生命阶段，此时的生活具有完全不同于成人生活的需要和特点，有着很强的可塑性和发展价值。为此，我们把潜能开发工程作为未来发展的目标之一写进了三年发展规划中。以构建使学生身心健康、快乐学习，让孩子知识与情感、个性与特长和谐发展的精神家园。

经以上分析不难看出，在教育的"过度"和"不及"普遍存在的情况下，在"做题教育"和"目中无人"的残酷教育现实中，什么样的教育模式才能恰到好处地落实我们的办学理念？实现我们的教育目标？显然是"适度教育"，只有追求适度的教育，才能更加准确地把握教育教学规律，才能有利于人的培养，才能达到我们所追求的教育目标。于是，基于以上思考和分析，加强小学适度教育研究的目标更加确定。为了抢占这一研究的制高点，我们进一步向全国教育科学规划办申请立项，把"小学适度教育"模式研究课题立项为全国"十一五"规划课题。

自此，小学适度教育模式研究在我校扎下了根，"适度"也从此成为引领我校一切工作的核心价值观。

五、现实救赎，适度教育研究扬帆起航

适度教育课题确定之后，我们从以下方面开展研究：

（一）适度教育的内涵研究

关于适度教育的内涵，我们已从理论上作了界定，通过具体的实践研究和探索，以及逐步深入地思考，将完整地建立适度教育的概念，确定其外延，使其成为能在基础教育领域有一定影响的确定性名词。

（二）适度教育的功能研究

在对适度教育的功能研究中，将进一步搞清六个关系，即适度教育与素质教育的关系；适度教育与学校管理的关系；课堂教学与学习质量、学生负担的关系；潜能开发与全面发展的关系；和谐的人际（家校关系、师生关系、亲子关系）关系与学生健康成长的关系；坚持以人为本与教师专业化成长的关系等。

（三）适度教育的特性研究

适度教育既有其理论文化根基，又有其独到之处，通过研究将进一步探讨适度教育的适应性、全面性、客观性、自然性、和谐性以及可操作性等。

（四）适度教育的意义研究

适度教育的提出入时、入耳、入心，其研究的意义和价值十分重大。比如：实施适度教育能很好地落实以人为本，能更好地实现学生的全面发展；能全面提升教师工作的幸福指数，进而加快实现教师专业化成长的步伐，能促使学校发展的速度朝着更快、更高、更强的方向迈进。对于适度教育如何能做到这些，将是我们的研究重点。

（五）适度教育的实践研究

适度教育作为我们提出的一种核心的办学理念，将会自然统领学校整体工作，即适度教育研究的触角将会渗入学校工作的方方面面。最主要的领域：课堂教学、德育工作、行政管理、教师专业发展、学生潜能开发、教师如何幸福工作等方面。

（六）适度教育的目标研究

首先是认识目标。研究探索适度教育的方法和规律，构建适度教育的方法和理论体系，完善其实践操作系统，形成一系列操作性强、具有一定借鉴意义的经验模式，并在一定范围内推广。

其次是发展目标。在促进学生发展方面，我们确立了适度教育的培养目标，即培养"身心健康、文明诚信、精细创新、全面发展的高素质公民"。具体讲我们的学生到毕业时要达到"五有"：具有健康的心理和强健的体魄；具有良好的学习和行为习惯；具有扎实的学科知识与技能；具有一项体育艺术特长；具有诚信、精细、文明、高雅的公民素养。

在促进教师发展方面，我们将通过实施教师专业化成长工程，率先建立促进教师专业化成长的新机制，形成教师专业化成长序列，培养合格教师、骨干教师、学科带头人、教学名师、教育教学专家，设立教师终身成就奖，促使广大教师在教育教学过程中形成自己的风格，人人有绝活，至少有特长，促使各个层面的教师都能在原有基础上获得最大限度的发展。

在促进学校发展方面，我们确立了如下办学目标，即通过适度教育的实施，把学校打造成"科研引领、绿色质量、自主创新、和谐发展的有文化有内涵的学校"。

计划措施

第一步，系统查摆反思。即引导从学校、老师、学生家长等不同角度全面剖析和反思学校教育教学及管理各个环节中的不适度现象及表现，以能更好地落实适度教育。首先，学校反思：办学过程中有哪些行为与方法存在不适度？有何危害？如何改进？等等。其次，教师反思：课堂教学、班级管理、学生教育过程中的不适度现象有哪些？主要表现是什么？有什么危害？怎样克服和改进？等等。最后，家长反思：家庭教育中的不适度表现有哪些？其主要表现是什么？有何危害？如何克服和把握？

第二步，构建适度教育质量评价体系。

任何教育的实施都要通过老师来进行，学校评价什么老师就会重视什么，就会做到并做好什么，这是大家的共识。所以要想全面彻底地实施适度教育，首先要用相应的质量评价办法做导航，为此我们首先要建立适度教育质量评价体系。明确新的教师教学业绩评价项目，制定新的教学质量评价细则，形成《濮阳市实验小学适度教育质量评价实施方案》，最后提交全体教工代表大会表决通过。

第三步，铸造一支具有适度教育之魂的教师队伍。

实施适度教育对教师有着更高标准的要求：

第一，从态度上要求教师具有"三心"，即爱心、责任心、进取心。第一，从观念上，引导教师树立绿色教育质量观，杜绝以生命健康损耗为代价的高成本教育；要做到"五个尊重"，即尊重孩子的健康权，尊重学生的参与权，尊重孩子的质疑权，尊重孩子的出错权，尊重孩子的越轨权。从育人能力上，引导老师做到"十个掌握"，掌握孩子的健康状况；掌握孩子的学习情况；掌握孩子的家庭情况；掌握孩子的发展情况；掌握孩子的交友情况；掌握孩子的生活习惯及特征；掌握孩子的兴趣特长；掌握孩子的心理状况及特点；掌握孩子的个性特征；掌握孩子的不足。

第二，引导教师人人家访。只有家访才能真正了解孩子的家境及生活状况，才能因孩子的具体情况来施教，才有可能及时地挽救一些孩子，才不至于让问题学生继续问题下去。

第三，引导老师记住"两个提醒"：一是不要把一些辅导学生学习的任务安排给家长。二是不提倡一些有条件的家长为老师帮忙做事情（包括工作的事情和个人的事情），即使家长主动帮忙也不提倡。因为，那些家长没能力帮助老师的孩子容易产生自卑心理，家长能帮老师的孩子易产生高傲心理，自卑是一切罪恶之源，高傲是一切不和谐之根，这不利于孩子的健康成长。

从教学能力上，老师要有较强的钻研教材开发课程和驾驭课堂的能力，其课堂高效又优质，才能保证堤内无损无须补，才能减轻学生的课业负担，才能为学生腾出大量的可自主支配的时间和空间，从而获得更好的成长和发展。

第四步，全面构建适度教育课堂教学模式。

适度教育的课堂教学是高效的、优质的；是以学生学会学习获得可持续发展能力为目标的，是把学生学习的积极性、自主性、主观能动性发挥到最佳状态的。

通过实践研究，我们将在语文、数学、英语、音乐、体育、美术、科学等学科分别建立符合适度教育要求的"自主高效"课堂教学模式，以精心打造自然和谐的教育，追求绿色教育质量，真正回归教育的原生态。

第五步，全面实施五大重点建设工程。

我们在三年规划中提出的五大重点建设工程，即健康教育工程、诚信德育工程、潜能开发工程、教师专业化成长工程、学校形象策划工程。这五大工程是诠释并落实适度教育的五个方面，也是促进适度教育实施的五大保障。

六、对校长角色的理性思考

学校有别于工厂，工厂是要批量生产产品，而学校是要育人，育有个性的人，育对社会有益的人，通过我们的"育"，让这些天赋存在巨大差异的"人"人格更健全，素养更全面，特长更凸显。因此，作为学校"一把手"的校长，也就不同于一个普通事业单位的"一把手"，除了应该保持清正廉洁、公平公正、开拓创新等基本品质外，还需要扮演好五种角色，去努力打造具备内涵品质、文化品位的学校，以实现科学育人之目标。这"五种角色"即思想的引领者、和谐的铸造者、行动的示范者、文化的弘扬者、力量的凝聚者。

（一）做思想的引领者

苏霍姆林斯基说：校长对学校的领导，首先是教育思想的领导，其次才是行政领导。教育家陶行知也说过：校长是学校的灵魂。是的，校长是教育思想之魂、办学方向之魂、校园文化之魂、团队精神之魂。校长的办学思想决定着学校将往何处去。

思想引领首先是精神气质的引领。作为校长要努力营造一种精神氛围，形成一种舆论风气，打造团队的内在气质，这种能够称得上团队精神气质的东西就是"校魂"。一所学校没有魂，就没有"精""气""神"，没有"精""气""神"就如同僵尸一具、死水一潭、散沙一盘。

上任伊始，在对学校的优势、困难、机遇、挑战等方面进行分析之后，我带领班子从提振团队精神打造一支有魂的队伍做起，提出用三气"正气、大气、雅气"

来铸造"校魂"。

"三气"的提出,老师们备受鼓舞,人人以"三气"为镜,摒弃浮躁,潜心教学,争做最好的自己。

正人先正己,己立方达人。要完成立德树人的神圣使命,须打造一支师德高尚的教师队伍,即要有健全的人格素养、良好的道德情操、向上的精神心灵和一流的专业技术,而这些品格修养的塑造,完全取决于其自身的价值追求。为调动老师们主动成长发展的积极性,我们达成如下共识:

人有三种活法:第一种,像安于现状的小草一样活着。由于它不思进取,安于现状,天长日久,便被人遗忘,甚至被踩在脚下。第二种,像努力开花的小草一样活着。这种草不安于现状,它要努力开出一朵花儿来装点这美丽的世界,它在用自己的方式赢得人们的关注、喜爱与尊重,久而久之,它不仅没被遗忘,反而被捧在手上,甚至供在家里。第三种,像树一样活着,由于树充满为人们遮风挡雨奉献阴凉形成亮丽风景的伟大理想,所以它一直努力地往高处长,终于有一天树长高了,当它俯瞰大地时,愉悦感恩等幸福情感油然而生,因为它今生无憾,就算死了也能做栋梁。

三种活法的人生感悟,引导大家正确选择价值取向。第二实验小学开始了从内到外的变化,人与人之间变得简单、阳光、真诚,老师们激情饱满敢于担当,积极进取,精益求精,诚信友善,敬业奉献,真正成为这支队伍的主流价值观。

其次,做思想的引领者,要看是否构建起完整、科学、符合规律的育人系统,且校长的思想是否在该系统中真正发挥了作用。教师怎么教,学生怎么学,课程如何设,科研怎么搞等。学校的特殊性决定着任何只追求单方面成功成名的办学行为都是片面的,是急功近利的,因其不能满足于所有学生的成长需要。近年来,我们致力于构建的绿色育人系统——思想引领、评价导航、科研管理、有效课堂、公民德育、绿色质量、文化润泽、全人成长,为全校师生提供适宜的土壤,有力推动了学校健康和谐可持续发展。

最后,校长要成为思想的引领者,还要看是否把自己的思想转化为教职工共有的思想,是否把自己大脑中规划的学校发展蓝图变为教职工共有的蓝图。调入第二实验小学后,为了尽快把适度教育理念植入广大教师心中,我们达成共识,确立"让每一个生命幸福成长"的核心办学理念,连同适度教育的六条基本理念"顺其自然,适当引导;讲究到位,及而不过;主张教育精细化;崇尚根雕艺术;承认不同、尊重差异；既拔出尖儿，更托住底儿。"共同构成第二实验小学的思想理念智库，引领着广大师生的思想和行动，在此基础上，我们通过"三全"科研型管理模式（全员参与工作研究，全程实施科研管理，全方位渗透适度教育）的实施来全方位渗透实施适度教育理念。新理念的植入催开了第二实验小学满园奇葩，带来了每位教职工对传统教育理念的深刻反思，催生了教育教学由点及面、由面到点的一系列变革，为学校新发展带来了勃勃生机。

（二）做和谐的铸造者

2008 年北京奥运会开幕式展示中国汉字演变过程时，"和"字格外醒目，一个和字体现了孔子的人文思想，体现了"以和为贵"的文化内涵，体现了中国"礼仪之邦"的民族精神！一所好学校，师生脸上应时常洋溢着开心幸福的笑容，"和谐"应是其潜在的品质。因此，作为校长，营造和谐、宁静的办学环境显得尤为重要。

一是，对内应做到尊重、信任、科学。

尊重既是一种态度，更是一种能力。"尊重"的第一要素是"关爱"。校长要真正俯下身子深入群众，工作上为老师搭建专业成长的平台，帮助教师实现当骨干、当名师的愿望；生活上关心老师的日常起居，解决家里的实际困难。尊重的第二要素是"民主"。民主就是要让教职工有充分的发言权、参与权与决策权。凡是关乎学校发展大计，关乎教职工切身利益的制度措施，都要自下而上充分吸纳群众意见建议，通过召开教代会来集体表决，建立在充分"尊重"基础上的民主决策在一定程度上避免了不必要的矛盾与不和谐现象发生。

二是信任。校长首先要对自己的管理层高度"信任"，运用好"人人背好自己的猴子"的管理理念，要求各管理层各司其职，各负其责，并开展好相关引领和培训，做到"决策层下移"。各部门出现的问题，不是简单地将"问题上交"，而是首先思考并拿出两套到三套解决问题的"初步建议"，既充分利用了智力资源，又体现校长的信任。一个包揽过度的校长往往会捡了芝麻丢了西瓜。其次信任教师，校长育人的目标最终是要通过教师来实现，而广大教师特别是年轻教师在工作中往往存在顾此失彼现象，然而这并不代表他们"不能"，很大程度上是用心不够，其用心不够是内驱力没有调动起来，假如教师们获得了校长的信任，"士为知己者死"的内驱力就会产生，教师们就会想方设法把工作做好。如何让教师知道你是信任他的？一句信任的话语，一个大拇指的鼓励，一个赞美的眼神，一个认同的微笑都可以让教师们产生无穷的前进动力。

三是科学。科学是和谐的基础，规范管理的目标应是科学，而顾此失彼挂一漏万的管理与科学是无缘的，不科学就难以做到和谐。近年来我们立足于推动学校科学发展，构建的三全科研型管理模式，促使学校原有的一个个单纯的业务管理行政管理机构变成了一个个适度教育研究组织，促使学校领导、教师、职员人人有目标，人人有规划，人人有团队，人人在一种科研兴校、科研兴师、科研兴教的氛围中实现科学发展，全人成长，人人参与科研过程，既托住了底儿，又拔出了尖儿，工作过程变为科研过程，实现了工作与研究同步，实现了教育质量的增长方式由经验型增长向科研型增长转轨。

在情智环境上，引领教职工具备虚心、包容、大爱的情怀。广大教职工积极弘扬"正气、大气、雅气"的校魂精神，把家长、社会提出的意见建议，当作是鞭策，是激励，是高看一眼、厚爱一分，始终本着感激的心态去接受，去对待。有了内外兼备的和谐，教育自然合乎规律，自然水到渠成。

（三）做行动的示范者

校长是示范者，并不是说学校里的任何事情都要校长先做出样子而后大家比照着去做，而是指校长的人格素养、道德品质、行为方式等方面都应成为学校师生的典范。

校长是示范者，首先体现在其办学行为让教职工尽收眼底，无形中让学校变成诞生校长的摇篮。为走在改革前沿，我们新一届领导班子科学制定发展规划，提出明确的办学目标，办一所教有特色、学有特长、师生共享成长幸福的充满活力的有文化有内涵的学校。提出明确的培养目标，即培养学生成为身体壮、心智强、习惯好、讲诚信、爱学习、懂感恩、有教养、善创新的高素质小公民。改革学校治理结构，成立由学区督学、老师、家长、学生共同参与的学校工作督导委员会，定期举行全校家长会，培训贯彻新的办学思路，公开校长信箱和联系方式，随时欢迎家长提出意见建议。校长的创业激情和这种公开、透明的阳光办学行为在向教职工们示范：明天我也可以当校长。

校长是示范者，还必须做到平实。只有脚踏实地倾心付出，把办学过程中的一件件小事做好做扎实，追求平淡和真实，教育才会具有永恒魅力。学校的行政例会怎么开，教研活动怎么搞，课程怎样设，研讨课怎么评，与家长怎样沟通，文体活动怎样成为凝心聚力的契机等，校长都要适时地予以点拨和指导。

然而这些还都不是关键，最最关键的是校长应该在做人上予以示范，德高为师行为世范。作为学校领导干部，该怎样关爱每一位教职员工？作为教师，该怎样关心关爱关注到每一位学生？需要从校长的一言一行中去耳濡目染，如果校长思想偏激，性格怪僻，心胸狭小，厚此薄彼，那么他势必带不出一支优秀的育人者队伍。记得我在市实验小学当校长时，在一次偶然的听课中，我发现四年级（4）班学生书法特别好，尤其还注意到对绘画、手工很有天赋的学生吕家兴。为了激励孩子可贵的创作意识，我当即许诺：为他举办个人作品展。尽管学校用房非常紧张，但还是专门腾出两间房子，让"吕家兴个人作品展"如期举行。如今到了第二实验小学，也同样根据学校实际为几百位学生举办个人书法作品展，之所以这样做，就是为老师示范：作为拥有3000多名学生的校长，能关注到一个点，而作为一个班的老师，有何理由不能关注到每一个孩子呢？

我们以学生为圆心实施潜能开发工程，在学校已有书法课程特色基础上，我们为学生个性发展创设广阔平台。除把书法课排进课表外，又增设小公民修身课、形体课、阅读课和主题性经典诵读等校本课程。每年举办书香文化艺术节和主题性学习展示活动，开发师本课程，成立42个学生社团，实施展示性评价，提出并落实

"人人是星"的基本理念，培育出一批又一批的书法星、绘画星、阅读星、体育星、舞蹈星、劳动星、演讲星、美术星、小孝星等各种小明星，为培养孩子自信品质和健全人格配制了肥沃土壤。学生自信的神情、灿烂的笑容、昂扬的精神、快乐的身影成为校园最亮丽的风景！这些举措更是向老师示范，如何用不同的尺子量出每一个学生不同的满分。

（四）做文化的弘扬者

文化是根，文化是魂，文化是效，文化是力。学校作为教育人、感化人、塑造人的场所，首先应是文化圣地，文化就需要传承和弘扬，传承是基础，是前提，弘扬是责任，是升华。我们提出的新办学目标就是：力争把第二实验小学办成一所教有特色、学有特长，师生共享成长幸福的充满活力的有文化有内涵的学校。一年一度的书香文化艺术节，让一度黯淡的书香文化重放异彩；我们围绕铸造儒雅文化，塑造儒雅教师，培养儒雅少年的目标，让"不妨碍他人"成为我们的习惯，让"做有教养的人"成为学生共同的价值追求。我们围绕儒雅之根、儒雅之道、儒雅之礼、儒雅之德、儒雅之美、儒雅之智、儒雅之博力促校园"儒雅"起来，每一个楼层都有自己的主题，每一块地方都彰显着孩子们的个性，实现了每一面墙壁都育人的目标。我们倡导教师胸怀大爱，让特别有爱心、特别有智慧、特别有艺术、特别有方法、特别有耐心的关爱文化去温暖他人，净化自己；我们开展国学经典日日诵活动，让源远流长的国学经典传统文化去滋养我们的生命；每逢金秋，我们举办"木瓜采摘分享节"，让敬畏自然呵护生命的教育浸润其中，于是，师生木瓜情也成为一种文化。文化无形无影，它是校园的一草一木、一砖一瓦，是师生的一言一行、一举一动。它隐含在师生昂扬的精神、儒雅的举止、独特的气质中。有了文化，学校就有了持续生命力的源头活水；有了文化，学校就有了让人敬畏的内在魂魄！

（五）做力量的凝聚者

首先，校长的力量不在手腕有多硬，制度有多严，而在于自己的人格魅力是否能足以凝聚人心，广纳人气，激励人志，带领整个团队一路前行。其次，要成为力量的凝聚者，校长必须充满激情，校长的激情是催人奋进的号角，具有激发斗志的魔力。校长在国旗下那一次次春风化雨饱含激情的讲话，让孩子们牢记在心化为行动，化为前行的力量，也一次次证明着"激情是校长的必备素质，也是育人者的必备素质"。

为了成就老师的教育理想，提升其职业幸福感，我们实施"教师幸福工作工程"。首先为老师创造良好的工作环境，尽管经济条件欠缺，但是我们想方设法加大硬件投入，改善老师的办公条件，让老师们真切体验到在第二实验小学工作的幸福感。其次，引导教师全人成长，努力实现人生价值。做"适度教育"的研究者、先行者、实践者，树立适度教育理念，消除功利性教育行为，创造适合学生的教育；成立适度教育研究共同体，常年开展研究活动；师生青蓝工程；打造自主高效课堂教学模式，开辟二实验讲坛，开设道德讲堂，举行幸福二实验系列活动，开展生日感恩活动，创办《"幸福二实验"教师成长专刊》，已成功举办两届的"幸福二实验"春节大联欢活动，已成为我校教职工年年期盼的校园文化盛宴，成为一种不可或缺的精神大餐，老师们说：二实验就是我们的家，每位老师都是自己的兄弟姐妹，校长就是我们的知心当家人，在这里工作，感觉很舒心！

经过这些形式多样充满挑战的成长平台的历练，广大教师迅速成长；一批批骨干教师、拔尖儿教师、省市名师、专家型教师脱颖而出！

我到二实验截至目前已经两年五个月时间，经过不懈努力，我们不仅完成了8000平方米的综合楼、7800平方米的塑胶操场和5000平方米的教学楼翻新，完成了全校师生的办公条件学习条件等硬件环境建设，还完成了儒雅校园文化系统建设，完善了学校制度系统建设，特别是加强了教职工队伍思想建设，真正打造出一支追求卓越阳光向上的教职工队伍。2014年，濮阳市创建全国文明城期间，我校作为唯一一所被指定让省级验收组检查验收的学校，得到了检查组专家们的一致称赞和好评。两年时间，我们获得了全国巾帼文明示范岗，河南省教育系统先进集体，河南省师德师风先进单位，河南省文明学校，河南省未成年人思想道德建设先进单位，濮阳市首批素质教育示范校，濮阳市首批内涵发展先进校等荣誉称号，吸引了一批批来自省内外广大教育同行前来参观指导。

五种角色犹如五张亮丽的名片，每一个角色的饰演，都需要校长全心投入，全力而为。只有扮演好这五种角色，才能真正办好一所有内涵、有品位的学校，也只有经过这五种角色的历练与陶冶，才能收获一个校长至真至美的幸福！

适度教育的基本理念

"适度教育"的核心理念起初为"关注生命质量，奠基终生幸福"，后改为"让每一个生命幸福成长"。为什么有此变化呢？因为，实践中我们发现，原来"关注生命质量奠基终生幸福"这句话是给校长一个人说的，只要学校校长坚持关注生命质量就可以了。大量的办学实践证明，学校的核心办学理念最终是要形成学校的精神文化，而精神文化是要一代代传承的，而传承的最大意义在于学生的参与，如果我们所说的每一句话不能让学生记住并且理解，那就很难得到弘扬和传承，因此，就变成"让每一个生命幸福成长"。我们把这句话写在校园里，师生员工人人每天都能看到，耳濡目染，再加上学校适时地解读，学生们便掌握了其中的含义。

为了让大家理解并记住这句话，利用升国旗的时间我向大家作如下解读，现摘录如下：

校长：同学们，这几天我发现有一些低年级的小朋友，跑到学校花园里踏着草坪去捉蜜蜂捉蝴蝶，玩得很嗨。同学们，你知道这样做有什么不对吗？请看我们这边墙上有一句话，请大家齐读一下——

全校学生："让每一个生命幸福成长"。

校长：好！你知道这句话是什么意思吗？请问大家，蜜蜂和蝴蝶是生命吗？

全校学生：是！

校长：花草树木是生命吗？

全校学生：是！

校长：鸟、兽、虫、鱼是生命吗？

全校学生：是！

校长：那么请大家再齐读一下这句话！

全校齐读："让每一个生命幸福成长"。

校长：好，我现场采访一下，今后你应该怎样对待蜜蜂和蝴蝶？

学生1：我们不能捉蝴蝶和蜜蜂，我们把它捉住装到瓶子里，它们就不幸福了。

校长：那么花草树木呢？

学生1：不应该践踏草坪，花草树木也应该幸福成长。

校长：如果有个同学星期天跟家人一起去森林里面捕鸟，你们觉得应该吗？

全校学生：不应该！

校长：为什么呢？

全校学生：因为，小鸟也是有生命的，凡是有生命的东西我们都应该保护它，我们应该让每一个生命幸福成长。

校长：是啊同学们，我们都是光荣的少先队员，都是濮阳市第二实验小学的学生，我们不仅要团结同学、互相帮助，让同学因为自己的存在而幸福，还应该爱护我们身边的任何一个生命，哪怕它是动物、植物，只要它是一个生命，我们就要尊重它、珍惜它、爱护它、保护它，让每一个生命幸福成长。最后请大家齐读墙上这句话……

全校学生齐读："让每一个生命幸福成长"（声音在学校上空回荡）。

以上既是对适度教育核心理念"让每一个生命幸福成长"的具体解读，又是如何让这一理念在我校广大师生心目中扎根的一个场面写真。

实践中，我们还总结出"适度教育"的一些基本的操作理念，初步概括为以下六条。

一、顺其自然，适当引导

关于顺其自然。现实中，很多家长往往按照自己的理想去要求和塑造孩子，让孩子去做家长们想做的事情，往往适得其反。殊不知，孩子天赋是不同的，其成长也是有规律的，作为家长应该尊重其自然规律，这就是顺其自然。准确地说，顺其自然就是学生该做什么就让他做什么，能做什么就引导他做什么。

关于适当引导。强调两点：第一是教育者要能通过自己的教育和引导，激发起孩子的兴趣，使孩子由被动变为主动，只有由被动变为主动了，教育者才能够更好地顺其自然。如果你的引导不能激发孩子的兴趣，不能使学生由被动变为主动，一则说明你的引导还算不上适当；二则说明你还不能够顺其自然，或者说尚且不到顺其自然的火候。如果不到火候你就顺其自然了，则成为放任自流，这是不利于孩子健康成长的。第二是教育者要尽可能多地为孩子成长和个性发展创造机会、营造条件、搭建平台，让其特有的潜能和天赋能够遇到适宜的土壤，自己冒出来，进而得以发展。这里的关键是学校能够"尽可能多地为孩子成长搭建平台"，即广泛开发校本、师本、班本、生本等课程，只有让孩子参与到丰富多彩的课程中，孩子的潜能才会得以真正开发，其个性发展才会成为可能。

二、讲究到位，及而不过

"讲究到位、及而不过"，是指教育者对受教育者实施教育，要讲究"恰到好处"。在这里"恰到好处"的标准必须明确，是能让孩子保持兴趣、不厌倦，能跳一跳摘到桃子，如果不用跳就摘到了桃子，那不是这里强调的恰到好处的内涵；更不要跳了好多次还摘不到桃子，这样学生会丧失信心，接下来的教育就会变成无效劳动。总之，要以激发学生的主动性为目的，把握住"火候"。要根据学生的实际安排学习内容，或提出学习要求，不能擅自降低标准，偷工减料，也不能擅自提高标准，拔苗助长。

比如：孩子只能坐 15 分钟，你却硬是让他坐 30 分钟，只能做 3 道题，你却硬给布置 5 道，这就有拔苗助长之嫌。而对有的孩子，精力旺盛且很爱学习，总是乐此不疲，学一晚上不觉得累，你却只让他学习 15 分钟，这未免又有点降低标准，造成孩子吃不饱了。

那么，如何才能做到"恰到好处"呢？这里有两个秘诀：一是与学生沟通、商量，只有跟学生沟通商量，对其安排的任务才能适量；二是让学生自主选择，只有让孩子自主选择，他才能为所选择的任务负责。

当然，并不是说让学生选择完就可以了，还要进行适当引导，仍需要教育者把准脉搏、把握火候，对学生进行适时适度的点拨与指导。

三、主张教育精细化

精细意味着到位，到位意味着适度。

早在制定学校三年发展规划之前，我就明确提出引入精细化教育的基本理念，并提出精细化学习、精细化教学、精细化服务、精细化管理的具体要求。但是，只不过人云亦云，泛泛地提出来而已。

真正触动我的心灵，让我十分重视精细化教育，是在2008年4月去日本考察之后。（我同意高震东的观点，学英语并不是崇洋媚外，是为了知己知彼百战不殆。而今，我之所以介绍日本某些方面的长处，也是一样，我们作为一个教育工作者，必须客观认识到自己的不足，迎头赶上，进而赢得竞争的主动权）。那是一次为期两周的赴日教育考察，去之前，曾从在电视上的介绍中了解了星星点点关于日本民族如何精细的信息，并没有多深的触动，而从日本考察回来，"我们的教育一定要讲究精细化，一定要把精细化的理念让我们的孩子代代传承"的愿望和梦想越来越强烈。

我们去日本的学校参观，从一进校门就换上拖鞋，下着雨参观完整个学校，那拖鞋却像在铺着地毯的卧室里走了一圈一样干净。其学校整体布局设计和教学楼设计之科学、之实用、之人性化，令我们震惊。不像我们不少学校教学楼设计者只顾考虑美观，却不去考虑教学楼是为师生而建，更不考虑是为了他们能安全地学习和工作而建，导致学校一遇雨雪天气，便险象环生，孩子们、老师们一个个像演杂技一样接连摔倒，成为校长们最揪心的痛。

这里不妨介绍一下去日本元卞市藤原中学参观的情景。那天中午在腾园中学参观完毕，我们在学校餐厅与师生一起吃饭，我们一行六人被领到餐厅一旁的榻榻米桌旁（要脱了鞋，盘腿坐着吃饭，日本人都是跪着），我们原本以为自己是客人，应该摆满了一桌子饭菜呢，谁知，是要起身自己和学生们一起排队领取午餐，等我们领回来整个餐厅已基本坐满了学生。

吃饭了，300多人的餐厅里几乎没有一个人说话（在日本300多人的学校已经是大学校），都在专心地吃饭，我抬头看看四周，不料与几个日本学生不经意间对视了，他们就微笑着朝我招招手，我也同样微笑着招手回应。

饭吃完了，我还保持着客人的思维准备站起身就走，可转身一看大家都是端起自己用过的餐盘，把自己吃饭的地方收拾干净，而后站起身来把餐具送回去。我们在国内有时也送回去，我们是把餐盘上面所有用品连同剩菜、用过的纸巾等一起交给专门收拾的员工，由他们把餐具和剩菜等分开回收。而此时我看到的是另一番情景：同样是排着队，在队伍的右侧放着十几个不锈钢大桶，第一个放筷子、第二个放勺子、第三个放纸巾包装袋、第四个放用过的纸巾、第五个……到最后，手里剩下一个酸奶盒没地方放，左手边一看，墙边安装一排水管，高低不同的洗手池，来到洗手池边，我学着别人的样子做，首先将奶盒沿着折痕撕开，然后将有奶渍的一面在水管上冲洗干净之后，再整齐地码放到水池边的筐子里，这样我们作为客人的吃饭程序就全部完成了。

离开餐厅，我很好奇地对翻译说："请帮我问一下这位校长，孩子们养成这样的习惯需要多长时间？"不一会儿翻译跑来告诉我："李校长，校长说他们不用专门培养，孩子们从小在家里吃饭就是这样做的。"我不禁愕然了，一种责任感再次荡在心头，我们没有办法要求我们这些应试教育体制下培养出来的父母们，能够做如此精细化的教育，他们自己能否做到都是问号，千里之行，始于足下。于是濮阳市实验小学就有了"做具有精细品质的中国人"这一响亮的口号。其实，在我的内心始终有这么一个情结，日本只有1.3亿人口，而我们多达14亿人口，哪怕我们只拥有三分之一具有精细品质的人，我们的实力就会超出日本好几倍，所以，我们首先要从教育精细化开始。

链接：

《实施精细化教育，培养高素质公民》

背景：

听同事讲过一个他亲身经历的故事：经他手买了一辆中国制造的汽车，开回家后发现车门处漏雨，便去厂家要求退换，当厂家得知退还的原因是漏雨之后，便大手一挥说："回去吧，没治，中国人造的车都这样儿。""都这样儿？"这于是引起我的深思：偌大个中国，为什么造不出不漏雨的汽车？偌大的中国汽车市场、电器市场，为什么竟被日本人、德国人……来占领？为什么不能使用自己制造的汽车和电器？又为什么经我们的手组装一下外国人的零件都会使其身价大打折扣呢？原因很简单，因为我国严重缺乏具有精细品质的高水平技术工人。

有一位朋友去新西兰，亲眼看见一位五六岁的儿童，将一口痰吐在自己从衣兜里掏出的手纸上包好，又放进了口袋，等跟随妈妈走到垃圾桶旁边才掏出来扔了进去。而据媒体报道，2005年十一长假期间，位于祖国心脏的天安门广场被游客扔下的垃圾多达几十吨，痰迹随处可见，随地吐下的口香糖让几十名清洁工清理了两个星期，等等。这些现象，反映出什么问题呢？

毫无疑问，上例反映出我国公民的基本素质问题。我不想否认造成上述现象的原因来自多方面。但是，作为一名教育工作者，我也不得不承认我们的教育出了问题。我国传统的精英教育模式导致了千军万马去挤独木桥，去钻象牙塔，人人竞相当白领，人人伺机走仕途。为此，学校教育只考虑如何让学生考出高分了，哪有什么心思去搞素质教育。再说，有几位一开始就想进入蓝领阶层的"傻学生"呢？又有多少家长能把自己孩子的命运同中华民族的建设和发展合并思考呢？

在以上背景下，我们立足教育全局，从我校做起，全面实施精细化教育，力争为造就具有精细品质的高素质公民尽微薄之力。

我们对"精细化教育"的解释是：以学校管理精细化为指导，以教育教学过程精细化为主渠道，以培养具有精细品质的人为目标，以后勤服务精细化为重要补充的教育模式。

实施精细化教育最终会实现：领导具有精细化的管理理念，教师具有精细化的教育能力，职员具有精细化的服务意识，学生具有精细化的学习习惯和学习品质。

实施：

精细化教育在我校的实施主要体现在以下四个层面：

一、领导：管理工作精细化

首先，营造精细化教育的舆论氛围，引导教职工建立精细化教育的基本理念。通过大会动员、专题研讨、活动体验、案例分析等形式，提高广大教师对精细化教育重要性的认识，强化精细意识，形成落实精细化教育的统一思想，树立培养具有精细品质的高素质公民的教育目标。

其次，从整体工作出发，在研究制定出《学校精细化管理实施方案》的同时，引导各处室制定出本部门的工作精细化实施方案，如：《教育教学工作精细化实施方案》《少先队工作精细化实施方案》《后勤服务工作精细化实施方案》《办公室工作精细化实施方案》等，这些都是实施精细化教育的基本规范，有了这些，精细化教育的实施就有了航标。在这些方案中，对班级管理如何实施精细化，课堂教学如何实施精细化，学生学习过程如何精细化以及学生的行为习惯养成如何精细化等，都做了具体规定。

二、教师：教育教学工作精细化

身教重于言教，教师的一言一行，教师对工作中每一个细节的严谨程度，都会对学生产生潜移默化的影响。所以实施精细化教育，第一，要求教师规范自己的言行，如语言规范、衣着得体、举止文雅、文明礼貌、待人亲切和善等。第二，要求教师自身的教育教学工作在规范的基础上做到认真、严谨、精细，例如：板书讲究规范，不潦草，黑板要擦干净再写，不用手乱涂乱抹；教具或板书中不出现错别字等；读书时做到不添字、不漏字、不错字、不颠倒；对学生的听、说、读、写、书提出明确、规范的要求并督促做到；引导学生进行一课两整理（即课前和课后自觉整理自己的学习用品，课桌面保持整洁，桌罩平整美观，地面无杂物，每当下课离开要把凳子放在课桌下面）；引导学生收集整理并保存自己的学习资料，例如：用过的练习本、作业本、考试卷、课本、学习过程中查询到的一些课外资料等要分类整理，必要时装订保存，等等。第三，要时刻保持教室内桌椅整齐，地面整洁，张贴美观，环境幽雅，气氛和谐。第四，要求老师做有心人。凡是向学生承诺的事情，都必须兑现；善于洞察孩子的内心世界，及时跟有心理问题的学生谈心或去家访，使每一个孩子的心理问题消灭在萌芽状态。第五，要明确学校工作要求，强化精细意识，增强自身责任感，认真精细地配合学校做好其他各项工作。如不随地乱扔垃圾，并能随手捡起地面上的杂物；自觉将自己的自行车摆放整齐等。

三、职员：后勤服务工作精细化

学校无小事，处处皆教育，学校的一草一木也都在陶冶着孩子们的性情，所以学校的后勤服务工作，也要从精细化入手，达到服务育人的目的。那么什么叫精细化服务呢？第一，强调服务要以人为本，及时、到位，使服务对象称心满意，使服务成为学校各项工作的有力保障。第二，强调服务人员的节约意识。如：电的管理，要使全校电灯都能正常照明，没有不亮的，也要引导督促及时关灯，节约用电，杜绝长明灯；水的管理：要保证全校没有一个损坏的水龙头，防止水资源浪费，杜绝长流水；保证每位教师的办公用品能及时供应，并制定相应措施，做到不浪费一张纸。第三，强调服务人员的审美意识。学校的基本建设，各种设施的装备与布置是否实用美观，都取决于服务人员的审美意识。例如，要保证各种维修及时到位，绿化美化讲究品位；保证全校教师自行车自觉摆放整齐。总之，精细化服务，要求职员不仅要主动想老师所想，急教学所急，还要使自己的服务在以人为本的基础上，讲究节约，讲究品位。

四、学生：学习及习惯养成精细化

学习过程精细化。学生在学习过程中，要认真对待每个环节，养成认真、精细的学习习惯和学习品质。课前，要自觉做好准备，整理自己的学习用品，使其摆放整齐井然有序；课上，要专心听讲，能够听清老师、同学的讲话要点，并养成边听、边想、边记的好习惯，发言声音要响亮，表达要清晰准确得体，不说半截话；读书时要专心，看清楚每一个字，做到不添、不漏、不错、不重复、不颠倒，读书时批画的符号要讲究规范，加批要大小适宜讲究美观；写字要工整、整洁，运算符号、划线都要讲究规范横平竖直；下课，要收拾整理自己的学习用品，并自觉准备下节课所需的课本及学习用品。

生活习惯精细化。在教室，能自觉捡起座位周围的杂物，离开座位要自觉将凳子放进课桌下面；在校园，自觉维护校园环境卫生，不随地乱丢乱扔杂物，主动捡起地上的废纸和杂物，洗手时要及时关闭水龙头，注意节约用水；在家里，做事认真，不马虎，不丢三落四，会归类整理和妥善保管自己的学习资料和学习用品；会自觉收拾自己的房间并能使物品摆放整齐美观。外出旅游，自觉维护公共秩序，不随地乱扔果皮纸屑，要随身带走自己制造的垃圾，自觉保护环境等。

效益：

精细化教育的实施，使学校管理工作产生了显著效益。

首先，环境变美了。从外观看：无论何人何时来校参观，地面上草坪上看不到一片废纸一点杂物，校园十分整洁，设施装备与环境布置漂亮美观，给人以美感，最亮丽的是那道人为的风景——教师自行车队，无论何时看去，都是整整齐齐。

再看教室：放学后，学生都排着整齐的队伍，喊着口号唱着歌，直臂阔步走出校园。每座教室内，几十套桌椅都整齐划一地摆放着，横看成线竖看成行，教室布置都各具特色，环境幽雅，令人惬意。

其次，节约了开支，人际关系和谐了。自从实施精细化管理以来，我校的水、电、气、话费用及教师办公用品经费开支明显减少，尤其是用水，原来每月水费上万元，而今最多每月超不过三千元，每年节约几万元，从根本上杜绝了长明灯、长流水现象。

服务人员主动上门服务，令广大教师十分满意，原来那种教师叫苦喊冤，攀比后勤人员轻松的现象不见了，更多的是对后勤服务的满意和赞扬，于是增进了前线与后勤的沟通与了解，进一步和谐了人际关系。

最后，提高了师生的整体素质。第一，涌现了一大批工作精细、精益求精的骨干教师。他们认真落实学校的精细化教育教学实施方案，进一步优化了教育教学各个环节，原来课堂上那些少、慢、差、费现象不见了，取之而来的是井然有序的教育教学工作，时时事事展示着实小教师的高素质。第二，每当学生出外参加集体活动，都会自觉维持环境秩序，自觉带走自己制造的垃圾，决不留下一片废纸一点杂物，人人养成了强烈的环境保护意识。全面提高了学生素质，为学生的未来发展打好了基础。

总之，精细化教育的实施，使师生员工人人养成了认真的、精细的工作态度和工作习惯，在保证优质工作质量的同时，大大提高了师生的综合素质，这对大家的未来发展将产生积极影响，以至于终身受益。

四、崇尚"根雕艺术"

根雕艺术的最高原则，是必须尊重和利用原有的形状，顺其势，凑其形。艺术家在对原材料进行雕刻之前，首先手捧原材料，看它长什么样，它若苗条纤细就雕孙悟空；它若肥头大耳就雕猪八戒。教育又何尝不是这样，每个学生的遗传基因不同、家庭环境不同、生活经历不同，其表现出来的智能、习惯等是不一样的，根据多元智能理论，有的体育智能占优势就擅长体育，有的数理智能占优势就擅长数理，有的擅长音乐艺术，有的擅长语言，还有的擅长交际等。因此，笔者认为，一个人要干什么事情或者说能干成什么事情是一定的。我们必须搭建不同的平台，让孩子们找到适合自己的，然后加上努力就很容易成功。很难想象让邓亚萍去打篮球，让姚明去百米跨栏会是一个怎样的结果。

适度教育之所以崇尚根雕艺术，是强调教育者一定要真正了解孩子，能够走进孩子内心世界，把握孩子自身的特点，进行因势利导。而不是按照自己的意愿去任意施教。否则，就会引起孩子的抵触情绪，导致教育的失败。

五、尊重差异，承认不同

世上没有完全相同的两片树叶，更没有完全相同的两个孩子。辣椒没有冬瓜大，冬瓜却不如辣椒红。人与人之间存在着巨大差异，但人人都是宝藏，教育者必须承认并加以尊重。

这句话言外之意有两点：一是当"辣椒"与"冬瓜"并肩而坐时完全都可以扬眉吐气，所以教育者要时刻引导学生，人人要充满自信。二是当今的教育现状却是"冬瓜"自信，而"辣椒"自卑，因为，我们广大教育者受评价制度的影响，都只关心冬瓜，仅用一把尺子量出冬瓜的大，却顾不上甚至瞧不起"辣椒"，更不会想方设法去发现和评价"辣椒"的红，"辣椒"怎会有自信呢？

所以，适度教育不仅要承认学生之间的差异，更要想方设法量出各人所长，促使学生人人都有自信。我们为学生制定个性发展目标导航仪，以及坚持实施的展示性评价模式都是我们探索出的素质教育质量有效评价模式，该评价模式可以测量出属于每个孩子自己的满分，促使学生人人有目标、人人有自信、人人有特长、人人快成长。

六、面向全体学生，强调教育公平

教育者在施教时任何厚此薄彼的做法，都是不公平的，不公平就是不适度。

适度教育不是仅仅拔住几个尖子生往前冲，而是在拔出尖儿的基础上，还要托住底儿。只管拔尖儿不顾托底儿的教育是不适度的，同样，只管托底儿而忘记拔尖儿的教育，同样也不适度。

所以，适度教育强调尊重每个孩子的参与权，任何人不能剥夺。比如，有的地方个别老师举行公开课时，只让同一班里的部分同学参加或者选择各班尖子生参加的做法，都是厚此薄彼的，这样做是不适度的。我们强调每个孩子都有平等的受教育权利。

我曾经历这样一件事：一次，一位朋友打电话对我说，想借用我们的阶梯教室，说是他请了一位专家，将利用周末时间来给我们当地的教师上一堂示范课，要借用三年级一个班的学生，他强调说只要 30 个学生就行，多了也没有用。"没用？"我禁不住反问道，"谁家的孩子没用呢？"他乐了。

随后为了让全班学生（我们的班额 66 位）都能听上示范课，就安排后勤副校长，专门把舞台加宽，让所有孩子都能坐得下。也就是说，为了托住底儿，为了尊重每一个孩子的参与权，我们是不惜成本的。

不随意放弃任何一个孩子，不随意伤害任何一个孩子，这是适度教育坚守的原则。

然而，现实中我们无辜的孩子们常常在不经意间，被那些无心的教育者伤害着。老师的一个不经意的批评与表扬，或者老师一次没有调查研究的误判等，都将会给孩子带来伤害。有了面向全体学生，强调教育公平的理念，就会让我们的教育充满大爱，孩子的心灵就会被洒满阳光。

我的教育理想

捍卫金色童年，让更多孩子享受到适度教育

一、把"适度教育"变为教师"信仰"

2006 年 10 月，离开实验小学 10 年之后的我又重新回到了这里。与我 20 年前到实验小学所不同的是，20 年前是来当语文教师，20 年后的今天再次回到这里，角色变成了校长，这既是对我的提拔，更是对我的挑战，于是，我不得不在这个熟悉的校园里，在校长这个陌生的岗位上做出新的努力新的探索。

　　前面讲过，素质教育是针对应试教育的弊端提出的，而适度教育却是针对教育过程中普遍存在的过度和不及现象提出的。新的探索首先源于对教育现实中普遍存在的"过度"和"不及"现象的高度关注。经常听到这样的情况，很多孩子每天晚上写作业要到 10 点甚至更晚，双休日依然被困在家里做卷子，写家庭作业。孩子们没有自由的时间和空间，更没有自主学习、自主思考的机会和余地，他们的大脑被一种功利思想主宰着，没有个性、没有自我、没有健康的心理和强健的体魄。这种教育与生活的分离正渐渐让孩子们失去体验生活的机会，而生活恰恰是教育的根基，失去了根基的教育，其有效性和意义将从何谈起？

　　针对教育中的不适度现象，实验小学开展了一项调查，调查材料共收到家长材料 3200 多份，教师反思材料 150 多份，学校管理反思材料 40 多份。经过整理，归纳出了课堂、德育、管理、课程、教师队伍成长等方面的过度和不及表现。比如，课堂上教师讲授"过度"，学生的自主、合作、探究学习"不及"，学生的课堂参与度"不及"，关注身心健康不及，关注开发潜能不及，关注创新精神不及等。

　　究其原因，我们把学生当成了知识的容器去对待，当成了统一规格的产品去塑造，才导致了教育的种种不适度。这些不适度都可能严重影响孩子成长的生态平衡。孩子进入学校，就意味着把生命中最珍贵、最有意义的生命交给了学校。当下，孩子们整个童年世界不断地被扭曲被挤压。依靠拼体力和时间换取分数的高成本教育，让孩子们失去了童年的快乐和幸福，失去了他们成长过程中本应拥有的一些东西，而这些东西应当是最宝贵的。

　　学校要发展，教师是关键，适度教育只有转变为老师们打心底里认同的思想，才能发挥其应有的作用。为了把这点做到位，做扎实，我们没有硬性要求老师什么，更没有去灌输，而是在点滴过程中引导老师逐步认同。

　　2007 年 8 月，我们制定了实验小学三年发展规划，把对适度教育课堂研究工作纳入学校三年发展规划之中，并隆重举行全体教职工大会暨三年发展规划专家论证会，论证会上，河南大学副校长刘志军博士等专家对适度教育研究工作进行了思想和理论上的科学指导。这次论证会，对全校教师来讲，是一次全新的精神上的洗礼，对引领教师消除观望等待心理及早达成共识都非常有好处。2008 年 3 月 2 日，濮阳市实验小学适度教育研究所正式成立，聘请了以北京市教科院程晗博士、河南大学刘志军博士为代表的 16 位专家学者作为研究所顾问，与此同时，我们在成立适度教育研究所的同时，构建双轨道、三层级主体性校本教研模式，成立 5 个研究室 11 个适度教育研究共同体，从德育、班级管理、学校管理、教师专业化成长等方面，瞄准适度教育的研究目标抑制过度的教育、提升不及的教育、调整错位的教育、发展绿色的教育，积极探索适度教育的方法规律，这种以适度教育为主题的校本教研模式，促使教师人人研究、人人实践适度教育，让教师在研究中接受适度教育的理念，并逐步将其内化为自己的信仰。

自此，我们就从适度教育出发开始了新的教改征程。于是，学校里开始有了适度教育论坛；于是，学校全面启动了"六大工程"健康教育工程、诚信德育工程、潜能开发工程、教师专业发展工程、学校形象策划工程、教师幸福工作工程。六大工程的实施让适度教育紧贴实际，促进着每一位师生的健康发展。"今天，我做得过度吗？还有什么不及？有没有错位？"对自己的教育教学行为进行这样的反躬自问，逐渐成为我校教师特有的习惯。

实施适度教育，必须保障教师具有良好的心理环境，没有这一条，适度教育便无从谈起。于是，我们实施教师幸福工作工程，开展"幸福在实小"系列活动，通过举办科技艺术节、体育文化节、感动实小师德报告会、"让爱永驻我家"专题报告会等活动，让每位教师体验到来自实验小学大家庭的温暖与幸福。通过这一系列措施和一系列活动的开展，适度教育渐渐播入教师的心田，慢慢成为教师的信仰，成为引领教师工作的航标灯。

二、用科学评价为"适度教育"导航

教师们仅仅有了适度教育信仰还是不够的，还需要对他们的实际工作进行导向，因为，评价不改，一切都是枉然。

学校评价什么，老师就会重视什么，并能做好什么。要想彻底实施适度教育，首先要用相应的质量评价办法来导航。

2008 年 8 月，在市实验小学我们建立了适度教育质量评价体系，该体系以促进学生、教师、学校发展为最终目的。

首先，在教学业绩评价上，更关注学生的发展。评价的内容包括卷面考试、学科素质、自主学习能力、学习习惯、文明礼仪、诚信品质、潜能开发状况、进步幅度等。另外，学校还把学生近视率纳入对年级组的评价。进步幅度评价，促使教师开始抢着接"差班"，而学科素质评价，促使教师更多地关注学生学习能力的提高和学科素质的培养。

其次，在对教师的教学素养评价上，主要从教学基本功、写作、信息技术和学科素养四个方面进行评定。如"学科素养"重点评价一线教师所必备的专业素养和学科特长，各学科公共评价项目含专业知识、案例分析、教学设计和即兴演讲，各个不同的学科还有单列的评价项目。这项评价方法使得不少教师产生了危机感，大家纷纷对照评价项目"查漏补缺"，学校形成了再学习、再提高的浓厚氛围。

在年级组工作评价上，实行年级组千分制管理考核，以凝聚团队意识。各处室分别制订对年级组的工作评价实施方案，内容涵盖了学校工作的方方面面。为了缩短同一年级各个班教学成绩的差距，我们在对年级组的教学成绩评价中，尝试运用"离散度"。所谓"离散度"，是指年级组内平行班教学成绩之间的差别程度。这一新的评价办法，使同一年级各个班优者更优，差者不差。年级组整体评价方案的实行，让每位教职工都意识到自己工作的优劣与否，不但影响到自己的个人评价，更直接影响到年级组的整体评价，无形中增加了一份责任感。

科学的评价模式，规范了学校的发展方向，也给教师的教育教学规定了航标，使教师们教有标准、育有规范，使适度教育得以沿着正确的方向进行。

2013年春季，在濮阳市第二实验小学，我们又直接实施了十年前的研究成果——展示性评价模式，一下子把学校的各项工作规范起来，学生的特长发展、全面发展、个性发展，教师的教学过程，习惯培养、教学特色，特别是学生的书写、作业质量、学习习惯、创新能力、兴趣爱好，思想发展状况等，都能在展示性评价中被充分地评价出来，全校师生焕发出勃勃生机，每个人的潜能都得到了充分开发。为教育教学和师生发展带来的一个崭新局面。关于展示性评价如何操作实施，本书后面将有专门章节来介绍。

三、让"诚信德育"为"适度教育"保底

"写到一半，一道题把我难住了，那道题占的分可真多啊！不写，就会丢失很多分，想写，怎么写？看别人的？不行，诚信考试怎么能看别人的！宁可我的考试成绩考零分，也得让我的诚信得满分。"学生张小雪在日记中真诚地表达着自己的心声。这是我们搞诚信德育带来的效果。

德育是小学教育的重点，也是难点。我们把诚信作为德育教育的一个突破口，并将其看作是适度教育的保底工程，开发出了"一、三、五、千"诚信德育新模式。

其中，"一"是指夯实一个诚信工程；"三"是指固守升国旗、诚信评价课、品德与生活（社会）课三个德育主阵地；"五"是以诚信评价课为依托，抓好提出目标、承诺目标、践行目标、评价目标、表彰先进五个环节；"千"是指学校少先大队结合各年级联队和班级中队努力建设千个学生成长平台。

在此基础上，学校尝试诚信考试，即在老师的引导下，实行无人监考、鼓励学生增强自控能力，提高约束自我、战胜自我的心理素质；开设诚信评价课程，并根据学生年级特点的不同，编印了低中高年级《我承诺、我诚信、我快乐——适度教育诚信评价手册》，提出的要求由低到高呈梯级分布，涵盖了学生学习、生活的方方面面；开展诚信教育系列活动、开展十个一诚信教育活动等。同时，学校努力建构诚信班队、诚信队员的评价体系，开展中队诚信活动等一系列的诚信活动，促使诚

信工程进一步落到了实处。

　　在我校诚信教育被视为是"根"的教育，是适度教育的保底工程。我们坚持用诚信教育统领整个德育，有效地将诚信教育与养成教育、文明礼仪教育、课堂教学、家庭教育、社区教育进行了对接。

　　每周一下午的第一节课，是诚信评价课，这是我们自主开发的一项德育课程。在这节课上，针对上一周学生在《诚信评价手册》上的集体承诺、个人承诺，通过自评、小组评、家长评、老师评，得出评价结果和改进意见。

　　在自评过程中，如果觉得自己承诺的习惯要求都达到了，就在自评栏里涂一个"笑脸"，完成得一般，就涂一个"平脸"，没有达到要求，就涂一个"哭脸"。同样，在小组评价中，小组成员根据被评价学生的表现进行客观评价，根据情况涂上"笑脸""平脸""哭脸"，最后还要有家长和老师的评语。

　　在五年级李老师的班上，郭倩玉同学在自评中写道：我在过去的一周里，自己承诺的没有做到，我有时在书店里看书，但是心却爱开小差，虽然我一个星期写了7篇阅读笔记，但那都是在一天内恶补的，太惭愧了。

　　妈妈心语：能认识到自己的缺点就是一种进步，能改正自己的缺点是一种超越，妈妈相信你一定能很好地超越自我。

　　刘昊天同学在自评中写道：我在这一个星期没有打人骂人，也没有在小摊上买零食，早睡早起的习惯也养成了，也认真写老师布置的作业了。我觉得这一星期表现得不错。

小组评语：你这个星期确实表现不错，没有听到你骂人，写作业也很认真，在你的身上也没有闻到零食的味道，值得表扬。

在最初的评价过程中也有这样的现象出现：三（5）班班主任发现给自己"平脸"和"哭脸"最多的竟然是班上平时表现很好的两名同学；平时习惯不是很好，总是影响大家学习的同学，竟然有不少全部给自己涂上了笑脸。在这种情况下，班主任给表现很好的两名同学写下了这样的评语："你对自己这样严格要求，明天的你一定是最棒的。"而对那些不能客观评价自己的学生则给予了这样的引导："只有敢于面对自己错误的人，才能勇敢改正错误，如果我们连自己的缺点都不敢面对，还怎么去克服这些缺点呢？"

2011年9月9日，实验小学召开了一次家长座谈会。在这次座谈会上，二年级的一名学生家长程淑华谈到了自己孩子在诚信评价课中的成长与变化。这个很多方面都表现不错的孩子却有一个不良习惯：不喜欢刷牙。为了督促他每天刷牙，妈妈每次都要检查他的牙刷是不是湿了，但是为了逃避刷牙孩子就偷偷把牙刷弄湿，以蒙混过关。就是这样一个不愿意改掉坏毛病的孩子，在学校开展了诚信评价课后，发生了变化。变化源自一次自评，《诚信评价手册》中50多条内容他几乎全都涂上了笑脸，唯独"早晚要刷牙、洗脸"一栏空着，他知道自己这一条做得不好，但又不愿意涂上"哭脸"，经过一番思想斗争后，他主动恳请妈妈允许自己先涂上"平脸"，然后保证以后天天刷牙。从此，这个名叫顾大局的小男孩就改掉了不爱刷牙的不良习惯。这就是诚信评价课产生的神奇力量。

诚信评价课受到了学生和家长的普遍欢迎，学校曾做过一个调查，结果显示，学生和家长对诚信评价课的喜爱程度高达96.5%。

一位家长说："原来培养孩子的好习惯总感到无从下手，现在好了，每周都有培养目标，孩子津津乐道，看到孩子一步一个脚印地成长，我感到很欣慰。"

诚信评价评出了学生的诚信品质，评出了辨别是非、美丑的砝码和尺度，使学校教育和家庭教育实现了有效对接。

围绕诚信德育，学校倡导学生参加一项主题性研究——当代诚信企业文化。各班自由选择一个知名企业，利用网络、书刊等信息，深入了解企业，挖掘其诚信文化内涵，进而内化为自身品质。有收集文章的，有收集图片的，有收集口号的，有收集数据的，研究对象有北京同仁堂、青岛海尔集团、烟台张裕集团，等等。学校还利用黑板报、走廊墙壁，展示了一个个鲜活的案例，一张张精美的图示。这项活动，已成为学校的品牌活动。

诚信考试，是我校鼓励学生增强自控能力，提高约束自我、战胜自我意识而实行的无人监考考试。2008年4月18日、19日，我们实行了为期两天的无人监考。考前，老师对学生进行动员和沟通，学生写下了《诚信考试承诺书》。考后学生根据自己的表现，为自己的诚信打分。老师们还不失时机地让学生写下自己的心得体会。

有学生这样写道："剩最后一分钟了，我却还有一道小题不会做，我的脑子已经快要爆炸了，终于，我看了邻桌的试卷一眼。这一眼使我失去了诚信，即使得再高的分又怎样？我后悔了。"

还有的写"我宁愿考试成绩得零分，也得让我的诚信得满分。"孩子们用心写下的这些文字，令人感动，促人深思。人生处处是考场，只有以诚信为基础，用诚信去书写自己的人生，才能从容应对各种挑战，才能交上一份满意的人生答卷。

2012年调入濮阳市第二实验小学后，基于在实验小学实施诚信评价课的宝贵经验和深刻认识，很快就将该经验引入第二实验小学作为校本课程，同样是周一上课，排进各班课表。但有三点比原来有所改进。第一，开设这门课的目标更加清晰了，不仅老师清晰、学生和家长也都同样清晰，就是瞄准我们的培养目标——培养身体壮、心智强、习惯好、讲诚信、爱学习、懂感恩、有教养、善创新的高素质小公民。第二，虽然还采用诚信评价的方式进行，但名称由诚信评价课改为《小公民修身课》，指向性更强了；第三，《诚信评价手册》当中的条款由原来的习惯培养、文明礼仪等六方面内容，改为按照我们新确立的培养目标的八个方面来确定，这样也使得学生的修身成长目标更清晰、更明确了。

四、"绿色课堂"让"适度教育"扎根

课堂是教育教学的主阵地，"适度教育"思想能否真正走入课堂，是其能否成功的关键所在。有了教师素养的提升和科学评价的导向，我们的课堂教学改革也就水到渠成。经过积极地探索，我们摸索出了"三维六度五环节"适度教育课堂模式，成功打造了绿色课堂。

"三维总目标",即结合学校课堂教学实际,明确提出了具有学校特色的课堂教学目标,即激发兴趣、培养习惯、提升能力,这种提法表面上回避了老师们难以把握的情感、态度、价值观的说法,实际上是对新课改三维教学目标的最好落实。

"五环节",即预习(自主)探究、交流展示、质疑释疑、主题训练、拓展延伸五个环节。

"六度"教学原则,一是教学目标的适度,教学目标要分层,使各个层面的学生皆能学有所获;二是学生学习的参与度,切实强化全员参与、全程参与和有效参与意识;三是学习方式的自主度,强调学生学习的自主性,但"自主"不能"无度";四是合作学习的有效度,教师要通过讲解、示范、练习等多种方式使学生形成合作的技能;五是练习设计的层级度,为学生提供菜单式的练习,以满足不同智能特点的学生需求;六是拓展延伸的合适度,要源于课堂有限度,跳出课本有高度,把握学情有准度。

适度教育首先追求适度课堂,让孩子们在一种温馨和谐、充满期待的氛围中自由成长。为使课堂更加高效,逐步趋于绿色化,我们开展课堂研究,举办适度教育课堂论坛,以年级组为单位轮流承办,每期围绕一个主题进行集中探讨,效果显著。比如,三年级组承办的适度教育论坛——课堂教学专题,其中数学是以"教材中的不适度现象分析"为主题,老师们从教材的逻辑性不够适度、教材的趣味性不适度、教材的生活性不适度等方面进行了深入剖析,并对"如何通过整合使教材的逻辑性、生活性、趣味性更加适度"等问题进行深度陈述,让所有听众心服口服,通过这样的活动,不仅让老师对教材更加准确把握,还打造了队伍,促进了研究和交流,使老师们专业成长更迅速、更快捷。只有老师们把教材吃透把握准,才能更好地驾驭课堂,实现课堂的优质与高效,只有优质与高效的课堂才是绿色的课堂。

五、"适度教育"的幸福工程

本来写进《濮阳市实验小学 2007—2010 年三年发展规划》的只有五大工程,分别是健康教育工程、诚信教育工程、教师专业化成长工程、学生潜能开发工程、学校形象策划工程。而今讲六大工程，是因为，还有一项虽没有写进规划，却时刻写在我这个校长心中的那项对推进落实适度教育起着重要作用的工程——教师幸福工作工程。

实施"适度教育"，首先，要求教职工能把"适度"作为引领自己一切工作和行为的核心价值观，来要求和规范自己的教育教学和工作行为。教育教学各项工作讲究"适度"，时时、事事均能适度，这无疑对我们广大教职员工提出了较高要求。实现这些要求，还必须有老师们健康的身体条件、快乐阳光的心态、宁静幸福的心理环境做基础保障，否则其行为很难保证"适度"。

为了给老师们创造落实适度教育的条件，营造良好的心理环境氛围，我们提出实施"教师幸福工作工程"的重大举措。

于是，提升教职工幸福工作指数，让老师们体验在学校工作的成功感、愉悦感、幸福感，成为校长首先要考虑的工作重点，也是我校成立教师幸福工作工程研究共同体的真实背景。因此，将用较大篇幅来介绍该项工程的开展实施办法。

（1）成立组织，研究幸福

为了使这项虽然无形，但人人可触可感的教师幸福工作工程落到实处，我们成立了教师幸福工作工程研究共同体，由学校工会主席牵头任体长，六位兼职工会委员为成员，有组织有计划地专门研究落实这项工程。

很显然，成立该共同体的目的，首先在于帮助教职工树立正确的幸福观，引导教师寻找幸福秘籍，增强教师享受工作幸福的能力，进一步提升教师幸福工作指数，最终让广大教师真正享受到职业的幸福，进而让学生真正体验到教育的快乐，享受到适度的教育。其次，是想促进教师自主成长，实现同伴互助。每学期一次的适度教育研讨会，各个共同体都会奉上自己丰硕的研究成果，幸福工作共同体也不例外，他们的成果在很大程度上减轻了校长的工作量，他们的声音代替了校长的声音，甚至超过了校长的影响力，因为，讲话者是兼职的教师身份的工会主席，他们是同伴，同伴讲出的幸福观要比校长讲出的幸福观更贴近老师的实际，更易于老师们接受。

他们先后围绕如何促进教师身心健康、营造和谐的人际关系、丰富教师业余精神文化等方面的现存问题，从学校实际出发，深入调查研究，结合教职工工作及心理状况，开展了一系列卓有成效的研究工作，取得了意想不到的效果。

比如：老师们通过研究，找出了体验教师职业幸福的七大秘籍：

秘籍一：要拥有阳光的心态。他们研究认为：良好的心态是幸福人生的基石。对于任何教师而言，追寻幸福，关键在心态。幸福的心态应该是阳光般的。阳光普照大地，温暖每一个人，是宽容平等的。教师的心态也要像阳光那样，是平常的、达观的、宽容的、感恩的、积极向上的。教师只有拥有这样的阳光心态，才能做一个幸福的教师。海明威曾经说过："现实不一定总是美好的，但我们必须拥有一颗面对美好的永恒的心。"面对客观存在的问题，不能一味地沮丧和抱怨，而是应该接受现实。在尊重学生个性的基础上去教育学生，在面对诸如气氛沉闷、不交作业、上课讲话等情况时，冷静客观地对待学生，理智地分析问题出现的原因并做出恰当的决策。

另外，还要有一颗宽容的心；要有一颗感恩的心等。

秘籍二：读书学习才幸福。幸福共同体认为：我们一定要把读书当作我们必需的生活，给自己留一个安静的空间，让思想随书香一起飞翔。当我们尽情遨游于书海中时，你会带着一种精神的渴求、一种心灵的追寻、一种力量的支撑，陶醉于专家大师那博大精深的思想中，那种精神上的满足、那种思维的畅想，是无以言状的、是愉悦的、是幸福的。如果你时时以书为友，天天以书为伴，你会不由自主地有了几分从容、几分淡定、几分优雅，几分自信。的确，人外在的形貌基于遗传是难以改变的，但人的精神却可因读书而蓬勃葱茏、气象万千。

秘籍三：不断提高专业素养。共同体研究认为：教师的专业素养会影响到教师作为生活者的幸福感，这是因为同样的工作任务如果你的专业素养比较高，你就更能够感受到那种举重若轻，游刃有余，就能够很好地享受工作过程的乐趣。更重要的是，如果你的专业素养比较高，你在教师专业成长的道路上进步得就比较快，你在教育教学研究方面也会取得较大的成绩，这样你就能更多地得到领导的赏识，同行的尊重，学生的爱戴和家长的信任。在你所归属的团队中就能够享有更加良好的个人声望，更好地满足你自尊的需要，更好地享受心理上的愉悦。

秘籍四：享受课堂谋幸福。共同体研究认为：如果说，人生有四种境界是幸福的：母亲给孩子洗完澡抱着孩子的时候；医生给病人做完手术病人康复了的时候；孩子在沙滩上堆出自己满意的沙堡的时候；一个作家写完了作品画上最后一个句号的时候。那么，我们觉得教师的幸福就是轻松自如地上完一节课的时候。课堂是教师生命最重要的舞台，当你看到一个个学生那么专注地听你讲课，在眼神与眼神的碰撞中，和你一起畅游在知识的海洋里，难道不觉得是一种享受吗？当你看到学生在我们精心打造的舞台上充分展示自我时，难道不会给你带来意外的惊喜吗？一个个充满童趣的想法让我们常常会感到有意外的收获，学生的个性得到了充分的张扬。课堂教学中"意外"很多，"预约"的精彩也很多，要时时阳光灿烂地面对学生，营造一个充满生命活力的课堂。在课堂上你与学生同读、同诵、同悟、同创，共同感受语言文字的魅力，共同享受学习的投入与快感，这时教师的职业幸福感就会油然而生。每天走进教室之前，我都会问问自己：今天准备带给孩子们什么？准备引领他们走向哪里？每天走出教室之后，我也会问问自己：今天的课堂孩子们是否都感到幸福快乐？教育生活中，有很多细节，只要我们注意去挖掘，张开一双慧眼，一定会发现和拥有许多的快乐和幸福。

秘籍五：拥有和谐的人际关系。共同体研究认为，基于人们之间纷繁复杂的人际关系，很容易引起我们的情绪波动和心境变化。如果人际关系紧张，就会引起我们不愉快的情绪反应，使人烦躁不安、心情不舒畅，经常处于抑郁烦躁的心境；如果人际关系和谐，则会产生愉快的情绪反应，产生安全感、舒适感和满意感，处于恬静舒畅的心境。这些人际关系引起的不同情绪反应以及导致的不同心境，对我们的身心健康影响很大。比如：在学校里，如果师生关系融洽，同事关系友好，气氛和谐，心情自然就会舒畅，不仅能够提高工作效率，对师生的身心健康也大有裨益。

反之，如果关系不协调，心情就很难舒畅，这既会影响到工作，也会影响到师生的身心健康，我们也就很难享受到工作的幸福。在家庭中，如果成员之间能够互相关心，互相尊重，心情就会舒畅，自然有益于身心健康；反之，如果关系紧张，心绪不安，心境苦闷，我们也就很难享受到家庭幸福。家庭幸福是工作幸福的助推器，若家庭不幸福又势必会影响到我们的工作幸福。

秘籍六：点滴进步铸幸福。共同体还引用故事来阐释自己的研究观点：说是两个和尚同时住在山上的一所寺院里，一个住在前院，一个住在后院。每天他们两个都会到山下挑水，从不间断。五年过去了，后来有一天，前院的和尚发现后院的和尚没到山下挑水。一连几天都是如此，前院的和尚沉不住气了，以为出了什么事。等他赶到后院一看，发现后院的和尚正在那里打太极拳。听完前院的和尚的疑问，后院的和尚笑着说：我用五年的时间，已经为自己挖了一口井，每天挖一点，现在我不用下山挑水了。

时间是公平的，它给予谁的都一样多，关键是你怎么用它。作为一名教师，没有自我认同，没有精神追求，没有明确的目标方向，迷茫和痛苦便在所难免。我们不妨每年给自己订一个计划：今年要写多少篇文章？要思考些什么问题，重点做哪些研究？对自己的教学经验做哪些专题的自我反思？三年或五年内要逐步达到哪些成长目标，每一年要达到哪些具体目标？等等。当我们记下每天的收获，记下泪水与欢笑，我们就是在积累人生的经验。当我们有了积累的习惯，我们就会驶进成长的快车道，幸福还会弃我们而去吗？

秘籍七：多彩活动促幸福。常言说得好："身体是革命的本钱"，健康的身体和良好的精神状态是我们学习、工作和生活的根本条件，也是我们一生幸福的资本和保证。而业余文体活动则有益于我们的身心健康。因此我们一定要增强健身强体的意识，积极参加业余文体活动。比如在紧张的课间，可以踢踢毽子，跳跳绳，转转呼啦圈，做做韵律操，既可消除疲劳，又可振精提神；放学后，可以到棋艺室里下下棋，到健身房里健健身，到操场上打打球，既能健身练体，又可放松心情；在家里，晚饭后可以和家人唠唠嗑，读读书，看看报，还可以和家人一起出去散散步，跳跳舞，既可融洽与家人的关系，又可缓解身心压力；周末到了，和朋友一起聚聚餐，聊聊天，打打牌，既可联络感情，还可愉悦身心；节假日，和家人一起出外旅旅游，登登山，玩玩水，既可以增长见识，也可以训练体能，放飞心情，滋润心灵。

除了自我活动，自我健身外，还要积极参加学校和上级组织举行的丰富多彩的文体活动，因为它不但有助于增强我们的身体素养，也可以增进与同事之间的友谊，还可以丰富我们的业余精神文化生活，对提高我们工作的幸福感有百利无一害。

幸福离我们并不遥远，幸福就在我们的身边。幸福就是我们精心设计的一个导语、一篇教案、一篇被推荐的博文、一段经典的自我陶醉、一篇教学反思的回味、一次在"适度教育论坛"上的成功发言；幸福就是学生一次整洁的作业、一份满意的答卷、一张获奖的证书、一张来自远方的贺卡、一句真诚的"老师好"；幸福就是学生微笑着倾听我们滔滔不绝时的满足；幸福就是领导的一次亲切问候，家人的一句贴心话语，同事的一句真心赞扬，家长的一句由衷感谢……这一切，都会给我们带来快乐，就是我们幸福的源泉，我们的幸福就是这么简单而真实。如果我们都能以这样的态度来工作和生活，我们就会发现拥有便是一种幸福——拥有生命是幸福的，拥有健康是幸福的，拥有知识和智慧是幸福的，拥有美满的家庭是幸福的，拥有教育工作是幸福的，拥有学生是幸福的，拥有学生的尊敬是幸福的，拥有课堂是幸福的，拥有希望是幸福的……我们幸福啦，学生才会幸福地接受我们的教育，才会幸福地生活，将来才能为社会创造更多的幸福。如此，我们的教育才是幸福的！我们的未来才是幸福的！由此可见，我们教师的幸福责任重大、意义重大，它不仅关系到我们个人的生命质量，还关系到我们下一代（孩子们）的生命质量，关系到我们的教育质量，还关系到我们国家的未来。从这个意义上讲，我们没有理由不幸福！我们一定要在工作和生活中千方百计去努力寻找、感受和体验属于自己的幸福！

不难看出，这七大秘籍不正是校长们想说的话吗？常言说：外来的和尚会念经，而我们本校的"和尚"所念的经要比专家念的还要管用。试想，专家们所讲的幸福观，离老师的生活实际较远，其信度和参考价值就打了折扣，就很难化作老师们自己的幸福观。而今，老师们会想：我们自己身边的老师和我们接受同样的管理，担负同样的工作量，接受同样的质量评价，而他们都觉得这样是幸福的，我还有什么可说的？于是，一种强烈的共鸣自然形成，其感染力和影响力便可想而知。

（2）敬老帮新，恩泽幸福

实验小学有 40 位退休老教师（截至 2006 年），他们都曾为学校付出自己的青春，为学校的发展立下过汗马功劳，学校能有今天的成就与他们打下的坚实基础密切相关。同时，退休教师的今天，就是在职教师的明天，为退休老同志所做的一切，又能反过来激励鼓舞在职教师，使大家觉得作为实小教职工将永远幸福，由此会进一步产生工作愉悦感。所以，我们的幸福工作工程首先从老教师做起。

每年元旦前夕，我们都要举办"实验小学退休教师迎元旦茶话会"，把老同志们请过来，跟大家分享学校一年来的新发展和取得的新成绩，汇报新一年的工作计划和打算，真诚听取老同志的意见和建议，就新一年的老干部工作征求大家的意见，并进行安排部署等。

老同志一个个激动万分，都争相真诚地表达自己的感激之情，作为一名曾在实小奋斗过的老同志的幸福感溢于言表。

每逢退休教师生日，学校会派专人给已退休的教师们送去一封校长签名的祝福贺信和一个生日蛋糕。刮风下雨，从不间断。一个个送蛋糕的感人情景，永远在我校教师中传为佳话。

另外，每两年，学校会组织退休老教师去游览一次名胜古迹。每逢重阳节，学校会专门设宴为老同志共度重阳，祝贺属于他们自己的节日。

这些举措，都很大程度上温暖了退休老教师的心，促进了人际和谐，促进了安定团结，为学校的再发展营造好了良好的心理环境。

代课教师是我们当地的一个特殊存在，2001 年至今，学校规模不断扩大，学生逐年增多，然而教师编制却只减不增（退休原因），直到 2012 年，光代课教师已达 40 人（共有教职工 179 人）。由于代课教师工资全靠学校自筹，所以，工资标准尤其是绩效工资兑现以后和在编教师差距很大。为了保持这部分教师的工作积极性，我们一方面实施《代课教师业绩考核与工资晋升制度》；另一

方面积极筹措资金，保证代课教师的工资待遇，极大地维护了代课教师的合法权益，提升了其职业幸福感。

为了促进青年教师专业成长，学校成立了 40 名骨干教师和省市级教学名师组成的导师团，导师团成员在每学年开始时要接受学校聘任，与新教师结成师徒关系，

举行新学年师徒结对仪式，这些青年教师在师傅的手把手指导下，不断提升业务素养，提高教育教学质量，更好地促进了青年教师的专业成长。

（3）精彩活动，体验幸福

开展多姿多彩的教职工趣味文体活动

为了积极营造关爱教职工的人文环境，学校工会利用每周五下午课外活动时间，组织教职工开展形式多样、别开生面的趣味文体活动。比如：自行车慢骑比赛、"齐心协力"接力比赛、推轮胎比赛、托球比赛、双人背夹球接力比赛、"保龄球"比赛等。教职工们参加的积极性之高，人数之多，效果之好，令人称赞。这些有趣活动的开展，既愉悦了教职工的身心，增强了其体质，还让他们切身感受到了实验小学这个大家庭的温暖与幸福。

举办"幸福在实小——迎新春大联欢"活动

近几年，每到春节到来之际，学校工会在其他科室和年级组的大力支持和配合下，都要举行以"关爱、和谐、进步"为主题的迎新春大联欢活动。尤其是 2009 年的春节大联欢活动，参演的人员之多、内容之丰富、形式之新颖、效果之良好，皆为空前。特别是整台联欢会所呈现出的欢乐祥和的气氛，教工们所展现的艺术才华，及老师们所洋溢出的幸福灿烂的笑容，至今令人记忆犹新，回味无穷。大联欢活动再次让教职工们切实体验到了在实验小学这个大家庭工作的愉悦感、成就感和幸福感。

举办"幸福在实小——'让爱永驻我家'"专题报告会

我校还不定期举行"幸福在实小——'让爱永驻我家'"专题报告会。邀请教职工及家属全部参加。我校岳老师的爱人为大家做专题报告。在报告会上，他畅谈了自己作为实验小学教师家属的切身感受：繁忙而快乐，劳累而幸福，孤独而浪漫。他真诚地希望大家珍惜自己拥有的一切，脚踏实地地用自己的双手去创造幸福，做生活的"淘金者"。报告会后，每位教职工向爱人奉送了自己用心写的新年贺卡。王志敏老师给爱人的贺卡这样写道："老公老公，我爱你，不像老鼠爱大米，老鼠爱米会吃米，我爱老公会疼你。"这样的创意活动让老师家属备受感动，有教师家属说："学校想得真周到，帮助我们构建幸福的小家，今后我们会更加理解、支持爱人的工作，体贴爱人的生活，做一名幸福、有为的实小家属！"这种来自学校大家庭的温暖和同事之间的友爱成了我们实验小学教师们幸福体验的"源头活水"。

　　通过一系列的正确引导，我校教师普遍有了这样的幸福观：教育不是牺牲而是享受，不是重复而是创造，不是谋生的手段而是幸福生活本身。工作就是一种幸福！老师们也有了这样的良好心态：我工作我快乐，我工作我幸福！他们还学会了享受"自主、高效"的绿色课堂所带来的成就感，学会了享受学生的成长与进步，学会了享受适度教育研究成果给他们所带来的喜悦，学会了享受温馨幸福的家庭生活，学会了享受丰富有趣的业余精神文化生活，一句话，他们感受到了工作成功的乐趣，享受到了教师职业的幸福。

　　通过教师幸福工作工程的实施和"幸福在实小"系列活动的开展，我校教师的幸福工作指数有了进一步的提升。因为我校是濮阳市的一所窗口学校，相对而言活动比较多，加之大班额（一个班有六七十人）教学，我校教师工作相对比较辛苦劳累，但绝大多数老师认为在学校实施适度教育这个比学赶超的环境中，压力就是自己专业成长的动力，他们把学生的成长、自己的进步和学校的发展当作自己的幸福，他们用自己的辛勤汗水和聪明才智书写着实验小学的辉煌历史，他们在无私奉献中感受着自己工作的充实与快乐，在成长中体验着自己育人的价值和幸福。适度教育研究成了他们成长进步的平台，学校成了他们幸福工作的乐园！他们在实验小学这个大家庭里，工作着，快乐着，也幸福着！

　　幸福工作研究共同体的心语：只有幸福的教师，才能培养幸福的学生，只有教师真正享受到职业的幸福，才能使学生真正享受到受教育的快乐！

　　（4）《感动实小》，品味幸福

　　每年一次的"感动实小师德报告会"在每年的秋季学段如期举行。报告会效果可从我的一篇日记中窥见一斑。

感　动

——日记一则

　　千言万语不知从何说起，我从下午下班起一直被一种感动萦绕着，从学校到家里的十分钟路程里，我想了许多，我的感动起源于今天政教处组织的那场——"实小骄傲"岗位建功事迹报告会，五位老师那生动感人的故事，感动着在场的每一位实小人。

　　是啊，没有老师们的努力，哪有实小的成功，没有老师们的付出，哪有孩子的进步，没有老师们舍小家顾大家的无私奉献，哪里有家长的称赞、社会的认可和学校的辉煌呢？老师们所讲的故事，虽然没有神七上天那么惊天动地，也没有奥运健儿获得冠军领取奖牌时的震撼与荣耀。但也许正是因为他们的平凡才那么亲切，那么入耳，那么贴心。

我作为一名听众认真听取了每位老师的发言，他们所讲的故事各不相同，却有着同样的效果——令人感动。当我听完最后一位老师的发言时，已经被感动得泪流满面了。主持人王主任问我最后还有没有话要说，我哽咽着指了指雷校长——示意王主任把总结的任务交给他。而我自己并不是没有话说，相反有太多的话要说，一时间却不知说什么好，任何话语在此时都显得苍白。最后当雷校长总结完，我终于抑制不住内心的激动，还是拿起话筒，面向老师，哽咽着说出了憋在心里的一句话——"老师们，我爱你们！"

这是我发自肺腑的声音，是一种由衷的情感宣泄，我觉得此时此刻，在这样的氛围中，我说什么都是苍白的。

是啊，如果说三尺讲台挥洒着老师们的青春和热血，那么实验小学的三尺讲台，挥洒的却是老师们的博大无私的爱啊！

专家讲"爱"，领导讲"爱"，校长讲"爱"！专家讲责任，领导讲责任，校长讲责任，只要一有人在老师面前讲话，都要苦口婆心地说教，让老师拥有"爱"和"责任"，仿佛只有听了专家、领导、校长们的说教，我们的老师才会拥有"爱"和"责任"似的。然而今天，听了我们五位老师自己的故事，在他们面前，还用任何人去给他们讲"爱"吗？他们已经用自己的实际行动诠释了作为一名老师对学生、对学校、对事业，所应该拥有的最真挚、最生动、内涵也最丰富的爱。他们的爱因真诚而感人，因无私而博大。

老师是英雄，实验小学的老师是真正的英雄，这每一位英雄所承载最多的就是他们对工作、对学生、对事业的那份沉甸甸的责任。

听着他们的故事，我的思绪被带到了我的教师时代。谁又何尝不是呢？1990年1月，我怀着六个月的身孕，严重的妊娠反应使我吃一口吐一口，又带着毕业班的语文课，当着班主任，还兼着年级组长，还自费上着心理学函授大学，工作压力之大，身心之疲惫可想而知。然而，屋漏偏逢连阴雨，我的父亲就在这时被诊断出患了胃癌，一家姐弟四人数我大，最小的弟弟当时正跟我上小学五年级，母亲没文化，得知父亲得了癌症，她差点昏死过去。整个家像是天塌了下来，一家人该如何往前过，该怎样渡过这个难关，整个家庭的重担一下子落在了当时 24 岁的我的肩上，然而就在这种情况下，我没有耽误孩子一节课，白天坚持上课改作业，晚上夹着课本教案本去医院伺候父亲，本来作为父亲的长女，我也深知给父亲做手术应该到安阳肿瘤医院，效果会好些，但是，内心就是一个单纯的想法，去安阳谁伺候父亲？学生的课谁来带？马上就要毕业了，换老师？岂不是给领导添乱？

所以，就做主定在离家最近的濮阳市第三医院为父亲做了胃切除手术，就在做手术的那一天，我特意给爱人讲，"今天，我还是得先去上课，你跟妹夫一起去关照父亲吧，我的课九点就上完了，上完后我就马上去医院"。就这样，爱人和妹夫两个人把老人送进了手术室。

当我上完课九点半赶到医院来到手术室前，看到等候在那里的母亲、爱人和妹妹妹夫时，心里充满了自责和愧疚，尽管他们没有一个人指责我。

在随后的日子里，我都是先上完课，再去医院伺候父亲。父亲当时五十九岁，长期的病痛折磨使得他本来很高大的身躯，变得十分消瘦，我作为长女看在眼里疼在心上。父亲是个明白人，非常支持我的工作，他知道我每天工作忙，不舍得耽误学生的课，却还要反过来劝我说："妮儿啊，我的病没啥，别老往医院跑，学生的课可是不能给人家耽误了，回去上课吧！""要不，咱回家住吧，你们都忙得啥似的，身体又不方便总给你们添乱，我于心不忍啊！"

听了父亲的话我更加觉得愧疚，因为，我不但没有很好地伺候父亲，反而整天来去匆匆地给他一种很忙碌的感觉，让父亲觉得拖累了我，给父亲心理增加了负担。

就这样，直到 5 月 23 日这天，我本来离预产期还有 2 周时间，却因为父亲病情加重，眼看就要不行了，我怕事情赶到一起就提前做了剖腹产。令我悲痛的是，在我女儿出生 28 天之际我的父亲离开了我们，我抱着尚未满月的孩子赶到父亲病床前时，他还有最后一口气，我大声地喊着："爹，爹啊，你睁开眼看看你的外孙女航航吧！"令我没想到的是，父亲竟然在昏迷了两天的情况下，强忍着病痛，嘴角露出了一丝的微笑，只见父亲强睁开双眼，使劲看了一眼襁褓中的孩子，用非常轻微的声音说了一句："哟，多齐整个妮儿啊！"随后，父亲永远停止了呼吸。

令我遗憾的是，在父亲从生病住院直到病逝，我没有完完整整地伺候老人家一天，然而，令我无愧的是，我没有因为父亲有病和生孩子而耽误我的学生一节课。

　　所以，今天听着淑丽老师的演讲，我被深深地打动着，产生了强烈的情感共鸣，同时我真切地感觉到产生共鸣的不仅仅是我自己，很多老师都哭了，他们都哽咽了，因为很多老师都有着同样的经历。

　　这就是实小之魂，这就是实小精神，"自古忠孝不能两全"，当我们的小家和大家的利益发生冲突时，我们所能舍弃的只能是小家。因为我们有个神圣的名字——人民教师。

　　今天令我感动的不仅仅是这些，老师们能在忙碌的工作中体味幸福，让我感动；能在同志们的赞扬中体味幸福，我感动；能在不断地成长进步中，体验幸福，我感动；能在身心疲惫的痛苦中体味幸福，我更加感动。实验小学拥有这么一批骨干精英，拥有这样一批好老师，真是上帝的恩赐。

　　老师们以在实验小学工作为骄傲，实验小学也永远以拥有这样一批优秀的教师队伍而自豪。

　　真正的教师幸福，或者说要真正让教师体验到职业幸福，不只是靠提升福利待遇，也不只在丰富多彩的文体活动中，还有个最重要的也是大家最在意的方面，那就是让老师们真正体验到自己的人生价值，得到学生、家长、同伴和领导的认可。

　　为此，我们在为在职教师努力做好幸福工作工程的同时，又着重搞教师专业化成长工程，让老师们在成长中体验工作的成功感、愉悦感、幸福感。

六、"适度教育"促学校管理转型

　　"适度教育"是濮阳市实验小学在坚持关注生命质量奠基终生幸福办学理念的基础上，针对当前基础教育阶段严重存在的"过度"和"不及"现象所提出的一个新概念。适度教育强调教育过程、教育内容、教育方法等方面要处于一种自然和谐的状态，要求教师在适宜的时间和空间，采取适当的方式、方法、措施，以一种发展的眼光、宽容的态度、期待的心理、从容的状态对学生进行恰如其分的教育，从而营造一种安全轻松、相互接纳、健康和谐的教育氛围，达到教育的本真状态，开发人的潜能。

适度教育既是我们坚持的一种教育理念，又是一种需进一步探索的教育方法，既是我们的教育过程中必须遵循的原则，又是我们要追求的一种教育境界。适度教育的提出使得学校管理发生了重大变革，主要体现在以下几方面。

（一）适度教育促使学校管理由制度约束型向人文型转变

"适度教育"所讲的"适度"，首先提醒学校管理者对如何科学管理学校进行理性思考。即如何把握好学校管理的度，使得学校各类管理人员各种职能部门充分发挥作用，且恰到好处，达到最佳管理效果。随着教育事业的不断发展，随着新课程改革的不断推进，学校管理逐渐发生着相应的变化，由最初的制度管理，走向了规范管理，再由规范管理走向了今天的人文管理。就我校而言，在人文管理方面已经进行了积极有益的探索。

首先，积极营造关爱、和谐的校园文化氛围。

关爱教师方面。通过召开座谈会、设置"功臣榜"、组织茶话会、赠生日礼物等形式，体现对老教师的关心和爱戴。充分利用我校优秀教师资源，加强老师间的相互指导和交流，凡是老师家里有困难，提出来需要学校帮助解决的，学校会尽全力帮助解决。校长办公室的大门随时向老师们敞开，工作中有什么问题，思想上有什么包袱，都可以随时找到校长，校长成了大家值得信赖的倾诉对象。为每一位教师建立健康档案，每年至少为全体教职工体检一次。建设教职工健身俱乐部，开展教职工健身运动。在课余活动时间，真正活动起来、潇洒起来。凡是教师生病住院，校领导班子一定会去探望。

关爱学生方面。关爱源于关注，要想做到关爱每一位学生，必须从关注每一位学生的细节开始，做到"十掌握"：掌握孩子的健康状况；掌握孩子的学习情况；掌握孩子的生活习惯及特征；掌握孩子的家庭情况；掌握孩子的兴趣特长；掌握孩子的心理状况及特点；掌握孩子的个性特征；掌握孩子的不足；掌握孩子的交际环境、交友情况；掌握孩子的发展情况。另外，教师关爱学生须从尊重孩子的四种权利开始：即尊重孩子参与的权利；尊重孩子质疑的权利；尊重孩子出错的权利；尊重孩子越轨的权利。

和谐人际关系方面。尤其在和谐家校关系方面，学校要求：第一，不能在学生出问题时叫家长，更不能训家长。一旦孩子出了问题，老师要想办法去引导，等孩子切实有了进步有了成绩时，让孩子带着成功的喜悦叫家长，老师再向家长述说孩子的进步，使孩子切实感受到家长和老师同时分享着他成功的喜悦，在这个前提下，再向其指出孩子还有待怎样的提高，这样才便于家长接受教师的建议，以进一步和谐家校关系。我们的孩子才能带着成功的自信走向新的成功。第二，要加强家访：对于问题学生教师要家访。电话联系不等同于家访，只有家访才能真正了解孩子的家境及生活状况，才能因孩子的具体情况来施教，才有可能及时地挽救一些孩子，才不至于让问题学生继续问题下去。第三，莫把希望寄家长。不要把一些辅导学习的任务安排给家长，更不能以命令的口吻安排家长。家长自觉去做，那是他们自己的事情，作为老师，我们最好把家长假想成文盲，这样就不会想着给家长布置任务了。学校不提倡一些有条件的家长为老师帮忙做事情，即便是家长主动做也不行，这样不利于孩子的心理健康，因为，那些家长没能力帮助老师的孩子容易产生自卑心理，家长能帮老师的孩子易产生高傲的心理，这样不利于孩子的健康成长。

其次，努力提升教师工作的幸福指数。

教师工作的幸福感来自于同伴的赞扬，来自于学生的尊重，来自于家长的认可，更来自于领导的肯定。首先，为教职工赢得认可创造机会。学校建立"功臣榜、名师墙"，把那些已经为学校奉献了二十年、现已退休在家、白发苍苍的离退休老师们和国家省市各级名师的照片和突出事迹，在"功臣榜""名师墙"予以宣传；学校常年坚持开展业务沙龙活动、主题性学习成果展示活动、适度教育高效课堂展示活动；通过"感动实小，青年教师演讲会""幸福在实小大家庭系列活动——之一'让爱永驻我家'家属专题报告会""之二'春节大联欢活动'""适度教育模式下的人文值周"等活动，都为广大教师充分发挥自己的创造性，施展自己的

才华搭建了宽阔的舞台，也借此机会赢得了来自方方面面的赞扬与认可，这些都从不同程度调动了广大老师的工作积极性。实现了由要我工作到我要工作的转变，使

老师们切实体验到了工作的幸福感、愉悦感和成就感。通过这样的活动，我们进一步和谐了各种人际关系，包括班子内部关系、干群关系、同志关系、师生关系、生生关系、家校关系、一线和后勤的关系，等等。大家像一家人一样，同志们之间相互接纳、相互欣赏、相互宽容、相互善待，形成了良好的干事创业的工作氛围。在这样的氛围中，人人心情舒畅，人人潜能得到充分发掘，人人实现自身价值，人人都很幸福。

（二）适度教育促学校教育质量由经验增长向科研型增长转轨

适度教育倡导绿色教育质量观。反对以生命损耗为代价的高成本教育。追寻教育的本真状态，遵照人的自然发展规律和教育规律，尊重人的差异，承认人的不同。主张人的全面发展、自主发展与个性发展。

1. 教师队伍实现研究型师资的新跨越

有了适度教育理念作引领，老师们人人结合自己的工作实际，依据适度教育课题研究指南，选择适合自己的研究课题。比如：课堂教学内容的适度研究、学生潜能开发的适度研究，家庭作业的内容及方法适度研究，学生作业量的适度研究，课堂教学中技能训练与知识积累的适度研究等，老师们从不同角度出发，组成相应的研究共同体，积极研究总结自己的教育教学工作，使其在适度教育理念的支撑下更加规范、更加科学和高效。目前，我校教师写出大量的适度教育研究论文或经验总结。不仅全面更新了老师们的教育理念，还大大提高了广大教师的业务能力，为自己的教育教学工作起到了积极的、科学的引领作用。

2. 学生评价转向多元、客观、开放性

构建适度教育模式的基本前提，是要建立"适度教育质量评价体系"。即在原有的纸笔考试评价基础上，我们把学生的身心健康指数（近视率等）、习惯养成指数、基本公民素养指数、学生及家长评教指数、潜能开发指数、学生的学科素质（书面的、非书面的、全部学科的）、自主学习能力指数等内容全部纳入评价范畴，让学生全面展示，自主把握，力所能及。这样的评价是既注重过程又注重结果的。这样的评价使原有的教学质量评价办法实现了五大转变。

一是使评价的目的转变，变精英教育为公民教育。我们的适度教育评价模式，使教育评价者的目光不再把目光盯在部分考高分的学生身上，而是瞄准全体学生全面发展和提高学生的整体素质上。二是范围转变，变结果评价为过程评价。适度教育评价模式特别注重对学生学习过程的评价，是以学生的书面学习成果的生成、展示和非书面素质的充分展示为载体的，它不仅能把教学的内容、方法、质量全部评价出来，还把最不易评价的教师的敬业精神、工作态度、管理方法、创造性以及学生的学习习惯、态度、兴趣、毅力等全部评价出来。因此非常利于师生的主动发展。三是内容转变，变重智轻德为全面发展。我们开设的校本课程——品德评价课，是以《濮阳市实验小学学生行为自评手册》为抓手的，它从最基本的学生的学习习惯和行为习惯入手，每周引导学生对自己的做法进行反思，以强化自己的行为养成良好的习惯。我们在全校范围内开展的诚信教育工程，是我们德育工作的重中之重，"做诚实守信的中国人"是我们在当今社会严重缺失诚信的背景下提出的培养目标之一，树立师生正确的诚信态度，普及诚信知识，培养具有诚信品质的少年，营造浓厚的诚信教育氛围，构建诚信教育体系，打造诚信教育品牌是我们的工作目标。我们以诚信教育为主题开展的系列德育活动——诚信值周、开发诚信教育校本教材；构建学校、家庭、社会三位一体的诚信教育网络体系；科学确定诚信指数；适时进行诚信评价；设置"诚信周、诚信月"；开展诚信教育系列活动；坚持记录诚信日记；举办诚信教育论坛；实行诚信值周班制度；每周开设一节诚信评价课；坚持诚信亲子对话；倡导诚信课堂；尝试诚信考试，等等，使我们的德育工作找到了突破口，真正落到了实处。四是关系转变，变单向评价为多维评价。我们建立的适度教育评价体系一个最大的特点，就是师生人人既是评价者又是被评价者。无论教师还是学生其进行评价的过程，也是一个自我审视和自我提高的过程，它促使师生从主观到客观、从形式到内容、从时间到空间、从理论到实践等不同层面寻找自身工作、学习的不足，发现自身缺点，从而自觉改进教学和学习过程，优化自己的成果，达到一举多得的评价目的。五是作用转变，变50％的学困生为人人具有自信的人。传统的纸笔考试评价，50％的学生因考试成绩中下而被沦为中差生，并且，其中多数因考试成绩不如人而丧失自信。而我们的适度教育评价模式，能促使人人展示特长，人人找到自我，人人具有自信。使学生保持良好的心态——不厌师、不厌学，只有在这种心理状态下，学生才可教、可导。

（三）适度教育促使学生潜能开发由局部过度开采向全面、科学、可持续发展转变

适度教育倡导绿色质量观，反对以生命损耗为代价的高成本教育。这里的高成本教育实际是指那些目中无人，只瞄准升学率和统考成绩，靠加班加点、机械训练、重复练习，靠排名次调动学生学习兴趣、语文数学轮番轰炸的教育，这样的教育使得本来有着巨大差异的学生都在同一条道上赛跑，他们没有自主时间、没有放飞身心的空间，每天的全部就是为了考分。学生大脑中关于考试的潜能被发掘殆尽。而

事实上每个学生的大脑都是一个丰富的宝藏，亟待教育者通过适当的教育方式采用适当的教育方法适度开采。

适度教育主张要把握好学生潜能开发的度，反对过度局部开采。

首先，主张在规定学科内全面开采，我们为各学科应该培养学生哪些素质进行了规定，叫作《濮阳市实验小学学生学科素质养成目标》，引导广大教师在学科内课堂中实施素质教育。刚刚结束的适度教育高效课堂展示已充分显示出这一实践的丰硕成果。

其次，我们广泛开发校本课程以弥补现有课程资源的不足。我们广泛开发体育类校本课程，举办体育文化节，让学生的体育潜能得到开发；我们还广泛开发科技艺术类校本课程，举行科技艺术节，开设器乐、舞蹈、武术、声乐、乒乓球、形体、语言、珠心算、计算机、剪纸、绘画、手工、书法等50多个兴趣小组，满足全体学生全面发展的需要。

这些课程的开设，使广大学生有了更多的时间去自主、有了更多的空间来创造，有了更多的机会去选择、去锻炼、去发展自己的兴趣特长，真正实现了由局部过度开采向全面和谐健康可持续发展转变。

（四）适度教育促使教育行政管理更好地走均衡化发展之路

适度教育促使每一位教育工作者思考自己的行为是否适度。对广大教育行政部门所起到的作用也是如此，它会促使人们进行反思已有的政策条款，在哪些方面有顾此失彼或不和谐不适度现象。未来教育发展的趋势是要实现教育资源的均衡化，如何把握好这个度，是广大教育主管部门所应思考并解决的重要问题。

硬件建设的不适度。

在我们国家无论东部沿海还是中原大地还是西部边陲，凡是城市学校都存在一个共同的现象，那就是面子工程的浪费现象，豪华大门，豪华装修，高档次配套设施等，与我们社会主义国家的基本国情和有着偌大的贫富不均的受教育人群造成了极不协调的局面，显得不适度。

大班额现象的不适度。

大班额现象的普遍存在将严重影响我们基础教育质量，实际上这是不符合教育规律的，追其原因，无非两点：一是缺钱；二是缺人。

缺钱，导致没有扩班场地，只能每班七八十人挤在一个教室里上课，学生站都站不起来，还谈什么因材施教、科学发展呢？

缺人，即缺老师，实际上还是缺钱，只要有了钱，就可以聘到更多的老师满足学生小班化的需要。这里我要说一下澳大利亚的教育，他们联邦政府规定，全国中小学每班不准超过 28 人，实现小班化教学，考察了澳大利亚六个州的中小学校，没有一所学校像我们那样有豪华的大门、高档的教学设施、漂亮的外观设计和醒目的标志性建筑，等等。相反，他们的学校连围墙都没有，可是他们联邦政府和州政府每年往学校投入的经费以相当可观的数字在逐年增加，他们把钱花到哪去了呢？实际上，他们从 1990 年开始全国学校一律免费上网，陆克文任总理后又为每一位在校生的课桌上配备一台电脑，他们的普遍小班化意味着要多聘多少名教师，要多花多少钱。当然，澳大利亚地广人稀，我国的基本国情与之有很大差别，但我想我们的教育行政能否学习澳大利亚的基本理念，把钱花在最有用的地方，把学校建得大一些，把教师队伍壮大一些，把班额搞得小一些，让我们的学生真正享受一下所谓的优质教育，让我们的教育鼻祖孔子的因材施教原则能真正得以落实。

所谓教育均衡发展，我认为并不单单是让城市里那些已经发展很好的学校停下来，而是把国家的教育资金投入薄弱校薄弱地区去。事实证明，近两年农村学校两免一补、信息化工程、课桌凳工程花了大量资金给农村，而事实上，这些学校硬件虽上去了，但由于师资力量跟不上，照样招不到学生，农村的学校，或城市薄弱学校还是没人去，把钱投入那么多却没派上用场，这应该引起我们的反思。当然对那些极个别的农村孩子来说，其学习条件还是得到了一定改善的。

如何把握这个度，关键是均衡发展的理念问题，均衡发展一个根本出发点，是要从实际出发保证每个受教育者受到的优质教育资源的均衡，这种优质教育资源的核心是师资，是学校文化环境，而不单单是课桌凳、计算机等硬件设施，假如我们广大农村有一支强有力的师资队伍，其教育质量将是非常乐观的。

然而，我们总是习惯于把钱用在买东西上，却很少考虑把钱花在健全教师队伍提升教师队伍整体水平上。这是值得反思的。

七、"适度教育"让教育归真

《教育时报》报道说："在一所小学成立专家引领、热心教育人士支持、教师人人参与的'适度教育研究所'，短短几年时间将'适度教育'办学理念变成了学校飞跃发展、教师快速成长、学生快乐学习的可喜现实，全国各地教育同行纷纷取经探宝，各大新闻媒体争相报道……这一切都是不争的事实，这一切源于我们的学校有一支执着寻梦的团队，他们决心摒弃教育的功利和浮躁，决心用自己的智慧和创新书写教育本应有的精彩，让教育返璞归真，展示教育的原生态魅力"！基于适度教育在社会的高度认同，自 2007 年 8 月，在濮阳市实验小学提出"小学适度教育研究"研究课题，一直到 2012 年我调入市第二实验小学至今，我和我的团队从未间断对适度教育的研究，在实验小学研究的是《小学适度教育模式研究》，在二实验研究的是《适度教育的内涵与实践研究》。我们始终进行着一个大课题引领着一所小学校的大教育实践。

（一）配置科学育人的绿色土壤

众所周知，素质教育是针对应试教育的弊端提出的，适度教育则是针对教育现实中普遍存在的"过度""不及"和"错位"提出的。

我们认为，当今凡是与考试有关的教育都做得"过度"了，比如学校过重的课业负担、社会过多的不良诱惑等，太多的过度让孩子未老先衰；凡是与考试无关但是与孩子的未来发展和终生幸福有关的教育又都做得"不及"，太多的不及又让孩子营养不良。因此，很有必要探讨一种取消功利的符合孩子成长规律的绿色教育——就像经济指标的提升不能以牺牲自然环境为代价一样，教育质量的提升也同样不能以牺牲孩子的生命健康为代价。而"适度教育"正是以"抑制过度的教育、提升不及的教育、调整错位的教育、发展绿色的教育"为目标，力求使教育过程、教育内容、教育方法等教育要素均处于一种自然和谐状态的教育。

适度教育的核心理念是"让每一个生命幸福成长"，主张"顺其自然，适当引导；讲究到位，及而不过；崇尚根雕艺术；尊重差异，承认不同；既拔出尖儿又托住底儿"等基本理念。为把这些理念落到实处，学校用评价做导航，建立适度教育质量评价机制，把近视率、学科素质、公民素养等指标纳入教师的教学业绩评价中。为了全面推进适度教育办学理念，学校坚持实施健康教育工程、诚信德育工程、教师专业成长工程、学生潜能开发工程、校园文化内涵建设工程、教师幸福工作工程，"六大工程"成为适度教育种子得以生根发芽、苗壮成长的"绿色土壤"！

（二）以学生为圆心，为起点，为终点

适度教育尊重学生的成长规律，重视学生的感受需求，以学生的发展为圆心铺开教研教改，以学生的期盼为起点设计活动方案，以学生的成长状态为终点评价教育教学。

适度教育反对"分数高，一俊遮百丑；分数不高，一丑遮百俊"的错位质量观，认为既关注分数的高度，又关注快乐的程度，更关注成长的速度，这样的教育才可能适度。

为了切实减轻课业负担，我们先后打造自主高效的"三维六度五环节"绿色课堂模式和三重三实五步教学法，关注学生学的过程，让学生乐学、会学、学会，在课堂上有变化、有发展、有创新、有提高，用全新的教育理念建构彰显生命活力的绿色课堂。通过课堂改革，从根本上解决长期困扰教师成长和学生发展的三个问题。一要解决课堂中高耗低效的问题，使之成为自主高效的绿色课堂；二要解决学生乐学、会学、学会的问题。孩子求知不是靠老师塞给，而是靠学生自己土里刨食，离开老师后孩子自己依然保持着良好的学习习惯、学习兴趣和学习能力；三是要发展学生，解放学生，发展老师，解放老师。

五（5）班李郝诗雨对自己的课堂有这样的感受："以前，在我看来，课堂是乏味的，是古板的，可自从我校开展适度教育以来，老师把课堂还给了我们，课堂上由原来的老师主讲，变成了同学们自由讨论、交流的场所。让我们如缺水的小鱼突然回到了水源取之不尽的大海，我们在大海里遨游、欢跳，找到了欢乐的感觉。"河北某县69位老师到实验小学听课一周后，感叹地说："不得了，三年级的学生竟会自主学习，实验小学老师一节课完成的任务，我得三节课才能完成，而且学生学得那么扎实，实在令人佩服。"作为河南省首批小学骨干校长培训基地，实验小学每年都会迎来由省教育厅干训处派来的一批又一批来自全省各地的校长进行影子培训。今年10月，来自信阳的何子彬校长在返程前的座谈会上说："我到这里大开了眼界，你们超前的理念、和谐的班子、精细的管理、高素质的队伍，以及方方面面我所看到的、听到的、感受到的都让我折服和感动，我记住你们了！"

为了改变学生作文普遍存在的写实过度情思不及的现状，我们成立"学生作文情思不及研究共同体"，打破原来仅从应试的角度研究作文的传统，引导学生学会看，学会思，学会想，学会感动，懂得感恩，学会表达情思，我口写我心，说真话，

表真心，抒真情，从根本上杜绝无病呻吟、假话连篇的不良学风！引导学生未先作文先做人。学生作文水平普遍提高，以作文情思不及研究共同体成员李玉萍老师为例，她班 65 名学生的作文平均分竟然达到 29 分（满分 30 分）。

　　为了调整文明礼仪和行为习惯养成过程中的错位教育，提升诚信品质培养的不及，学校实施诚信德育，开发《诚信评价手册》，每周设一节诚信评价课，大大提升了学生自我教育能力，增强了德育实效性，把诚信教育与习惯礼仪养成融为一体。一年级学生顾大局从小不爱刷牙，为了逃过妈妈的检查，总是偷着把牙刷蘸湿蒙骗妈妈。后来学校开设了诚信评价课，要求学生对《诚信评价手册》上的要求和自己的承诺分别进行对照做出自评，然后小组互评，再家长评、老师评。自评时认为自己做得好的就涂"笑脸"，做得一般就涂"平脸"，做得不好就涂"哭脸"。正是在这样自省自悟的过程中，让学生将规则和要求内化为自己的品质，培养了学生的慎独意识、秩序意识、规则意识、纪律意识。

　　适度教育强调凡事要尊重学生的意愿，以学生为起点，强调要让学生自主选择，因为只有让学生自主选择，其才能为自己选择的任务负责。为了提升校园文化生活丰富性的不及，在常年开展主题性学习强调学生人人参与的基础上，春季学段举行科技艺术节，秋季学段举行体育文化节，为各种天赋的孩子搭建成长平台，促使人人潜能得到开发。

（三）适度教育有力促进"三个发展"

　　适度教育就是要努力制造出科学评价的尺子，量出每个同学自己的满分。在我校老师的眼里，学生人人是星。

　　四（4）班学生吕家兴不善言谈，缺乏自信，在同学中是很普通的一员。有一次，我去听课时发现，他的美术作业不同一般，素描、卡通、小动物与各种身份的人物在他笔下活灵活现，便当场答应为他举办个人画展。尽管学校用房十分紧张，却硬是腾出两间，2010年11月，"吕家兴个人作品展"如期举行。吕家兴模仿中国教育频道的尼尔叔叔做手工，自己配制出彩胶，制作石膏手臂、存钱罐、笔筒、摇头奶牛、文房四宝、儿童迷宫、踢破墙的靴子、汉堡系列、农家小院、手工航母、太空系列、海上城市等作品；各种各样的小石头、饮料瓶、废纸盒在他的手中焕发出无限生趣，充满灵性。学校组织全校师生前去欣赏，来校参观的教育同人和媒体记者纷纷采访吕家兴，慢慢地，吕家兴在老师、同学和来访客人欣赏的目光中找到了自信！

五（6）班学生王语洋品学兼优，爱好广泛，在全国双语口语大赛、青少年艺术大赛、少年儿童书画大赛、少年儿童广播故事大赛等很多比赛中荣获金奖、银奖。2010年5月，经层层选拔，她成为全国第六届少代会代表，受到了胡锦涛总书记的亲切接见。

三（8）班学生李佳乐的妈妈这样说："适度教育这个理念太贴合家长的心愿，很适合于当今孩子的成长与教育，它带给我们更多的是内心深处的一种反思与醒悟……放假时，孩子在家待不了几天就开始想念学校的生活，赶上'适度教育'，是孩子一生的幸运！"

适度教育站在基础教育发展与改革前沿，为学校内涵发展提供不竭动力；适度教育成为学校创新的动力和源泉，促进了教师队伍的整体提升。学校成就了一大批拔尖教师，形成了一支素质高、业务精的教师队伍。国务院特殊津贴享受者、全国教育系统劳动模范、全国优秀教师、省劳模、省特级教师、中学高级教师、国家级省级市级骨干教师、省级学术技术带头人、省市拔尖人才、省市国家级优质课教师上百人次。截至 2006 年，学校仅河南省名师就有 9 位。全校 52 个班均获得省市书香班级称号。在全国第八届第九届小学语文阅读教学大赛中，青年教师王振会、窦明奇先后作为河南省唯一代表，在全国 30 多位青年教师中脱颖而出，分别荣获全国大赛特等奖、一等奖。全省代表连续两年从一所学校中选出来，这在全国是罕见的。

适度教育研究为学校发展插上了翅膀。成功打造了五个亮点：绿色课堂模式、诚信德育模式、质量评价模式、潜能开发模式、情思作文模式。形成了以适度教育为品牌的 24 字管理模式：思想引领、评价导航、科研管理、绿色质量、民主决策、内涵发展。2010 年 3 月在北京师范大学举行了适度教育办学思想研讨会，得到了教育部领导和专家的高度评价。近年来学校先后荣获"全国精神文明建设工作先进单位""全国教育系统先进集体""全国三八红旗集体""全国德育实验学校""全国语言文字规范化示范学校""全国少先队工作先进单位""全国优秀家长学校"等称号。

教育部政策法规司副司长、研究员、教育学博士郭戈评价说：濮阳市实验小学做了一件了不起的工作，开展的适度教育研究非常切合我国教育的实际，且直击现实问题，很有价值。适度教育是全面发展的教育，是和谐的教育，是生态的教育，是绿色的教育，是符合科学发展观的教育。教育部小学校长培训中心主任、北京师范大学教育管理学院副院长、教授、教育学博士陈锁明说：濮阳市实验小学做了一个真正的研究，适度教育研究做得扎实，做得深入。充分体现了六大特点：参与性、主动性、专业性、实践性、发展性、推广性，满足了社会对教育的需求。河南大学副校长、教授、博士生导师、教育学博士刘志军认为："'小学适度教育模式研究'既有系统的理论思考，又有鲜活丰富的实践内容，学校整个研究团队就像一列动车组，每节车厢都充满生机活力。像这样深入的研究不要说一所小学，就连大学都不多见。"北京教育科学研究院基础教育研究所副所长、研究员、管理学博士程晗认为：实施适度教育，还教育以本真，让教育回归自然，关注生命、满足需求，是教育以人为本的需要，是培养未来接班人的需要，是教育科学发展的需要，是构建和谐社会的需要。

近年来，随着适度教育研究理念的传播和影响，吸引了来自全国各地的广大同行前来参观学习。尤其是"适度教育"作为全国教育科学"十一五"规划课题，其成果接受了全国教育科学规划办专家组的终端鉴定，在全国共接受鉴定的 47 项课题中获得良好格次，其中优秀等级 1 项，良好等级 14 项，其余为合格和不合格。值得一提的是，在这 47 项课题成果中，除"适度教育模式研究"是唯一的一项由小学承担的课题外，其余均为大学和科研机构申报的课题。

如今，我到第二实验小学工作已满三年，二实验三年来从外到内发生的巨大变化，再次引起了广大同行以及社会各界的关注与认可，近两年前来参观的各界人士和广大同人约有 3000 人次。荣获"全国巾帼建功文明岗""河南省教育系统先进集体""河南省未成年人思想道德建设先进单位"等称号，究竟是什么为濮阳市实验二小插上了腾飞的翅膀？其根本原因就是，远离教育功利。适度教育的实施，是我们的团队一心一意为每一个孩子谋发展促成长的至诚之心。

一句话，是遵循规律的适度教育，让教育回归了原生态。

八、"玩风"就是"学风"

陶行知先生说过："生活即教育。"学校里的生活就是活动，学校里没有活动，便没有了生活。生活是最好的教材，最好的老师，最好的课堂，最好的展示平台。

我们的活动很多，最具特色，也最让孩子们期待的是每年春季举行的科技艺术节，这是我校师生的盛大节日。这一天，校园里的主角是每一个孩子，而观众是每一位教师和家长。在今年 5 月 16 日举行第三届科技艺术节上，学生展示的"红旗飘飘""激情飞扬""乘着知识的翅膀"等大型团体操编排新颖，活泼生动，经典诵读"中华魂"气势宏大，震撼人心，开幕式结束后，每个年级的一个舞台，节目同时开始，一个个充满个性、富有童真童趣的小节目，彰显了孩子们的创新智慧和艺术素质，我带领我们的班子成员走到每一个舞台前面观看，并为孩子们鼓掌喝彩。

　　引人注目的还有 100 多米长的走廊上摆满的琳琅满目的各种作品：孩子们的奇思妙想、手抄报、小发明、小制作、科幻画、异想天开的金点子……摆着的、贴着的、挂着的，五彩缤纷，每一个小作品都展示着孩子们的智慧和创新。特别是学生的现场演示的科学小实验，吸引了不少师生和家长围观。

　　与上一届科技艺术节不同的是，本届科技艺术节充分调动了每一位学生参与的积极性，学生自主编排、自主导演，从节目的筛选到节目单的设计，从演出场地的布置到演出场地的命名，整个过程教师都退居幕后，让学生走到了前台。

　　特别应该说明的是，在我的内心对活动的认识有这么一个过程，一开始总认为活动应该"出彩"，注重让领导满意，来宾满意，因此，参与者往往是少数学生、是被动参与，为此，老师们常常是疲于应付。渐渐地，我认识到：各种演出也好，节目也好，无非都是学校为孩子们搭建的生活平台，能够让孩子利用这个平台积极主动地展示自我，激励学生健康向上，充满自信，为他们的童年打下美好的烙印，才应该是搞活动的初衷。因此，自第二届科技艺术节开始，每年的学生参与率都能达到 100%。

　　张金香老师给我讲了这样一个故事：她班上的学生王一平，没有突出的表演才能，所以他没有参加表演，但是他善于手工制作，就想在科技艺术节上展示自己的创新作品，他在家里用蛋壳和萝卜制作了一只卡通小鸟，拿到学校准备参展，起初，小鸟看上去活灵活现，晶莹剔透，因为它的头是用萝卜雕刻的，但是过了一段时间后，萝卜缩水，原来能够探出蛋壳的小鸟头却掉进了蛋壳里，使整个创作大打折扣。为了能不误展出，他一个晚上反复做实验，最后选择了生姜作材料，使得作品既不会缩水，又活灵活现。这样一个过程的背后，是学生兴趣的培养，智慧的升华。

在体育文化节上，学校组织学生参与丰富多彩的民族体育趣味儿运动会，校园舞、速轮滑、抖空竹、推铁环、抽陀螺、"马术"、击剑、跆拳道、跳山羊、编花篮……校园沸腾了，处处洋溢着生命的激情。

体育文化节上，学校尽可能搭建适合每一个学生兴趣的活动平台。学校为那些适合发展竞技体育的学生安排竞技体育项目，为那些不适合竞技项目的学生，专门安排一些趣味性体育项目，为那些不善于运动但很爱学习善于研究的学生，则安排体育文化研究活动，让他们选择一项自己最感兴趣的体育项目开展研究性学习，他们的研究成果为同学们提供了丰富的体育文化大餐。

玩是孩子的天性，适度教育最大的追求就是遵循教育的规律，还原教育的本真，抓住学生爱玩的心理，在"玩"字上做文章，为学生创设主动学习，特色发展、创造发明的自由天地。我们的教师经常向学生强调，学与玩是一对亲密的兄弟，在学中玩，在玩中学，学与玩会相互促进，玩中长智，玩中品乐，玩得文明，玩出学问，成了我们追求的一种境界。

实验小学先后组建了书画、英语、篮球、合唱、科技、陶艺、朗诵、珠心算、主持人、情景剧表演等30余类兴趣小组。为了激励学生将自己的特长技能学精学透，学校一方面给他们提供展示才华的机会，另一方面到期末时候再为特长突出的孩子创造评优创先的机会，人人参与校园之星评选，并为当选者的家长送喜报。

小明星工程是我校落实"用不同尺子去衡量每一位学生，用放大镜去发现每一位学生闪光点"这一理念的具体有效实践，有一技之长的学生都可以被评为"学校小明星"或"班级小明星"，把评选出来的小明星照片想方设法张贴出去，并且写上这样的标语"浩瀚天宇，我是最亮那颗星；实小学园，我是快乐小精灵"。

一大批学生榜上有名，书法星、绘画星、舞蹈星、科技星、篮球星、长跑星、博客星等，可谓"群星璀璨"。

一位即将毕业的五年级学生抑制不住对学校的留恋，说："我以前虽然成绩不好，但老师不会因此而责骂我，当我有了提高，老师就把我评为'进步小明星'，我真希望初中也能在这里上！"不少孩子在谈到对学校的感受时，都对学校的教育氛围、融洽的师生关系、愉快的校园生活非常眷恋。

无论在实验小学还是后来到第二实验小学，我都注重为学生提供丰富多彩的自助餐式课程，由于师资力量和硬件设施不同，设置的课程数量也不同，在实验小学受场地所限，我们开设了以诚信教育为主的评价课程、乒乓球技能普及课程、形体训练课程、阅读课和主体性学习五种校本课程。为学生的特长发展提供了可能。在第二实验小学，我在原有的书法特色校本课程的基础上，增设了小公民修身课，并在这些课程基础上，开设40多项学生社团让孩子选修，还不断举行校园吉尼斯、社会实践等活动，为学生全面发展、学有特长提供了肥沃的土壤。我认为，只有开设足够丰富的有效课程供孩子选择，才能创办适合每一个孩子成长的教育，孩子的个性发展才能成为可能，才不至于扼杀孩子们那千差万别的天赋。

针对普遍存在的作业过量、学生课业负担过重的痼疾，我们还实施作业自助餐，即根据学生的差异分层布置作业，不同的学生可完成不同数量和内容的作业，按需分配，适时适量。与此同时，倡导教师作业布置要"花样繁多、营养均衡"，如语文作业可布置写字、朗读、吟诵、查资料、阅读课外书、采访调查、背诵、影视欣赏等，以调动学生所有感官，动手动脑。实施"作业自助餐"后，同学们表现出了浓厚的兴趣，三年级的学生小文回到家就兴奋地对妈妈说："妈妈，我们可以选择作业了！从今天起，我的作业我做主！"

九、木瓜的故事

实验小学有4棵木瓜树，那是学校历史的见证，自从建校至今已经近30年了，每逢秋天，硕大、油亮、散发着淡淡清香的木瓜挂满枝头，成了师生闲暇时驻足观赏的风景。每逢国庆节来临之际，就到了木瓜采摘的时候，学校会专门安排一节课

来让学生采摘木瓜。

办公室王志敏主任曾这样描述采摘木瓜的情景：上课铃一响，木瓜树下聚齐了负责采摘任务的老师、领导和学生，每个人都跃跃欲试想亲自摘下那最大、最黄、最香的一个。采摘工具拿来了，是梯子、钩子、床单等，床单的作用在于由4人扯住四个角，负责随时"迎接"摘瓜人从树上扔下来的木瓜。"好，开始摘！"不知什么时候，校长一声令下，手脚灵活的教师迅速爬到了木瓜树上，接木瓜的师生立即到位，一切娴熟有序。"呀，这个木瓜真大呀！""哟，这个虽然个头不大，可长得这么匀称光滑，真是个木瓜美女！""嘿，小心脑袋，往下扔木瓜的时候悠着点！"树下又是一阵嬉笑、欢呼……

这样的场景让每一位在实验小学生活过的学生都记忆犹新。而每一年的木瓜采摘课在孩子们的记忆里都是唯一的。木瓜的产量很高，采摘下来的木瓜学校会分发给每个班。尽管木瓜长得很是喜人，尽管年幼的学生们天天在树下嬉戏、玩耍、捉迷藏，木瓜伸手可及，然而，不到采摘的时间，没有学生会随意碰它们，而是小心呵护着。木瓜树下发生的故事会让他们铭记一生，这木瓜和师生的情结只有他们自己才能读懂。

2012 年 8 月，我调入市第二实验小学，正赶上校园重建，出于对木瓜树具有的独特育人功能的深刻认识，就趁着校园绿化美化之机，在二实小的院落里一下子栽了 12 棵木瓜树，2013 年春栽上的，到了秋季，在保住这些树活命的同时，仅有一棵树上结了 1 个木瓜，成熟后，我让后勤人员小心把它摘下，然后隆重地在升国

旗仪式上向全体师生分享我们的文明果——木瓜，我对孩子们这样讲道："孩子们，看到我手里拿的是什么吗？这是一个木瓜，是我们春季新栽上的木瓜树上结的唯一一个木瓜，看它长得又大又黄，看上去油亮亮的，闻一闻还有淡淡的香味儿，孩子们，这个木瓜可是不同一般，因为，这是我们爱惜花草树木、珍惜学校一草一木的良好习惯换来的一颗文明果，这是我们坚持让每一个生命幸福成长的理念结出的文明果。在它成长的过程中，我还有些担心，生怕被哪个不守纪律的同学给破坏了，于是我就像老师精心呵护你们一样，每天精心呵护这个木瓜，我每天一有空都要跑去看一看这个木瓜，看看长得怎么样，看看它还在不在，从它核桃那么大小的时候，一直坚持到今天成熟。令我感到高兴的是，同学们都很爱惜它，每天从它身旁走过，看看它，用手指指它，却没有一个人去碰它。孩子们，这就是我们第二实验小学的孩子讲文明有教养的表现，这就是尊重生命的表现，这就是让每一个生命幸福成长的真正含义，我坚信到明年，我们这刚栽上的并且全部成活的十二棵木瓜树，一定会结出更多更大的果实。让我们共同期待，好吗？"

2014 年秋季，果然不出所料，12 棵木瓜树棵棵果满枝头，有的树枝被那一串串又大又黄的木瓜压得弯弯地快要垂到地上了，孩子们猫着腰歪着脑袋去欣赏木瓜，都不舍得去用手碰它们一下。10 月中旬，木瓜彻底成熟了，我们要举行首届木瓜采摘分享节，采摘过程中的欢声笑语，木瓜们以其特有的魅力吸引过来的那一个个好奇的小脑袋，那一双双天真烂漫充满期待的眼睛，都给我这个校长和学校每一位在场的师生员工留下了难以忘怀的记忆。

分享开始了，全校师生列队完毕，主席台上摆了十几张桌子，桌子上摆满了又

大又黄的木瓜。分享的时候到了，为了避免抢大个，闹矛盾，我抓住契机讲述了孔融让梨的故事，让同学们明白文明礼让的道理，每个班、每个组、每个办公室各派出的代表们领取木瓜的过程中，人人都发扬风格，把大个的留给别人，谁也不挑挑拣拣。

随后，各班围绕木瓜做了不少文章，有的让全班同学挨个摸一摸、闻一闻，然后把自己的感受写下来；有的把它作为一个公共奖品，哪位同学表现好，就奖给他一节课的木瓜保护权，即木瓜在他的课桌上放一节课；还有的做出优异成绩的，可以让他把木瓜带回家，让自己的家人也来分享到我们的木瓜香和木瓜带来的快乐。

链接：

学生A：分享木瓜的体会

今天我早早来到学校，一进校园，就看到主席台上摆满了大大小小的木瓜，好诱人呢！学校要给每个班级分享木瓜了。

还记得去年木瓜收获时，当中队长把木瓜带到教室，同学们欢呼雀跃，小心地把它分放在窗台上，顿时清香弥漫了整个教室。伴着墨香、书香和瓜香，我们快乐地学习、成长。

惹人喜爱的木瓜树，一年四季都非常美丽，也带给同学们许多快乐。春天来了，春姑娘轻轻吹醒了木瓜树，树上长出了绿色的小芽。夏天来了，木瓜树枝繁叶茂，课间我们在木瓜树下嬉戏，玩耍。秋天来了，木瓜像一个个小精灵挂满枝头。

冬去春来，木瓜树和我们一起长大，结出了金黄的果实。在老师的精心呵护下，我也成了一名三年级的小学生。我爱木瓜树，更爱我们的校园！

学生B：分享木瓜体会

今天我们举行了隆重的木瓜分享，我忽然想到老师带领我们吟诵的一句诗：投我以木瓜，报之以琼琚，匪报也，永以为好也。意思是说，你送给我木瓜，我回报给你美玉，不是为了回报，而是希望我们的友谊天长地久。在这句诗里，木瓜代表着朋友之间真挚的情谊。

刚才，各班同学代表领取木瓜，木瓜有大有小，我看得很清楚，虽然老师没有明确要求不能挑拣，但同学们没有一个停下来挑选，作为二实验的一名少先队员，看到这一幕，我真的很自豪很感动。

老师常常教育我们时时处处要做最好的自己，人人争做儒雅少年。今天我们既体验了收获的喜悦，分享的快乐，又受到了一次很好的教育。今后我们会像守护木瓜树一样，努力学习，守护我们共同的家——濮阳市第二实验小学！

木瓜，不仅仅是我内心深处的一种情结，更是我的教育梦中一个不可或缺的元素，我爱木瓜，我们的老师爱木瓜，我们的学生也爱木瓜，小小的木瓜凝聚着我们对生命的尊重和热爱，也承载着我对教育的思考与梦想。我坚信，在我们的校园里，以木瓜为圆心而形成的教育文化园的影响力将远远超出我们的想象。

实施《展示性评价》，托住底儿又拔出尖儿

我的第二个教育理想，就是把我们曾经花费 6 年心血研究探索的教科研成果——展示性评价模式推广开去，让更多的学生、家长、老师、学校收益。这项成果是我在子路小学任副校长期间，为了搞好符合素质教育要求的教学质量评价，在谢世山校长的领导下探索实践的一种评价模式。《人民教育》2003 年 2、3 期合刊，以《多元、客观、开放》为题做了长达一万余字的长篇报道。《人民教育》编辑部程

淑华主任和赖配根记者评价说："采访这么多学校，尚未发现一所像贵校这样，宛如一个金矿，有挖不完的宝贝。"报道发出后吸引了来自全国各地的万余名广大同仁前来参观，引起了小学教育评价改革探索者的高度关注。

一、为素质教育装上新的"导航仪"

"面向每一个学生，让学生全面发展，学有特长。"这是大家耳熟能详的办学理念，在落到实处的过程中，令人感触良多。就拿让学生全面发展来说吧，听记、演讲和辩论等都是很重要的语文素养，老师也知其重要性，但在教学中却得不到重视。又如：有的学生有画画的特长，在语文、数学课上都画，老师不是引导而是一味地批评，甚至让学生站到教室外面去，这样的教学又如何体现面向每一个学生，让学生学有特长呢？是什么东西在作怪呢？思来想去，我们找到了问题的症结所在：评价。是传统的评价方式的单一和内容的狭窄导致了教师教育教学关注点的狭隘。

因此，素质教育要有新的进展，学校的办学思想要真正转化为教师的教学行为，就必须突破一个瓶颈——评价。

评价，是教师教育教学工作的指挥棒，什么样的评价才是素质教育的评价模式？我们经过6年的实践与探索，摸索出一套展示性评价模式。

何谓展示性评价？就是以教师的全面提高和学生的全面发展为目标，以教学实践过程和结果为评价范围，以教师和学生在管理、教学，即学习过程中形成的书面、非书面的全部成果为评价内容，把它们展示出来，由学校领导、教师、学生及家长参与的全方位多角度的透视性评价方式。其中，所有的书面成果都是摆在桌面上，所有非书面成果都是以抽样检测的形式接受评价。在内容上，展示性评价分"师生非书面素质展示"和"师生书面素质展示"两大部分，每部分又分"必展内容"和"创新内容（选展内容）"（选展不纳入考评总分，只参评创新奖）。如下图所示：

展示性评价内容

书面素质
- 必展内容
  - 学生：课本，课堂练习本，古诗文朗读档案，低年级生字本，高年级作文本，日记本，手抄报，单元测试卷
  - 老师：听课记录，学习笔记，教学后记，论文、实验报告，教材分析一览表
- 创新内容
  - 学生
    - 固定内容：课外阅读档案，读书笔记，优秀日记，活动设计、成果及资料
    - 申报内容：自选内容，自由申报。
  - 老师
    - 固定内容：课件制作，教具准备，活动课资料，作业批改后记。
    - 申报内容：自选内容，自由申报。

非书面素质
- 必展内容
  - 学生
    - 语文：口语，听记，朗读，阅读，演讲，辩论
    - 数学：计算能力（口算、笔算、使用计算器）空间想象能力（方位、距离、平面图形、立体图形）分析解决实际问题、提出问题、解决问题能力逻辑思维能力（判断、推理、分析）
    - 其他学科：按学期初计划抽查（如演唱技能、乐曲欣赏、实验操作能力、微机操作能力）
    - 课外活动：按学期初计划抽查
  - 老师：课堂教学（公开课、观摩课、研讨课）
- 创新内容
  - 学生
    - 固定内容：教学活动设计，预习测试卷，自编测试卷，数学手抄报，数学预习、复习报。
    - 申报内容：自选内容，自由申报。
  - 老师
    - 固定内容：教案编写，课堂教学，批改作业，指导活动
    - 申报内容：自选内容，自由申报。

实施过程大体是这样的：每学期期末，由教导处组织全体教师和有关人员，成立不少于 3 人的单项评价小组若干，评价小组按照一定的比例，从所展示的材料中抽取同一等级的样本，从数量和质量两个角度依据评价标准进行比较、评价，评价结果按照规定的权重计入教师的工作考评。学生非书面素质展示部分每学期至少进行一次，评价的具体方案，比如展示内容、范围、要求及权重等，在开学初学校发到每一个教师手中，教师对自己在本学期该做什么，要达到什么标准和要进行怎样的评价，心中一清二楚。因此，没有人抱怨评价工作是"暗箱"操作，每个人都可以放心地把自己所有的精力用来创造一个可以预知的未来。

不难看出，这样的评价模式与传统的评价有着本质的区别。如果说传统评价是照相机，只照出人的外表而忽略了内质，那么展示性评价就是"CT"机，把被

评价者的各个侧面、断面和内质都清楚地呈现出来，以便做出科学合理的"诊断"。如果说传统评价是冷兵器，把评价者无情地分为三六九等，片面地给学生贴上成功或失败的标签，那么展示性评价就是温暖的大手，给后进者以鼓舞，给先行者指示更远的目标，给受挫折的心灵以勇气，给骄傲的头脑以清醒。当然，这些还只是展示性评价的基本含义和实施轮廓，更有实际意义的是具体的学科怎样操作。

二、展示性评价到底怎样进行

以语文为例：

"你能给老师说说现在是什么季节吗？"

窗外，春光明媚。

"现在是美丽的春天。"

站在"裁判官"对面的小男孩，双目清澈如水。

"请你说说，从哪些地方看出春天来了？"

"裁判官"满面笑容，小男孩略加思索，不慌不忙地答道：

"我在校园里看到柳树发芽了，冬青长出了新叶。我看到小朋友们穿的衣服少了。教室里的暖气片变凉了。"

"裁判官"——参加评价的老师在一张表上写下了分数：满分。

这是我们一年级学生语文非书面素质（口语交际）抽查的一幕。这不过是语文学科展示性评价无数精彩片段之一。

展示性评价的内容与原则和具体学科结合时，必须进行调试、整合和创新。语文学科的教师就创造性地提出"分项多层次全面考核，分数加等级"的语文素养评价方案。评价的内容仍然是两大部分：书面学习成果和非书面学习成果。前者又包含两个方面内容，一是有形的书面学习资料，如语文课本、课堂练习本、生字本、作文本、习字本和古诗文诵读档案、手抄报、课外阅读档案、读书笔记等一些语文实践性的材料，按等级评价；二是以知识和技能为主的单元、期末测试，按分数评价。后者主要包括听记、口语交际、阅读积累和朗读能力等，按等级评价。同时，两者都重视学生语文常规习惯，如读书姿势、用眼卫生、作业书写、听讲习惯、书报阅读和信息收集等的等级评价。

书面学习成果的评价，是将所有能体现学生语文素质的原始资料直观、充分地展示出来，一学期一次，一般在学期末进行，原则是全员参与、全面展示。具体操作办法是：全班集体方面，先由学习小组按要求进行自我和生生之间互相分等级（甲、乙、丙三个等级）评价，教师根据这一结果将同等级的同类资料放在一起，然后由学校根据年级、班级资料类别的不同进行分区摆放，并采取抽检的方法，分别从同类资料三个等级中抽出一定的样本进行分析评价，以了解整个班级的各方面情况。学生个体方面，除了学生的自我评价和生生之间的互相评价，还请教师、家长参与评价。评价主体的多元化使得评价结果合理、全面而客观。

非书面学习成果评价采用口试和考查相结合的方法，一般一个学期进行两次，全班集体方面，各班语文教师先把全班学生分别按听记、口语交际、阅读积累和朗读能力等情况由好到差依次编号（此编号对学生保密），然后由学校据此进行随机抽样，各班都按同一方式抽取 1/5 的学生参加口试或考查。评价者一般为全体语文教师，以年级组为单位轮流测试。为保证测试结果的公正、客观，同一个教室要测试同年级样本中所有同一等级的学生。各班参加抽样测试学生的平均成绩代表本班成绩。学生个体方面，则采用同桌互评、小组评议及教师评价相结合的方式，其中同桌互评、小组评议一般先由教师提供并讲解评价标准，而后同桌或小组进行评议，最后按等级得出评价结果。

　　这就是展示性评价在具体学科中创造性实施的一个典型案例。当然，由于学科内容不同，评价的具体标准、方法也会稍有差异，比如数学有"空间想象能力"的表演、微机有"动画制作"的展示。此外，在"创新内容"方面，比如"课外阅读档案""读书笔记"等，具有很强的综合性，就无须在学科上画地为牢了。

　　也许，大家会追问，这样的评价方式达到了预计的效果吗？

三、教师专业发展有了"加速器"

　　展示性评价促使各类特长生崭露头角。学生单良就是学校展示性评价中冒出来的大明星，他的一口相声倾倒了全校师生，让我们赞叹不已。但他曾经是个"后进生"，他的语文、数学考试成绩在班里属于中下等水平，可他爱好相声，善于模仿，把课外时间都用在表演上了，还拜了老师。一般老师看来，这是不务正业，他们会好心劝告，把课外时间用来补补语文数学吧。

　　可老师不仅没有这么做，反而表扬他，鼓励他，给他足够的空间发掘自己的潜能。随着单良演出次数的增多，得到的表扬和鼓励也越来越多，其表演积极性也越来越高，表演水平也随之大涨，渐渐地单良找到了当好学生的感觉，老师对他养成好习惯的一系列指导，也逐渐发挥了作用，他的学习成绩大踏步前进，一举成为一个全面发展的典型。单良同学的成长，展示性评价立下了汗马功劳。

　　展示性评价内容多元，范围广，侧重于评价对象的综合素质和个性化，也就是说，它不仅要展示学生的知识技能目标的达成情况，更要呈现学生的学习过程、方法的形成状态和潜能的发展程度、创新实践的成果，等等。在这样的"导航仪"指引下，教师的教育关注点有了极大的变化，学生的学习兴趣、需要和情感体验诸多因素，都进入了教师教学的视野。

　　"教师的作用就在于最大限度地去开发学生的潜能，如果他是金子，你就想办法让它闪光；如果他是矿石，你就想办法把它提炼成钢铁；如果他是泥巴，你就把他尽量烧制成砖瓦……"这里的关键前提是教师必须知道你的学生究竟是金子、矿石、还是泥巴。

　　教师关注点的拓宽，促使学生发展空间的几何级增大。如果作文写得好，他们可以在"每周练笔"中尽展才华；如果对画画有兴趣，他们可以参加美术社团；如果有一副好嗓子，他们可以加入合唱团或器乐小组；如果想探索自然界的奥秘，他们有自然活动小组可选择……学生的需要得到了很好的尊重，他们的个性有了张扬的空间。这样，学习的动力就不仅仅来自外在的压力，而更多的是内在的需要。

我校每个同学都是天天坚持写日记，要求是有话则长，无话则短，一千字不嫌多，一句话不嫌少，只要天天坚持就行。这一要求的结果是，绝大多数孩子都能够天天坚持写日记。有一个叫王瑶的孩子每天至少写七八百字、多时能写到一千五百字，一学期写了近十万字的日记，问她累不累，烦不烦，她说："我每天就是写写心里话，不知不觉就写长了，现在养成了习惯，一天不写，就会觉得心里堵得慌，看到我展示出来的这么一大摞日记本，我也觉得很有成就感。"化负担为兴趣，日积月累养成习惯，让学生在各种学习活动中"不能自拔"，这就是展示性评价的魅力。

展示性评价的另一个重要作用，是给教师提供了实现自我价值的广阔舞台，加速了他们的专业发展。把教与学的所有成果都展示出来，一方面便于教师之间比较、切磋；另一方面也是无形的激励，让领先者不敢自满、永不懈怠，让落后者得到鞭策、奋起直追，学校教学研究氛围因此而热烈，教师的创新意识因此而点燃。

四、让"考试"的功能"归位"

在展示性评价表格中，有一长串新名词："知识整理手抄报""复习报""预习报""图画日记""音乐日记"……非常可贵的是，这些都是教师在开展展示性评价活动中自发创造出来的，其中尤其值得一提的是"（学生）自编测试题"和"未教先考"。

我们坚持的原则是：学生已经会的不讲，学生能够学会的不讲，讲也不会的不讲。怎样落实这"三不讲"？老师们进行了这样的思考、探索。

探索之一：学生自编测试题。

以往都是老师考学生，是老师一厢情愿地认为学生需要巩固哪个知识点，提高哪方面的能力，内容、形式大多枯燥无味，鲜有个性；学生不过是被动地应试，有的学生因此还得了考试恐惧症。老师们就想：为什么不能让孩子自己给自己出题呢？再把师生设计的试题相对照，会有什么样的效果呢？一个有趣而大胆的想法，被勇敢地付诸实践，接下来收获的是一系列的"！"。

吴老师在教学分数四则混合运算和应用题时，原设计了一套测试题，是常见的填空、判断、计算、解方程、文字题、应用题和思考题，老师是考官和评判者，学生很被动，考好了，兴高采烈；考砸了，垂头丧气，还怎么调动学生学习的积极性、主动性呢？吴老师就开始尝试让学生自己出题考自己。

结果学生的表现令吴老师刮目相看。他们不仅设计出了富有童趣的题型，还编出来了新颖活泼的题目。有个学生编得更是个性十足：他在试卷中创设了"错题诊所"的题型，把自己在本单元学习中出现的错误一一列举出来。下面是他编的一道题。

6.【病例】一本故事书 160 页，已看的页数是未看的 7/8，看了多少页？

$160 \times 7/8 = 140$（页）

病因：_____。

药方：_____。

治愈：_____。

这样的编题思路和形式，作为成人的老师，是很难想到的。这是个性化的测试，这样的题换了另外一个学生也许并不合适，因为每个学生都有自己独特的"病例"，只能自己去揭示、反思、矫正。这就是学生想要的测试，个性而有趣。

类似的故事也发生在梁老师的班上，有的学生设计出了"数学乐园"的题型，其中有这样一道题："我们家今年捐给希望工程一笔钱，爸爸捐的钱数是妈妈的2/3，爸爸与我捐的钱数的比是4∶3，爸爸比我多捐 50 元。我们全家共捐钱多少元？"多么可贵的数学意识！学生活中的数学，用数学的眼光去观察、解析和理解生活中的现象，这不正是我们一直在呼唤的吗？不料我们的学生拥有了学习数学的自由，他们自己就去这么探究了，就去这么思考了。

老师们看了学生编的这些试题后写道："每个学生出的试卷都是一张全新的面孔，每份试卷都张扬着自己的个性……富有创造性并与生活实际紧密相连，我们作为老师佩服不已。同时我们也反思：我们设计的题型和试题离学生有多远？我们该如何贴近学生的需要，让考试变成学生的一项愉快至少是不反感的学习活动？"

探索之二：未教先考。

从来都是先教后考，"考"在这里就成了学习的终结者，考完就完了，既不为"教"服务，也很少为"学"服务，这是考试功能的一种异化。

可不可以把考试放在"教"之前，有的老师斗胆提出了设想。

大家眼前一亮。是啊，都说备课要背学生，教学的起点是学生已有的经验，可在每次上课之前，又有多少教师认真思考和科学检验过即将教学的内容是否适合学生？即使有人做过种种设想，也仅仅是设想而已。把未教的内容先让学生测试一下，学生的知识结构和已有经验不就"显山露水"了吗？教学计划的制订和调整不就有合理依据了吗？

那就试试吧。结果非常好，全校教师争相效仿。

岳老师是一年级的数学老师，教学第一册第二单元"10以内的加减法"时，他根据已有课标的建议和以往的经验，初步制订出教学方案：1、2、3的认识；0、6、7、8、9、10的认识和有关这些数的加减法，每个数都分开来教；此外是速加、连减、加减混合、整理和复习，数学乐园的内容，总共37课时。

在教学之前，岳老师又想，现在的家长都很重视学前教育，学生对这些内容是否接触过了呢？要不先对这个单元来个摸底测试吧。结果让她意想不到：会读、写、数10以内数的达到100%，能正确口算10以内数的达95%。同时，她也发现了存在的主要问题：数字书写不规范；部分学生口算时死记硬背，没有理解计算的意义。鉴于此，她对教学计划做了大幅度调整：a. 把10以内数的认识和口算集中起来教学，并作为常规训练内容；b. 加强10以内数的规范书写，并借此抓养成教育；c. 加强"基数和序数、图画应用题"这些和学生生活紧密相联的知识教学，培养学生数学意识、数学素养；d. 开展丰富多彩的数学活动，把抽象的数学知识形象化、具体化和生活化，方便学生理解、内化，激发他们的学习兴趣。

在实际教学中，每节课学生都热情参与，课堂气氛非常活跃，仅用25课时就完成了本单元的所有教学任务，比原计划减少了12课时。

再拿三年级王老师的语文课为例，说说语文课是如何未教先考的。人教版第五册第八单元第 35 课《纸奶奶的生日》。

预习测试前，王老师把本课的教学大致确定为以下几个环节：

1. 检查朗读课文情况，相机指导，并初步感知课文。

2. 精读课文，理解课文内容，小组合作完成下列任务。

（1）这篇科学童话讲述了一个什么故事？

（2）为纸奶奶祝寿的子孙有哪些？用"□"画出来，然后读读相关内容，说说它们的特点和作用。

3. 选择自己喜欢的纸，自述其特点和作用。

4. 有感情地朗读课文。

可是通过预习测试，老师发现学生已熟读课文而且对课文的主要内容即：避水纸、耐热纸、食用纸、容器纸、防锈纸、速溶纸六种纸的特点和作用已基本掌握，这课教学重难点已不攻自破。于是王老师及时调整教学方案，把"为纸奶奶祝寿的子孙有哪些？用'□'画出来，然后读读相关内容，说说它们的特点和作用"这一环节毫不犹豫地砍掉了。把余下的时间用在第三个环节上，让学生充分自述自己所喜爱的纸的特点和作用。由于同学们准备得非常充分、非常投入，于是纸奶奶的子孙们一个个争先恐后地介绍自己的作用和特点，他们讲得声情并茂，而且手舞足蹈，张张小脸上都洋溢着自信和作为纸奶奶优秀子孙的骄傲。而后，老师又让学生把课文当作剧本，演演课文内容，这时课堂学习又掀起了一个高潮，一个个学生仿佛一个个小演员，有的在记忆文中重点词句，有的在揣摩如何表达人物的感情，有的在练习摆一个动作造型，所有的同学都结成小组进行紧锣密鼓的排练。老师也参与其中，做学生的合作伙伴。整节课学生兴趣盎然，气氛活跃，收到了很好的教学效果。最后，还用短短的几分钟，给学生提出了一个这样的问题：从生活和学习的需要出发，你还想造出什么样的纸？这一问题的提出又充分地训练了学生的创造性思维，整节课上得充实而又有趣！

这样的未教先考的例子还有很多。不仅如此，老师们还由此生发出了预习方法辅导、预习手抄报等一系列促进学生自主学习的教学活动，这些内容也都成了展示性评价中的选展亮点。

老师们在悄悄改变着"考"的功能，考不再是为了甄别和选拔，不是要给学生的学习画上句号。相反，它是要让师生的"视界"更紧密的融合，提醒教师真正为学生"量身定做"教学设想。这是考试功能的归位。这是创造富有活力的课堂的基点。同时，我们也看到了教师课程意识的觉醒和创造能力的显现。他们开始学会思考：什么内容是有教育价值的，什么内容是必须舍弃的；而需要教学的，又该如何整合、呈现，采取什么样的方式才可能激发学生的兴趣，等等。这样的思考和实践多了，教师的专业素养就会走向成熟，就会涌现更多的教学创新成果。

展示性评价的作用，远远不止这些。它还给学校管理带来新的思路，比如取消"检查教案""检查听课记录"；让家长全面了解孩子的学习情况，并引起家庭教育观念的新变化等，恕不能一一赘述，但是有一点必须要说，那就是学校的德育因此而生动起来。

五、让"德育"变得生动而实际

德智体美，德育居首，是最难啃的骨头。

难啃的重要原因，是难以对它进行完整、科学的评价，要么是用一些激励性的语言（一开始学生还有新鲜感，久而久之也就不以为意了），要么是大话套话；而有的还用量化的方式，给学生的品行打上精确的分数，这就南辕北辙了。

评价的导航作用不到位，德育就难以深入，学生的情操、品行就难以生动活泼地发展。

而展示性评价无疑找到了打开德育大门的钥匙。它让隐形的显形，让不易捕捉的品行留下足迹。对于每个学生，我们随时可以翻开丰富的德育"档案"：《行为习惯自评手册》《知心对话本》《读书档案》（尤其是其中的读书体会，更可见学生的心路历程）、特色小队活动详细资料……而实际上，上述的"书面素质展示"和"非书面素质展示"中的许多项目，如"课本""每日一练""手抄报""口语交际"等，都是德育成果的鲜活材料，也正是因为它们，学生无时无刻不在接受着润物无声的养成教育、心灵感化和情感濡染。这就是我们所说的德育工作立体化。

也许更重要的是，我们使德育工作生活化，不是告诉学生空洞的道理，而是让学生去感受、体验并领悟自己的学习生活、家庭生活、社会生活，从中自然引发对怎样做人的思考，获得道德情感和认知。

这就需要多元主体的介入，尤其是家庭这个社会细胞的支持，唯其如此，学校的德育才会获得坚实的生活基础和保障。这样的德育才是生动的、能够转化成为学生内心需要的德育。

最有代表性的是 2004—2006 年间，我们开展的"知心家庭五同活动"。

"知心"是心灵的沟通，沟通来自互相的理解，理解需要共同的参与。"五同"是指：同写知心家信、同读好书好报、同诵中华美文、同做环保益事、同游祖国河山。根据各阶段学生年龄、经验的不同，学校要求年级不同应各有侧重开展好其中一同活动，兼顾其他"四同"：一年级学生对祖国河山了解甚少，就以"同游家乡"为主，在亲身经历中培养爱家乡、爱祖国的情感；依次递进，二年级以"同做环保益事"为主；三年级以"我和爸爸妈妈同诵中华美文"为主；四年级以"同读好书好报"为主；五年级的学生已经进入半独立时期（我们当地的小学学制至今一直是五年制），开始有自己的观点和想法，需要与家长沟通交流，但大多因没有很好的沟通渠道，引起了不必要的误解乃至抵触情绪，影响了他们的成长，所以就以"同写知心家信"为重点，学校还专门为此制作了"知心家庭对话本"（这也是展示性评价的内容）。

"五同活动"的开展，收到了预料不到的良好效果。有的孩子与家长共同制作了"爱护花草树木"警示牌，有的一起到公共草坪上捡拾垃圾；有的一起承包了家属楼道卫生……有的家长说："他（孩子）的社会责任感在活动中得到了很好的培养，我也一样。"有的学生家长望子成龙心切，每个双休日都让孩子参加各种学习班，孩子不愿意去，就遭到家长的严厉批评。孩子就给父母写了一封诉苦信："亲爱的爸爸妈妈，你们好！本来我学习就很吃力，双休日还让我参加那么多补习班，我感到特别累……"问题很快就解决了。

有了参与学校德育的机会，家长们不仅表现出极大的热情，还和孩子一道开创了更为丰富生动的"节日"，给"五同活动"注入新的活力；举办家庭竞赛、同做家务、召开家庭例会、我和爸妈同上一天班……均在"知心家庭活动记录簿"中留有精彩的缩影。

下面就是一位二年级学生的家庭实践活动记录。

活动主要内容：今天我当家。

活动过程：早上，上街去买西红柿、丝瓜；中午，炒鸡蛋西红柿；晚上，爆炒丝瓜。

孩子感受：(1) 爸爸妈妈做家务很辛苦；(2) 做不同的菜，方法完全不一样。

以后要做到：(1) 尊重爸爸妈妈的辛苦劳动，不浪费饭菜；(2) 多帮助爸爸妈妈做家务；(3) 不论做什么事，都要细心，多动脑筋。

教育的最高境界，是无言之教。价值观的确立、态度的养成、心灵的净化，只有在无言但生动的生活中才能最后完成。"天地有大美而不言"，生活处处有德育的材料，时时有德育的契机，但只有学生自己去体验了，去感受了，去经历了，去学会"于无字句处读书"了，并且是用个人的眼光和全部的感官，生活才会为德育留下意味丰富的省略号。

我们的德育实践，不正是让学生翻开生活这本大书，去领略其中的"大美"吗？

展示性评价主要是展示学生的各个方面的表现，因为学生的"学"折射的正是教师的"教"，对学生学习成果的展示、评价、认可，就是对教师教学业绩最好的肯定与褒扬。每当进行展示性评价的当儿，我们要么在大教室里看到学生展示资料的丰富多彩，要么看到学生非书面素质表现的精彩纷呈，要么在课堂上感受孩子们的活泼生机，会让你真正触摸到展示性评价为学生的发展带来的巨大积极效应。

毋庸置疑，该项实验也有许多值得反思和改进的地方，并不是十全十美的，比如，具体评价标准内容的制定，学生展示资料的必要选择，与初中阶段评价的衔接问题等。不过，在评价改革日益迫切而急需具体实践的今天，它毕竟是一项成功的经验，在这样的指挥棒下，必将有更多的学生能够享有趣味丰富的学习生活，拥有宽广的发展空间，获得幸福成长的起点。

六、展示性评价的"六大"转变

展示性评价模式，是面向基础教育的一种教育教学质量综合性评价模式，它的诞生是对传统评价模式的一次革命，其创新价值在于实现了六大转变。

（一）目的转变——变精英教育为公民教育

在小学阶段，教育的主要任务应是培养学生的学习兴趣、习惯和能力，充分开发其潜能，而不是把学生评出优劣，论出长短。换言之，我们应把教育的目标定位在培养明理诚信、敬业奉献的国家公民上，而不是定在培养精英选拔上。然而，传统的试卷考试评价是以选拔和淘汰为目的，其评价结果只能产生少量所谓优等生，绝大多数学生会被这样的卷面考试所淘汰，属于典型的精英教育。根据多元智能理论，考试分数不高的学生，其他方面的智能未必低下。受这一理论指导的展示性评价，则使教育评价的目的发生了转变，即展示性评价的实施，使人们不再把目光盯在部分考高分的学生身上，而是瞄准全体学生的全面发展和提高学生的整体素质上。

（二）范围转变——变结果评价为过程评价

传统的卷面考试评价，被作为一种筛选、选拔的工具，终会按照考分将学生和教师分成三六九等，选出最好的，淘汰最差的。有的为了避免成为最差的，为了追求结果上的"高分"，往往出现违背教育规律，损害学生发展的做法。另外，传统的卷面考试评价，仅仅是对学习结果的评价，至于这一结果是如何取得的，教师教得如何，学生学得怎样，过程中养成了怎样的习惯，有哪些好的教法或学法可供大家借鉴，等等，评价者全然不知或知之甚少。而展示性评价特别注重对学生学习过程的评价，并且是以学生的书面学习资料的生成、收集、保存、展示和非书面素质的充分展示为载体的，它不仅能把教学的内容、方式、质量全部展示出来。还把最不容易评价的教师的敬业精神、工作态度、管理方法、创造性以及学生的学习习惯、态度、兴趣、毅力等，也能全部表现出来。所以不仅能使学生自觉养成良好的学习习惯，提高学习能力，还促使教师对学生的习惯和能力进行有意识的认真培养。可见，这种注重过程的展示性评价是更利于师生主动发展的。

（三）内容转变——变重智轻德为全面发展

传统的试卷评价仅局限于课本知识的掌握和简单的学科技能的评价，不仅轻视学生德育，更忽略学生的全面发展。而展示性评价不仅将师生的教与学过程中形成的全部书面和非书面的素质成果全部列为评价内容，还将最不易的德育工作也纳入评价范畴。对学生德育进行评价的载体是：《知心对话本》《好书伴我成长》《成长记录簿》《为自己喝彩》《行为习惯自评手册》等。《知心对话本》是孩子与家长进行书面沟通的桥梁，它弥补了家长与孩子见面少沟通不及时的不足，通过它可以使家长和老师看到孩子的内心世界是阳光灿烂的，还是阴云密布的，并及时予以调整；《好书伴我成长》，即孩子的课外阅读档案，透过它可以看出学生都读过哪些书，其幼小的心灵正在接受怎样的熏陶；通过《成长记录簿》可以看出学生每周为自己制定的短期目标是什么，实现没有；《为自己喝彩》是学生成长过程中的好人好事纪录档案，实际上也是他的道德积累档案，通过它，可以了解孩子先后做了哪些好人好事？在他的心灵世界里，究竟什么是值得喝彩的；《行为自评手册》能够促使学生客观公正地对待和评价自己；等等。所有这些，不仅培养学生健康的心理品质，还有一种无以取代的诚信教育因素渗透其中，久而久之，学生健全的人格自然形成。

可见，通过展示性评价，学生的道德行为、生活习惯、学习兴趣、学习情感、学习态度、学习习惯、学习方法、学习毅力以及心理品质、创造性等会全部通过其各种展示而彰显出来，在这样展示的同时获得了全面发展。

（四）关系转变——变单向评价为多维评价

传统的评价方式决定，教师和学生只能作为被评价对象站在与管理者对立的位置上接受评价，其建立的是一种领导评价教师、教师评价学生的单向评价关系。而展示性评价，在师生人人接受全面评价的同时，人人又成为评价者，建立的是一种师评师、师评生、生评生、生评师的多维评价关系。于是，师生都有了评价者的角色体验。这一体验，首先，使学生明确了学习目标，知道了怎样才能做得更好；其次，增强了教师的进取意识，当看到同行们展出好的教学成果时，便产生一种争先恐后的想法，自我激励，奋发努力。看到不佳的成果，会促使思考；再次，会增强教师的责任感，促使教师站在管理者角度，为学校进一步发展提出一些科学合理的意见和建议，因这些合理化的建议来自于教师，所以会促使他们积极投身自己的课堂，大胆实践；最后，展示性评价还强调师生自评，这一重要环节是被传统的评价模式所忽略的。无论教师还是学生，其进行自评的过程，也是一个自我审视和自我提高的过程。它促使师生从主观到客观、从内容到形式，从时间到空间、从理论到实践等不同层面寻找自身工作、学习的不足，发现自身缺点，从而自觉改进教学和学习过程，优化自己的成果，达到一举多得的评价目的。

（五）作用转变——变50％学困为人人具有自信

传统的卷面考试评价，50％的学生因考试成绩中下而沦为中差生，其中多数因考试成绩不如人而丧失自信。而展示性评价的结果，能促使学生人人展示特长，人人找到自我，人人具有自信。例如：在展示过程中，学生除将"必展"内容进行展示之外，还可以尽情展示自己特长，以赢得评价者的激励。从而获得自信，走向成功。使学生保持良好的心理状态——不厌师，不厌学，只有在这种心理状态下，学生才可教、可导。一句话，培养孩子的自信心和健全的心理品质是展示性评价独具的魅力。

（六）效果转变——变暗箱操作为阳光展示

传统的教师工作评价，是以评价学生期末考试成绩为主的终端测试性评价，这种评价完全是由学校掌握的，整个评价过程是保密的，属于暗箱操作。这种暗箱操作的结果，使得教师的工作处于盲目被动状态。而展示性评价是在学期初就将评价的内容、方式、时间、权重等全部告知被评价者，并且在评价时是通过全员参与、公开展示的方式进行的，因此，属于公正、客观、开放的阳光评价，这种阳光评价的结果，促使教师变被动接受管理为主动健康发展。例如：通过作课展示，能把教师的教学过程、教学艺术、课堂管理、教学效果等情况展现出来；通过其书面资料，如教案、听课记录、学习笔记、课件制作、教具制作及课题研究成果等的展示，会把其整个工作过程全部展示出来，这样，无论是数量还是质量，无论是外显的成果，还是隐形的付出，作为评价者和被评价者都看得清清楚楚、明明白白，从而充分调动了教师工作的主观能动性和创造性。

就学生而言，他们每学期在每个方面的进步和所取得的成绩，也都要摆在桌面上通过展示接受评价，这样，不仅评价者看得见摸得着，而且学生自己也看得见摸得着，具有很强的可比性。学生会从中衡量自己进步的大小和快慢以及与同学之间还有哪些差距等，从而更自觉主动地进行学习。

瞄准适度教育目标 配制绿色育人土壤

一、抑制"过度"的教育：让师生由"被动"变为"主动"

（一）铸"校魂"，"三气"提振团队精神

学校就是修养人、塑造人、成就人的地方，学校的一切工作应以追求师生的主

动发展为目标，即师生的主动发展应是学校教育的最高追求。而师生主动发展的动力主要源自内驱力，没有内驱力何谈主动？而内驱力的产生主要是精神受到激励、触动或震撼，而能使师生的精神受到激励和触动的关键在于校长的引领。因此，作为校长就要努力营造一种精神氛围，形成一种思想舆论风气，打造团队的内在气质，我认为这种能够称得上团队精神气质的东西就是"校魂"。一所学校没有魂，就没有"精""气""神"，没有"精""气""神"就如同僵尸一具、散沙一盘、死水一潭。因此，精神引领乃学校文化建设的制高点。

2012 年 8 月 18 日，根据教育局党组安排，我从濮阳市实验小学轮岗到市第二实验小学任校长。面对一所新学校，我这个空降过来的新校长，该怎样切入展开工作？怎样把第二实验小学这支队伍引入自主发展的快车道？

精神引领。上任不久，经过调研了解，并对学校的优势、困难、机遇、挑战等方面进行了较为全面客观的分析，我认为当下第一要务是"铸魂"。"魂"就是"魂魄"，是"精神"，是亮剑精神，是把散沙凝成团的黏合力。《亮剑》的关键是强调队伍必须有"魂"，一支魂不附体的队伍，很难打下一次胜仗。第一实验小学，建校之初刘延义校长，就讲到要有朝气、勇气、豪气，这三气就是第一实验小学的校魂，正是这个"魂"激励一代又一代实小人创下了一个又一个奇迹。那么，如今第二实验小学应有怎样的"魂"呢？为了尽快统一思想，凝聚人心，打造一支有"魂"的富有战斗力的团队，结合我校实际，提出"正气、大气、雅气"以此为校魂。

　　所谓正气，乃刚正浩然之气，正大光明之气，消融坚冰之气，辟易群邪之气。正气在，则万物傲然不容侵犯。主正义，走正道，保持正精进，释放正能量。正气就是讲团结，讲合作，讲无私奉献，能爱生如子爱校如家，人人积极向上拼搏进取。每位老师都要有正气，因为教师是正人者，己不正何以正人？古人云，"仁者无敌"。笔者则认为：正者亦无敌。一个单位，如果没有正气，邪气就会上升，一旦邪气压倒正气，这个团队将一事无成。反之，一个富有凛然正气的团队，就一定会无坚不摧、攻无不克、战无不胜、势如破竹。我校如今亟须弘扬起正气，要让正气像孙悟空从东海龙王那里借来的定海神针金箍棒一样，迅速长粗、长高、长壮，支撑起二实验这片蓝天，让妖魔鬼怪、歪门邪气逃之夭夭，死无葬身之地。

　　所谓大气，应是为人为师的一种境界。大气即大度、大义、大方，亦即气概、气度、气量，大气之人，深明大义、心地善良、秉承责任、勇于担当；有理想、有抱负，有追求、有境界；不怕难、不叫苦、不推诿、不计较、不抱怨。坦然追求精神、生命之高贵。做人大气，方能运筹帷幄，成就大事，大气之人方为真豪杰。做人要大气，人民教师更要大气，大气的人才有大爱：爱孩子、爱同事、爱领导、爱父母、爱兄弟姐妹、爱一切可爱之人之事，有大爱才有真爱，有真爱才有和气，有和气才有愉色，有愉色才有婉容、真爱、和气、愉色、婉容是一个大气的人的必备条件。

　　我们要做大气的人，对待工作尽职尽责，尽心尽力，不得过且过，不碌碌无为，不敷衍塞责。襟怀坦白，为人真诚，也是大气的一种表现。真诚客观地赞美，发自内心地赏识，毫不保留地分享，及时善意地提醒，要让赞美、赏识、分享和善意提醒成为我校和谐之声的主旋律。

　　一个大气的人民教师应该具有十种品质。一是有正确的人生观、价值观，追求生命的高贵，精神的高贵；二是要淡泊名利，做问心无愧的自己；三是具有大爱的教育情怀；四是有大局意识；五是懂得"维护"，维护他人尊严，维护团队和谐；六是有责任，敢担当；七是懂得成全，当面成全别人是风格，背后成全别人是境界；八是看得远，不急功近利；九是有大胸怀，能包容；十是心态平和，心地善良，心情阳光，为人真诚。这十种品质成为引领第二实验小学老师成为大气的人的思想宗旨和行动指南。

　　另外，老师们随时能够做到真诚客观地赞美，发自内心地赏识，毫不保留地分享，及时善意地提醒，就更是一所具有凛然正气的学校之大气所在。

所谓雅气，它与"俗气"相对，这里主要取其四层含义。一取其"超凡脱俗"之意。我们是受人尊敬爱戴的人民教师，不能天天喊喊喳喳，婆婆妈妈，东家长李家短，搞婆媳不和睦、姑嫂不团结、夫妻不和谐，这都是"庸俗"的表现，说话、处事、衣着打扮都要脱俗。二取其"优雅高雅"之意。优雅的人才有魅力，我们是老师，必须具有让孩子们喜爱和乐意依偎的优雅气质。三取其"从容淡泊"之意。雅气的人淡泊名利，宁静致远，从容不迫，有板有眼，不局促，不猥琐，不小家子气。四取其"雅量包容"之意。有雅量的人才有胸怀，有气度，虚怀若谷，不斤斤计较，宰相肚里能撑船，有大家风范，有雅量能包容，能主动包容别人说明你比他高、比他大、比他宽、比他厚，包容不了只能说明你比他低、比他小、比他窄、比他薄。

为师者，须具有儒雅之气，衣着得体，不邋遢，不媚俗，清清爽爽，干净利落。如春兰秋菊，夏荷冬梅，灵光四射，各擅一时。给学生树榜样，为社会立标杆。

（二）立"校训"，师生争做最好的自己

"校魂"属于团队精神的黏合剂，是提升团队战斗力的精神保障。而"校训"，就是针对校内每一个人的行动口号，因此校训的提出必须具备以下三个条件：一是不能太晦涩，要脍炙人口，让人耳熟能详，常常挂在嘴边；二是要好懂，让人人理解其意；三是校训必须面向全体，不仅对全体学生管用，对全体教职员工、学校领导乃至学生家长等也都得能起到积极的作用。如果一个校训仅能让部分人读懂，甚至只是让学校中的部分人去践行，那么势必失去了"校训"的意义。

为引领教师树立正确价值取向，树立正确的人生观、价值观，在提出校魂的同时，又提出了校训"做最好的自己"。并且做了进一步阐释，做最好的自己，首先，对每个个体而言，如学生、老师、职员、主任、副校长、校长，我们人人都要努力，争做最好的自己。其次，对每个小团队而言，比如教研组、年级组、各处室，都要努力做最好的团队。最后，对学校这个大团队而言，我们全体师生员工共同努力，人人为学校增光添彩，争做最好的二实验。我们追求的是天天在进步，每天朝着自己的目标逼近。在此，我们强调的是自己跟自己比，无须跟任何学校和个人盲目攀比，只需朝着我们自己既定的目标，按照我们自己的行走方式，努力前进做最好的

自己即可。直到有一天，孩子满意了，家长满意了，社会满意了，我们自己满意了，我们就朝着最好的自己越来越近了。我坚信大家心中都有一杆秤，一定能称得出是不是最好的自己。

上述的校魂和校训的提出，为我们的队伍在思想层面注入了新的活力，没过多久，这看似简单的思想引领就给学校带来了新的变化。

老师们干工作积极主动，不再分分内分外，不再讲条件，搞价钱；该请假的不请了，家里困难自己想办法解决，已经请长假的，自觉缩短假期，主动提前上班了；老师们一个个精神焕发，神采飞扬，关爱学生，善待家长，尽职尽责；"粉笔字日日展"一个个认认真真、精益求精，人人追求天天过关；学生课间没有了追逐打闹，却形成了一道亮丽的风景——满校园的孩子都在全神贯注写地书；课间操，虽然地方狭小，但是老师们充分发挥集体智慧，解决了楼梯拥堵、学生活动量小、安全等问题；每个教室老师们精心布置，像一个个温馨的小家庭，为孩子们读书学习创造了温馨的环境；教师汽车不进校，自行车分类摆放，排列整齐；学校卫生状况逐渐好起来，乱丢乱扔现象渐渐消失了；学生上下学路队整齐，秩序井然，为广大家长所称道。

(三)"三种活法"为教师点亮心灯

正人先正已，已立方达人。当人的精神得到激励后，最急需的不是如何做，而是方向感，这个方向不是别人给定，而是他自己定，只有朝着自己定的方向不断努力，才能称其为"主动"发展。要引导教师立德树人、全人成长，塑造出高尚的道德情操、扎实的专业技术、健全的人格素养、向上的精神心灵，必须调动教师自身的内驱力才能使然。因为，这些品格修养的塑造，完全取决于其自身的价值追求。如果一个教师压根儿就破罐子破摔，认准了要做一天和尚撞一天钟，那么任凭你的话再有道理都是无效的。

为了加大思想引领的力度，充分调动老师们"全人成长主动发展"的积极性，2013年春季（我到任后第二学期）开学后，我在新学期的第一次全体大会上，结合自己的人生感悟对老师们进行这样的价值引领：

老师们：

在上次会议上，我给大家讲"如何做一个大气的人"时谈到，要让自己大气起来，首先要有正确的人生观和价值观，要去追求精神的高贵和生命的高贵。那么什么才叫追求精神和生命的高贵呢？我想用我自己的人生感悟来进行现身说法。46年的人生经历，使我深深体会到，人的活法各不相同，但归纳起来无非有三种：

第一种，像安于现状的小草一样活着。由于这种草安于现状，不思进取，天长日久，便被人遗忘，甚至被踩在脚下，这种被人遗忘甚至被踩在脚下的感觉会使你生不如死。

第二种，像努力开花的小草一样活着。由于这种草不安现状，它要努力开出一朵花儿来装点这美丽的世界，它在用自己的方式赢得人们的关注、喜爱与尊重，久而久之，它不仅没被遗忘，反而被捧在手上，甚至供在家里。

第三种，像树一样活着，由于树充满着为人们遮风挡雨、奉献荫凉、形成亮丽风景的伟大理想，所以它一直努力地往高处长，终于有一天树长高了，当它俯瞰大地时，愉悦感恩等幸福情感油然而生，因为它今生无憾，就算死了也能做栋梁。

也许有人会讲，当小草太可悲了，哪有当大树那么风光。笔者认为，可不可悲这里关键要看小草自己是什么心态，假如小草自己就不思进取自暴自弃，那就当然可悲了；如果小草心态阳光，心地善良，不卑不亢，心中始终抱定一种志向——就

算这辈子当定了小草，我也要努力开出一朵花儿来，去装点这美丽的世界，那么，这样的小草不亚于树的风光。

三种活法的人生感悟，引导大家正确选择价值取向。二实小开始了从内到外的变化，人与人之间变得简单、阳光、真诚。老师们激情饱满、勇于担当、积极进取、精益求精、诚信友善、敬业奉献，真正成为这支队伍的主流价值观。

老师们纷纷表示要做努力开出花来的小草，人人争做最好的自己。管美龄老师这样说：

短短数日，李校长就能把准学校命脉，并非是因她短暂几日的调查工作做得细致，而是因为她有做校长的专业化的眼光，有足够的统驭全局、高屋建瓴的能力。这就像一个高明的医生，由于经验丰富能够很快地为病人确诊并对症下药一样。

20多年来，我们一直在兢兢业业地工作着，却迟迟没换来我们内心的荣耀和从容。我们大家曾经那么羡慕一实验老师的硬气、牛气，但是曾经在那么久的日子里，无论我们大家怎样努力，似乎都无法挺直腰杆，无法获得社会的认可、赞誉和应有的尊重！可能很多老师还有印象，1998教师节在电教厅进行的一次演讲会上我曾在演讲结束时呐喊：我们多需要依附于一个充满活力而健康的肌体，我们多需要一个叫得响过得硬的品牌！记得当时很多老师都和我一样泪流满面，我们深切地感受到单位没有尊严，个人的尊严也大打折扣！

我一直觉得我们二实验的教师队伍是一支具有超优秀潜质的队伍，我们几经风雨，历经磨难，内心一直涌动着一种不服输的激情。我曾经常疑惑常思考，我们到底缺少的是什么？我们每天和名校的老师一样忙碌，最终的结果却大相径庭，原因何在？李校长提纲挈领的报告就这么一提溜，顿时纲举目张，让我豁然开朗！我们缺少的正是一个明确的目标，缺少的正是旗帜鲜明的航标灯！李校长确立的校魂和校训正是这盏指路明灯！一位伟人说过："若没有一个伟大的梦想或愿景，则每天忙的都是些琐碎的事情。"这让我突然意识到，过去我们那么多年所做的都是些修补边边角角的事情，虽然很努力很辛苦，但是社会效益总归是低下的。这就像糊涂浆子一盆，理不出头绪，只能东一榔头西一斧，却始终砸不到正点上！

（四）内涵发展，提升教育的文化力

近年来，随着《国家教育改革与发展规划纲要》的深入实施和教育投入力度逐步加大，义务教育学校在普遍抓好均衡发展的同时，又都十分重视内涵发展，笔者对此十分赞同，认为抓内涵就是抓住了教育发展的牛鼻子，唯如此，办人民满意教育的目标才能更好地得以实现。借此机会，笔者从两个方面谈些认识和体会。

1. 对内涵发展的认识

抓内涵发展是教育工作的重中之重。因为学校是经营文化的场所，学校没有内涵，就没有形成文化的土壤。不抓内涵，就是舍本逐末，教育的质量就会大打折扣。

所谓教育内涵，主要指学校的过去、现在、未来围绕师生所展开的一系列教育教学及管理活动的总和。而"内涵发展"讲的是一个过程，那么这个过程在追求什么呢？是在追求一种文化的境界，即内涵发展的最高境界是文化。要想使内涵形成文化，其根本要素必须有精神的引领和思想的凝聚，否则，就是一堆缺乏生命力的实践，很难得到传承和延续。只有得到传承和延续的内涵才易于形成学校文化，易于形成学校文化的内涵才是真正应该追求的教育内涵。

由此，促进教育内涵发展绝不是短期行为，更不能一蹴而就。相反，追求教育内涵发展得有一个明确的目标——最终要形成文化。即只有朝着文化的方向努力做内涵，才能形成高层次、高品位的教育内涵。我根据自己多年实践认为：学校教育内涵发展需经历三个阶段：一是确立目标阶段，确立明确的办学目标和育人目标，即你要办一所什么样的学校，培养什么样的人；二是持续实践阶段，即瞄准办学目标和育人目标，构建科学管理和绿色育人系统，并精心配制营养丰富的绿色育人土壤；三是重复验证和积累沉淀阶段，抓内涵发展不能朝令夕改，朝三暮四，而要持之以恒，坚持不懈。重引领，重过程，重反思，重积累，重沉淀，经过长时间的努力和积淀才能形成学校文化内涵，一旦形成文化，我们追求教育内涵发展的目标才算实现。

抓内涵发展必须辨别真伪，要抓真内涵。假内涵是教育土壤中的草，要尽早根除。真内涵才是教育土壤中的苗，应该精心培植，这样的苗越多越壮，才越能形成呵护孩子健康成长的绿色荫凉。这样的荫凉越大，就越能惠及更多的师生，进而促进更多的孩子健康成长与全面发展，为更多的生命保驾护航。

何谓假内涵？凡是不顾基础教育的"托底儿"功能，不能面向全体学生，忽视学生全面发展、个性发展，只是片面追求某一方面舆论效应的所谓教育内涵，都是假内涵。在现实中，把不好转化的学生逼出校门，分不高、考不好的学生就撵走，凡是有这些现象的，任凭你有怎样的实践，都是假内涵。

何谓真内涵？牢记基础教育的目标任务，既拔出尖儿，又能托住底儿，关注并关爱每一个孩子，关注孩子的每一个方面，围绕既关注分数的高度，又关注快乐的程度，更关注成长的速度来开展教育教学及管理活动，这样的教育内涵就是真内涵。

凡是具有真内涵的学校，都有一个能够促使全体学生全面发展的完善的绿色育人系统。这个系统之所以是完善的是绿色的，是因为这个系统中有精神和理念的引领，有科学的评价机制导航，有纵横交错相互支撑的教育教学和管理活动做成的育人土壤。

2. 如何促进内涵发展

精神引领是根本。抓内涵首先抓精神，抓精神就是抓内驱力。内驱力有了，才有主动性，管理的核心是让被管理者能够变被动为主动。比如一位校长新接管一所学校，那么他首先应抓思想还是抓课改？笔者认为抓思想应放在首位，尤其是在抓思想的过程中，抓团队的精神似乎更重要。如果抓课改只是抓住了一块儿"红薯"，而抓思想（精神）就相当于抓住了一窝儿红薯的茎，抓住了这个茎就能够拎起一窝儿红薯。调入二实验，在对学校的优势、困难、机遇、挑战等方面进行客观分析之后，为凝心聚力打造一支有"魂"的队伍，促进学校内涵发展，快速提升教育教学质量，结合学校实际，明确提出以"正气、大气、雅气"为校魂，以"做最好的自己"为校训，跟全体教职工分层次进行了全方位的沟通，真正统一了思想，明确了方向，凝聚了力量，鼓舞了士气，转变了观念，转化了作风。全面提升了团队内驱力，为内涵发展奠定了良好的精神基础。

目标理念是先导。目标理念是学校教育内涵发展的先导。学校抓内涵发展必须首先明确办学目标和培养目标，这两个目标不明确，就谈不上内涵发展，因为你的一堆教育实践均是无目的的实践。为此，我们提出二实验的办学目标是：努力把二实验办成一所教有特色、学有特长、师生共享成长幸福的充满活力的、有文化、有内涵的学校。让学校成为学生最向往的地方，让教室成为学生最快乐的地方，让老师成为学生最可亲可敬的人。同时提出了新的育人目标：培养身体壮、心智强、习惯好、讲诚信、爱学习、懂感恩、有教养、善创新的合格小公民。同时还提出了"让每一个生命幸福成长"的核心办学理念，提出一个新课题《小学适度教育内涵与实践研究》。随着研究工作的深入开展，适度教育的操作性理念将成为引领大家日常教育教学行为的航标灯，逐渐成为二实验每位教职员工、每个教研组、每个学科、每个处室、每位管理者的工作原则。

教师成长是基础。党的十八大明确把"立德树人"作为教育工作的根本任务，而完成这一任务主要靠教师，这就意味着我们提了多年的教师专业化成长已不能满足新时期工作任务的需要，因为强调教师的专业成长，重点在技术层面，大量的事实证明，不少教学技术不错的老师却往往存在严重的师德问题。因此，今天强调"立德树人"，必须首先要求教师"全人成长"，也就是习主席告诫我们的"要有理想信念、有道德情操、有扎实学识、有仁爱之心"。唯如此，教师才能够真正托得起"明天的太阳"——促进学生全面发展全人成长，完成立德树人的神圣使命。为了促进我校教师全人成长，我们又从道德情操、专业技术、健全人格、精神心灵四个方面，提出了明确具体的实践要求。在道德情操层面，即教师要在职业道德、家庭美德、社会公德、个人品德四个层面都要不断树立新目标，实现新的成长。"四德"同步成长，其职业道德——师德才会有厚重的根基，才会具有可持续性。很难想象一个不讲家庭美德、缺乏社会公德、没有个人品德的人会具有高尚的职业道德。专业技术层面，即教师教书育人的专业素养，包括专业知识、教育理念、方式、方法、实践经验等，这一方面无须多讲，因为长期以来这项工作是各级学校工作的重点。健全人格层面，即强调教师的复合型角色。学校不仅要重视教师的教育者角色，同时还要认识到，教师还是一个生物的人，生活的人，社会的人，家庭的人，并且要适时给予其多重角色以尊重、引导和帮助，如果一个教师的其他角色得不到尊重或没有尊严就一定当不好老师。精神心灵层面，即强调老师要有精神、有健康的心理素养。一个整天打不起精神的老师，不会教育出奋发向上的学生，一个心灵扭曲有心理疾病的老师，也不能及时化解和医治孩子的心理问题。所以，我们必须引领老师们去做精神饱满、性格开朗、心灵阳光的人，想方设法让我们饱含真诚的爱的阳光，洒进每一位教师的心田。

制度建设是支撑。制度就像高楼大厦中的钢筋水泥，离开制度，学校就失去了重要支撑。因此，追求内涵发展，首先必须建立一套系统完整的学校制度。比如，从绩效工资分配到教育教学，再到行为规范和质量评价、学校安全，等等。制度建设需注意三点：一要系统完善，横到边纵到底儿；二要可持续，一以贯之，不能朝令夕改；三要充分考虑制度的制约性、引领性、传承性与人文性相结合，真正成为学校管理自动化的根本保障。

课堂改革是主径。课堂是教育教学的主阵地，更是内涵发展的主要途径。我们的课堂教学以适度教育理念为引领，以自主、高效为总原则，以减轻学生课业负担为目标，以《适度教育内涵与实践》研究为抓手，全面推进各学科课堂教学改革。

各科教学都首先摒弃课堂教学中的负效，再求课堂教学的有效，进而追求高效。坚持面向全体学生，既托住底儿又拔出尖儿，尊重个体差异，坚持用多把尺子量出属于每个学生自己的满分，这样的课堂必定是精彩纷呈耐人寻味的。

多彩活动是载体。活动是落实先进办学理念的助推器，也是学校发展教育内涵的重要载体，一个学校的办学思想和理念都会通过活动展现出来，只有通过丰富多彩的教育教学及管理活动，才能鲜活而生动地演绎出更加有价值意义的教育内涵。例如，我们为了培养身体壮、心智强、讲诚信、懂感恩、有教养、善创新的高素质小公民，为了凝心聚力打造一支有魂的教师队伍，为了促进教师全人成长，我们先后推出"幸福二实验生日感恩礼"活动，开辟"二实验讲坛"，开设小公民修身课，推出书香文化艺术节，等等。这些活动的开展，不仅会成为学校统一思想、凝聚力量、达成共识、谋求学校发展改革大计的舞台，更为每位师生个性发展、特长发展提供了更广阔的平台，也会成为孩子们金色童年的美好记忆，成为促进学校内涵发展的平台。

（五）突出创新，以学生为圆心改造学校

我跟老师们达成这样的共识：我们办学不是为了受表彰，不是为了得到什么荣誉，而是为了能让孩子们健康成长，而遵循着教育规律办教育，办符合孩子成长规律的教育，办适合每一个孩子成长发展的教育。只要能让孩子们健康成长，得不得荣誉不重要，反之，影响了孩子的成长发展才重要。即学校任何工作必须围绕孩子的健康成长来开展，任何事务都要为孩子的健康成长让路。哪怕栽一棵树，贴一幅画，铺一块砖！

在老师们心目中，我就是一个孩子王，他们每每和我聊起来，无不赞赏说："李校长啊，在你眼里，哪个孩子都可爱？一提起孩子有什么转变有什么成绩，你就高兴得了不得。"没错，也不知怎么回事，从事教育三十年了，平日里，只要一提起学生我就浑身来劲儿，特别是看到孩子们在校园里茁壮成长，我就心情愉悦精神百倍。

在孩子的心灵上写诗，这是我内心十分明晰的教育理想。因此，以学生为圆心改造学校，也成为我工作的基本准则。那么改造学校从哪里切入呢？又该架构出一个怎样的学校框架？基于当时的情况，主要采取了以下步骤：

1. 直击现实，理念创新，提出新的命题。

适度教育的提出是基于五个方面的思考：其一，针对小学教育普遍存在的"过度"行为。在学校，过小的教育空间、过难的教育内容、过量的作业练习，过分的考试评价；在家里，家长对孩子的过高期望、过分溺爱、过多干涉、过度保护、过多指责以及过分地看重考分；社会上，过多的不良诱惑和负面影响，等等。这些"过度"现象的普遍存在，使得孩子不能拥有属于自己的精神家园，孩子的大脑被一种功利思想主宰着，使他们没有个性，没有自我，没有健康的心理和强健的体魄。甚至于变得自私、骄横、无礼、无能，处处以自我为中心，心中无他人，更无集体荣誉感。其二，针对小学教育中普遍存在的"不及"现象。学校，不考的课程不开；教师，不考的内容不教。这一现实导致了一系列教育的"不及"——关注身心健康的不及，关注开发潜能的不及，关注创新精神的不及等。这些严重的"不及"，使得学生千人一面，个性得不到张扬，原有的那点天赋终被扼杀。面对这一系列的"不及"，孩子无情的无情、无望的无望、无奈的无奈，完全丧失了智慧的火花和灵动的天性。其三，针对"做题教育"的现实。不知从哪一天起，教育变成了"做题"的代名词，小学做题、初中做题、高中更是做题，甚至一些地方从幼儿园已开始做题，做题成了孩子生活的全部。做题的动机是考大学将来找个好工作，做题的过程使得本可以充满生命色彩的学校变得不再生动，做题的结果是孩子上了十几年的学，虽然拿了较高文凭，却难以找到适宜的就业岗位。就算是就了业，还得从头来。因为，所要面临的生活现实离微积分和方程式相距甚远。怎样生存、怎样做人，又成为摆在这些孩子面前的新难题。原来，青春的逝去，并没有为未来的幸福真正奠基！其四，针对"目中无人"的教育现状。教育"目中无人"现象主要表现有二：一是把学生当成统一规格的产品去塑造；二是把学生当成知识的容器去对待。殊不知，各个孩子的潜能和天赋存在着巨大差异，人人都是宝藏。这种在尊重个性和承认差异上严重不及的教育，导致了教育不适度现象的存在。其五，基于"关注生命质量，奠基终生幸福"的办学理念。我们提出的"关注生命质量，奠基终生幸福"的办学理念，其基本内涵包括四个方面：一是关注学生的身心健康质量；二是关注文明礼仪、行为习惯、诚信品质的养成质量；三是关注学习的质量；四是关注潜能得到开发的质量。只有学生的这些方面真正得到关注，才能有效抑制教育过程中的一些"过度"，弥补一些"不及"，进而营造符合规律的教育，真正为学生的终生幸福奠基。

2. 全面展开，过程创新，构建特色文化

适度教育永远不可能有一个固定的所谓模式，永远处于一个不断追求完善的过程中。然而，正是这样一个过程促使教育越来越趋于科学。我们在实践中达成了这样的共识：适度教育，不是撬起地球的那个支点，而是不断寻找最省力的那个支点的过程。

适度教育的基本理念有六条：一是适度教育讲求"顺其自然，适当引导"，即学生该做什么就让其做什么，能做什么就引导他做什么。所谓适当引导是指，教育者要使自己的引导尽可能地激发学生兴趣，使学生由被动变为主动，只有由被动变主动了，才能更好地顺其自然；二是适度教育"讲究到位，及而不过"，强调教育不能擅自降低标准，偷工减料；也不能擅自提高标准，拔苗助长；三是适度教育主张教育精细化，强调细节决定成败，所以，努力培养学生的精细品质，提出"做具有精细品质的中国人"的口号；四是适度教育崇尚"根雕艺术"，根雕艺术的最高原则，是顺其势，凑其形，它若肥头大耳，就雕猪八戒，如果苗条纤细，就雕孙悟空，主张让孩子优良的个性特征在现有基础上实现最大发展；五是适度教育"承认不同、尊重差异"，辣椒没有冬瓜大，但冬瓜没有辣椒红，学生之间存在着巨大差异，但人人都是宝藏。然而，教育的现实往往是冬瓜自信，辣椒自卑，原因是丈量的尺子有问题，适度教育的作用就是要让冬瓜辣椒都自信；六是适度教育面向全体学生，强调教育公平。认为教育者在施教时任何厚此薄彼的做法，都是不公平的，不公平就是不适度。

在适度教育思想的熏陶下，教师的思维方式不断发生转变："我这样做适度吗？有没有更适度的方法？"成为大家衡量自己教育教学行为的思维习惯，对学生更多了一分耐心和等待；"这样管理适度吗？师生、家长对此满意吗？如何改进才能促进学校更好地发展？"成为管理者审视现有规章、探究科学管理的"躬身三问"。有了"适度"做标尺，教师多了一分幸福，学生多了一分自信，校园多了一分和谐！

3. 全员参与，创新教研，让"适度"的种子遍洒校园

教师幸福从教、学生快乐求知是学校最美的文化。为提升教师专业成长自动化的不及，学校构建"双轨道三层级"主题性校本教研模式：其中，一轨道三层级为以"教科室——教研组（备课组）——教师个体"的自然常态化研究机构，主要侧重教学实践层面的研究，是托住底儿，是面向全体教师的；另一轨道三层级为"适度教育研究所——研究室——（11个）研究共同体"的优化组合科研机构，其主要职能是及时指导和总结实验实践工作，并对实验成果进行理论上的提升，是拔出尖儿，是面向教有余力教师的！

学校成立的适度教育研究所校长任所长，副校长任研究室主任，共同体由学校中层任"体"长，由教有余力的教师为成员，针对各自负责的工作，结合"适度"这一原则，及时进行反思和查摆，找出"过度"、"不及"和"错位"，进而进行抑制、提升、调整。这种双轨道三层级主题性校本教研模式，在有效促进教师专业化成长的同时，实现了学校行政管理向科研管理的转轨。

4. 创新实践，让学生享受"适度"带来的快乐和幸福

为有效抑制课业负担的过度——我们为学生提供丰盛的"作业自助餐"，即根据学生差异按需分配，适时适量。为抑制学生作文"记实过度"，提升学生作文"情思不及"——学校成立"学生作文情思不及研究共同体"，引导学生先做人，后写文，富于情感，懂得感恩，以慧眼洞察假恶丑，用真情感悟真善美。为调整"一张试卷定优劣"的错位评价制度——我校出台适度教育质量评价体系，将学生纸笔考试、近视率、学生和家长对教师的满意率、学科素质、潜能开发、习惯、礼仪等情况纳入综合评价。为提升学生特长个性的不及——实施"小明星工程"，促使所有的孩子找到自己的"闪光点"，越来越自信。为杜绝"以生命健康损耗为代价的高成本教育"——学校实施课堂教学改革，探索"三维六度五环节"课堂教学模式，自主高效的"绿色课堂"让更多的孩子体验到学习的乐趣。为提升学生动手实践、自主学习能力的不及——开设"主题性学习"校本课程，引导孩子们走出书本，走出校园，动手搜集资料，动口切磋交流，动脑整理汇总，用耳倾听，用眼观察，用心记录，在参与中体验，在实践中领悟。针对学生诚信教育的不及——实施"诚信德育工程"，开发诚信评价课程，并且排进课表，把习惯养成、文明礼仪、诚信品质的培养有机结合在一起。创建了独特的"诚信德育新模式"，有效解决了德育与教学脱节问题。为提升校园文化生活丰富性的不及——举办体育文化节、科技艺术节。在体育文化节上，学生们积极参与丰富多彩的民族体育趣味运动，校园舞、速轮滑、抖空竹、推铁环、抽陀螺、马术、击剑、跆拳道、跳山羊、编花篮……校园里处处洋溢着生命的激情！科技艺术节上，学生们奇思妙想的小发明、小制作，异想天开的科幻画，设计精美的手抄报，神秘有趣的科学小实验，还有充满个性、富有童真童趣的节目表演，以及气势恢宏、震撼人心的大型团体操，既彰显着适度教育的无穷魅力，更体现了创新给学校发展带来的不竭动力！

5. 分享故事，交流创新，让适度教育文化得以凝练与传承

有了适度教育理念的丝丝入扣，教育的每一个细节都被赋予了爱的色彩，校园文化的点点滴滴都被凝练成一个个感人的教育故事。这些故事不管来自一线教师，管理人员，还是校领导，其相同点是：每个故事都被赋予了适度教育的文化内涵，每个故事都凝聚着一个相同主题——适度。

来自学校方方面面、角角落落的适度教育小故事，犹如点点细流，汇入学校文化的浩瀚江河，成为师生、家长争相阅读、积极传承的宝贵财富。"听别人讲故事，自己讲故事给别人听，在沟通中资源共享，在交流中创新发展，"成为大家追求的时尚！

于是，大家在博客上交流，在专题会议上研讨，在《适度教育专刊》上发表美文，在《适度教育丛书》中留下足迹。作为校长我也专门抽出时间，听老师讲故事。我们在分享故事的同时，彼此分享着成长的快乐，我们把分享自己亲历的适度教育小故事作为教育者独有的幸福！天长日久这些有着核心价值文化取向的故事，就构成了适度教育的文化内涵，并在人们的总结、提炼、积累、交流、传播、分享的过程中，形成重要的思想文化氛围，进而得以传承和延续。

适度教育的魅力在于它的平实和质朴。适度教育幼苗之所以能够苗壮成长，充满无限生机，关键在于创新。创新就是灿烂的阳光，是肥沃的土壤，是充沛的甘霖。在创新的过程中寻找最适度的教育方法，在适度教育研究的过程中激发创新的灵感，相信，我们的教育会少一点遗憾，多一些精彩！

二、提升不及的教育：让师生人人明方向有目标

（一）办学目标的确立与解读

随着精神引领的逐步深入，在正气、大气、雅气的校魂精神感召下，人人争做最好的自己的呼声越来越高，愿望越来越强，二实验这艘大船的发动机已经全面发动，激情澎湃的全体教职工正众志成城全速起航开动大帆船。然而，潮起正是扬帆时，学校这艘大船将开往何处去？我们的目标是什么？为此，我们确立了要把二实验办成一所教有特色，学有特长，师生共享成长幸福的充满活力的、有文化有内涵的学校。

也许您要问：为什么我们的办学目标是"要把二实验办成一所教有特色，学有特长，师生共享成长幸福的充满活力的，有文化有内涵的学校，"而不是三年建成省一流，五年建成国家一流等这样的誓言型目标？

笔者认为，"目标"必须清晰可感才可能实现。省一流、国家一流的目标太宽泛，模糊且无法把握，究竟怎样才算省一流，何时才能实现？谁来评定？都是虚无缥缈的。定一个虚无缥缈的目标是无济于事的，等于自欺欺人，不易于队伍塑造教师发展和学生成长。也有人说：你应该把办成省级、国家级文明单位作为办学目标，对此，笔者不敢苟同，这怎么能成为我们的办学目标呢？充其量只是某一阶段的工作目标。如果办学就是为了创办省级、国家级文明单位的话，和机关又有什么两样呢？学校之所以是学校，是因为它有自身的规律可循。自搞适度教育以来我们一直在努力摈弃功利主义思想，如果再定一个功利主义的办学目标，学校又能走多远呢？办学不应该是为了受表彰，应遵照规律围绕"让每一个生命幸福成长"的核心理念去展开一切教育教学活动，不必在意有没有什么表彰。然而事实告诉我，你越是不把表彰当追求，表彰反过来越是热情地追着你。

怎样理解"教有特色"？在学校每一位老师都可以有自己的教育教学特色，只要存在的，都是合理的，提出"教有特色"实际上是在认可每一位教师已有的宝贵经验，是在尊重每一位老师的经验积累和存在价值，当明确了"教有特色"的要求时，教师就会自觉在新的理念引领下，对现有的课堂教学进行优化提升。比如，要求为学生减负，向四十分钟要质量，你就必须让学生学会自主学习、高效学习，因此，老师们围绕"自主高效"这个核心质量观去改良自己的教法，提升课堂教学质量就顺理成章。

怎样理解"学有特长"？是指通过我们的引导和激励，让每一个孩子都能找到自己的长板，这是在尊重孩子个性。每个孩子都是独一无二的，不管是美是丑，是官宦子弟还是普通平民，我们都要尊重他。什么是"学有特长"呢？是指在爱学习的基础上，开发自身潜能，发展自己的个性特长。学习好会考试是特长，体育好能拿冠军是特长，舞蹈好能表演是特长，会写毛笔字是特长，硬笔字写得好也是特长，组织能力强是特长，会朗诵是特长，会主持是特长，速算好是特长，爱劳动是特长，乐助人是特长，尊老爱幼、文明礼貌也是特长……在孩子的成长过程中，作为教师和家长不要太苛刻，要有一种宽容的态度和期待的心理去对待孩子的特长，发现并培养孩子的"特长"，因此孩子才能拥有自信，孩子的童年才会多姿多彩，孩子才能在二实验这块土地上享受到成长的愉悦和幸福。也只有这时，我们的老师才能真正体验到职业的幸福感！

所谓"师生共享成长幸福"，指我们不仅追求孩子成长，更追求教师成长；不仅追求孩子快乐幸福，更追求教师成长幸福。让教师快乐工作、幸福工作、安心工作、舒心工作不是一句口号，更不是一句誓言，而是我们的工作追求。我们只有通过工作让老师体验到成长的幸福，才能让孩子体验到快乐成长的幸福。和师生一起成长，一起幸福，是我这个校长不懈的追求。

所谓"充满活力"，那就不是死气沉沉。这里的"充满活力"首先指学生在学校的状态，积极、向上、活泼、阳光、充满着勃勃的生命力等。在此，只谈如何让老师充满活力，为了让老师们活跃起来，阳光起来，健康起来，学校不怕花钱给老师体检，搞丰富多彩的文体活动，想方设法改善办公条件，建塑胶操场，在条件有限的情况下建乒乓球馆，引导老师们锻炼身体。在强身的基础上强心，在强心的过程中健体。无论阳光明媚的春天，还是硕果累累的金秋，每逢工作之余，我们的老师都会在洁净美丽的校园里、操场上，运动着、快乐着、健康着、幸福着！

所谓"有文化，有内涵"，笔者认为：有文化，首先得重传承。一个学校不重视传承，就很难形成积淀，没有积淀学校就谈不上厚重，没有厚重感也就很难说有文化。不是任何人、任何学校都可以妄谈文化的，文化不是标签，更不是装修。文化在思想层面，在精神层面，在骨子里面，更在全校师生的言谈举止、待人接物和意识形态中。我们当然也不敢妄谈文化，但是我们可以把"有文化"当作一种奋斗目标。有文化更要有思想，有思想才会有交流，有交流就有智慧碰撞，有智慧碰撞，就有激情点燃。所以我们要办一所有思想、有文化的学校，没有独特办学思想就谈不上真正的学校文化。

所谓"有文化，有内涵"。有思想才有文化，有文化才有内涵。只有思想才能引领出丰富生动而又精彩的教育实践；有思想支撑的实践才是灵动的实践，才富有生命力；富有生命力的实践才是我们应该追求的真内涵；有真内涵的学校教育才是真正适合孩子们成长的教育。我们将进一步创新教育实践，来丰富我们的真内涵。

（二）诠释理念："让每一个生命幸福成长"

为了更好地引导教师教育教学行为和引导学生积极健康快乐成长，在提出办学目标和学生培养目标以后，又提出了"让每一个生命幸福成长"的核心办学理念。

为什么提出"让每一个生命幸福成长"而不是"让每一位师生幸福成长"呢？这是基于对"办学理念应服务于学生发展"的认识。如果仅提"让每一位师生幸福成长"，教师学生听到这句话就都会无动于衷。因为他们认为这是校长说给自己听的，跟我们没有关系。这样的理念还有什么价值和意义？所以，我们提"让每一个生命幸福成长"。这里的"每一个生命"既包括每一位学生、每一位老师、每一位员工，更包括社会上的每一个人、每一个有生命的个体，比如：花草树木、鸟兽虫鱼等，这样一来，这句话就有了更广泛的意义。事实上，任何一所学校的理念都应该对学校里的每一个人具有引导意义。我们提出的"让每一个生命幸福成长"，不仅提醒着校长本人、班子成员、中层干部、每一位教师员工，都要尊重学生关爱孩子，更令人高兴的是我们还用这一理念，影响到了孩子们的意识形态，潜移默化地让他们知道并且做到珍惜生命、关爱生命，尊老爱幼，热爱自然，不随意践踏和破坏大自然中哪怕一株小草、一棵树苗、一只小鸟……

（三）"立德树人"，需教师全人成长

党的十八大报告明确提出，教育应把"立德树人"作为教育工作的根本任务。而完成这一任务主要靠教师，这就给我们这些学校管理者提出一个新课题，必须从教育的根本任务出发，为教师队伍建设工作重新定位。

那么，教师队伍建设工作该如何做？又该培养一支怎样的教师队伍？原来我们提了多年也走了多年的"教师专业化成长"发展之路还能否满足今天的需要？笔者思考认为：已经远远不够了。因为原来强调教师的专业化成长，是因为教育的根本任务定位在"提高质量"上，教育要提高质量，基本需要就是教师应走专业化发展道路，这无可厚非，也因此大家都把精力下在了教书育人的技术层面。而今，国家强调"立德树人"，就是要促进学生全人成长，即未能成才先要成人，不能再让那些不懂感恩、不懂孝道、不善合作、不讲诚信、没有教养、不会交友的孩子，从我们手中批量生产。相反，哪怕学生考试得零分，也得让他们的诚信、感恩、孝道、合

作、交友等品质和能力得满分。为此，我们强调三个关注，即既关注分数的高度，又关注快乐的程度，更关注成长的速度（这里成长的速度应该理解为全人成长、协调发展的速度，而不是只把分数考高了，而其道德品质和公民素养还停留在 0 刻度）。而要完成"立德树人"的神圣使命，我们对教师的引导与培养也要多角度、全方位。

那么，怎样多角度、全方位促进教师成长呢？我们的教师成长工程，应该包括四个方面：一是道德层面成长；二是专业技术成长；三是健全人格成长；四是精神心灵（理）成长。

道德层面成长，主要包括家庭美德、社会公德、职业道德和个人品德等方面的成长，即一个能够"立德树人"的人，必须有"厚德"。很难想象，一个在家里不知道孝敬父母的人，不知道友爱兄弟姐妹的人，在社会上不讲秩序不讲公德的人，怎么能当好老师？他又能拥有怎样的职业道德来完成立德树人的伟大使命？

专业技术成长：我们一方面通过校内改革、制度引领、过程指导来促使教师专业发展，比如我们的教育教学管理制度、教育教学质量评价制度以及各口的管理和评价制度的相继出台，对不同层面的人所需要的专业技术一个具体有效的指导。另一方面为教师专业发展广泛搭建平台，比如：成立适度教育研究所，构建主题性校本教研模式，成立 11 个适度教育研究共同体，举办适度教育论坛，创办适度教育专刊，构建自主高效教学模式，实施青蓝工程，举办适度教育研讨会，开发博客平台，举行博客之星评选，举行校本节让综合科教师走向前台体验成功，等等。在我们为教师专业成长搭建的各种平台中，老师们不仅从中体会到工作的乐趣，而且得到一种价值实现的职业幸福感。

健全人格成长：教师不仅是个教育的人，同时他还是一个生物的人，生活的人，社会的人，家庭的人，等等。如果一个教师的其他角色扮演不好，怎么能当好教育的人呢？比如：教育学生要有秩序意识、纪律意识、慎独意识和环境意识四种意识，教师若不具备，他的学生肯定不具备，如果教师具备，他一定想方设法让学生具备。

　　既然教师是一个生物的人，我们就需要关注其健康，让其工作之余多一点运动与养生，以健康体魄投入工作，以幸福工作的过程来享受人生。教师是一个生活的人，就需要关注教师的生活，引领教师多一点生活的情趣，多一些兴趣和爱好，以陶冶性情丰富人生。教师是一个社会的人，就需要关注其交往，引导教师多一点社交技能，以善于沟通，善于交友，从而善于整合资源，方能成为资源的拥有者，进而成为课程的广泛开发者。教师是一个家庭的人，就需要引导教师在家庭里面能够多一点宽容，善待家人，与邻为善，能夫妻和睦、姑嫂团结、婆媳和谐，让家人因为自己的存在而幸福。

　　精神心灵成长——教师之所以是教师，我认为首先应该是学生的精神引领者。很难想象，一个整天萎靡不振打不起精神的老师，怎么能教育出奋发向上有远大理想的学生；一个心灵扭曲的有心理疾病的老师，又怎么能去化解和医治孩子的心理疾病。所以，我们必须引领老师们去做精神饱满、性格开朗、心灵阳光、心地善良的人。比如：我们在引导学生背诵《弟子规》的同时，也让老师去学习践行，引导老师明白"事虽小，勿擅为，苟擅为，子道亏"的道理，想方设法让我们饱含真诚的爱的阳光，洒进每一位教师的心田。

（四）广搭平台，促教师专业化成长

　　学校发展的关键在教师。教师的专业化发展程度直接决定着学校的发展速度。那么，校长又对教师的专业化成长起着怎样的作用呢？

　　我认为，校长对教师专业化成长的关键作用，不单是引领读书、多多关爱、也不单单是提供机遇，而是营造促使教师自主发展、我要发展的氛围，搭建促使教师自主发展、我要发展的平台，把老师引入自主发展、我要发展的自动化轨道，即化"被动"为"主动"，才是促使教师实现专业化成长的关键。由此，我校引领教师专业化成长的一系列措施，都是围绕如何"化被动为主动"而展开的。

1. 方向引领，主动成长

　　教师的专业成长有两种状态，一种是"登山状"，是说教师成长就像"登山"那样，有个明确的目标和方向，老师每走一步，就向目标靠近一步，于是不断体验到成功感，享受到进步的愉悦，于是，会自然产生自我激励，不断向前。这样的成长，

因为有目标，就不会走弯路，反而很有实效。另一种是"推磨状"，是指老师天天忙忙碌碌，就地打转，收效甚微。这是没有目标和方向导致的，他们的工作每天陷入一种忙乱无序状态，没有目标，没有方向，或得过且过，不仅体验不到胜利的喜悦，而且看不到成功的希望。抱怨，牢骚，就会整日相伴。这样的教师尽管多少会在繁忙的工作中取得一些经验，获得一定的积累和成长，然而，毕竟这种成长是被动的，我不希望老师们囿于这种成长。

适度教育理念的提出，《三年发展规划》的制定及专家论证会的召开，都不同程度地为老师的成长发展引领了方向。老师们在学校明确的发展目标引领下，人人制定自己的成长规划。这就好像大渠与支流的关系，学校的发展方向就像大渠的流向，自己的成长规划就像一条条支流，"支流"的流向只有在顺应学校发展大渠流向的前提下，才能获得来自大渠的源泉，来弥补自己支流的浅薄与空虚，才能使自己的成长及时获得学校给予的发展助力。

2. 评价保障，自主成长

在当今功利教育思想盛行的前提下，评价成了一切教育教学行为的导航仪。学校评价什么，怎样评价，不仅决定着老师们的工作动机和工作质量，还决定着老师们的工作主动性和持久性。于是，我校建立的《适度教育质量评价体系》，就成为促使教师主动成长、自主成长的有效保障。

学校评价近视率，老师们会主动关注学生的坐立、执笔、读书等姿势，会主动引导孩子放眼远望，会主动研究高效课堂，提升课堂教学效率，会主动少布置、不布置作业，以减轻孩子的负担；学校评价学生的学科素质，老师就会不单单注重机械性纸笔训练，而会主动利用课堂培养孩子的各种学科素养等。总之，科学的评价对促进教师主动发展起到了导航作用。

3. 双轨三层，全员成长

随着研究的不断深入，一种以"适度教育研究"为主题的"双轨道三层级"校本教研模式逐渐形成，成为老师们开展校本教研的两个主战场。其中一轨道三层级是以"学校——教研组（备课组）——教师个体"的自然常态化研究机构，主要侧重实践层面的研究，目的是全员参与，托住校本教研的"底儿"。另一轨道三层级为"适度教育研究所——研究室——研究共同体"的优化组合科研机构，主要职能是及时指导和总结实验实践工作，并对实践成果进行理论上的提升和定位，目的是培养骨干，拔出校本教研的"尖儿"。这些"尖儿"们根据自己的兴趣和爱好，自主选择，自由申报，自由组合，所以，各共同体的定期活动成为大家的向往。一位来自山东的参观者深有感触地说："长期以来，学校教研存在一种倾向，骨干教师唱主角，普通教师当配角，沙龙、论坛上活跃的是少部分人。实验小学这种既'托底儿'又'拔尖儿'的'全员参与，分层教研'的研究机制，以教师的发展差异为出发点，以全体教师的整体提升为目标，体现了以教师为本，是尊重教师发展的，是适度的，更是注重实效的。"

2006 年 10 月，我在第一次全体教职工大会上讲过：实验小学重在实验，实验就是走前人没有走过的路，或者走前人尚未成功的路，披荆斩棘，开辟新路，是"实验"小学的责任和义务，不实验，不研究，枉为"实验"小学。让每一位教师成为研究者，让每个人的工作过程变为研究的过程，让学校从行政管理向科研管理转轨，是我的理想和追求……

三年过去了，"双轨道三层级"主题性校本教研机制取得明显成效。每个教研组（备课组）和研究共同体各自确定的每周不少于一个小时的研究活动雷打不动，在研究的过程中，各轨道各层级研究组织均围绕"适度教育研究"这个主题，根据工作中存在的不适度现象确定本教研组、本共同体、本人、本次的研究主题，工作过程变成了研究过程，研究过程植根于工作过程。老师们在不断思考、碰撞的过程中提升自己的专业技能，悄悄转变着自己的教育教学行为，尽情享受研究带给自己的快乐和幸福。

4. 三个平台，我要成长

博客平台。2009 年 12 月，在河南省校讯通平台上出现了一种濮阳实小现象：实验小学自 2008 年 3 月开通校讯通博客平台以来，师生共开通博客 1543 个，发表博文 15356 篇，点击量 126856 次，跃居全省第一位。不到两年时间，学校累计产生省级和校级博腕儿 50 名，其中教师博腕儿 25 名，学生博腕儿 11 名，家长博腕儿 13 名；在河南省校讯通书香班级评比活动中，先后有 26 个班级荣获河南省书香班级称号，15 个家庭荣获书香家庭称号；15 位同学获得阅读小天使称号；31 位老师荣获优秀辅导教师称号。由此不难看出，充分发挥网络平台为教师的专业成长所产生的巨大作用。

实施"青蓝工程"。为了充分发挥学校骨干教师的示范带动作用，引领青年教师的专业化成长，我们还启动了教师专业化成长的又一平台——"青蓝工程"。在自愿报名、学校考核的基础上，聘任教学导师，和青年教师确认帮带关系，并举行隆重的"师徒结对仪式"，学期末对结对师徒的教学工作进行有计划的考核奖励。

"师徒结对"不仅使老师之间的交流与切磋更及时，更有效，更重要的是加速了青年教师的成长。王晓红是一位毕业不久的年轻数学老师，在师徒结对活动中，她与秦淑利老师结成了师徒关系，从此，只要一有空，两人就互相听课、评课。每听完秦老师一节课以后，王晓红老师总是刨根问底地问个不完：这个环节你为什么这样设计？这个地方你为什么让学生小组合作？你和学生之间为何会如此默契，等等。为了锻炼王晓红，学校每次的公开展示课活动，秦老师都鼓励她参加。经过多次的磨炼，王晓红这位年轻的数学老师终于脱颖而出了。如今，在她的课堂上，学生的自主学习、小组合作已日臻成熟。2010 年春季学段，来自山东三所学校的老师听完她的课后，由衷地说：从你们的课堂，我们感受到了你们课堂改革的实效，从这位年轻老师对课堂的自如把握，我们感受到了你们教师队伍整体素质的过硬。

定期举行论坛、研讨会。这是我校促进教师专业成长的第三个平台。为了促进研究的深入，使教师的行为更加理性和有效，我们定期举行"适度教育论坛"和"适度教育研讨会"。这种独具特色的活动，也是确保校本教研有效、高效的第三渠道，它给全体老师搭建了一个专题研讨和展示研究成果的平台。

　　适度教育研讨会一般一个学期进行一次，以教研组、研究共同体为单位参加。主要是汇报一学期以来的研究成果，并提出问题和困惑。

　　适度教育论坛活动一般一个月进行一次，或由一个年级组承办，或由一个教研组承办，或由一个研究共同体承办。论坛的主题均从教育教学实践中提炼，原则是切入点越小越好。比如，一年级组的"如何提升学生的注意力"、三年级组的"丰富预习策略，提升预习实效研究"，五年级的"如何对学生进行适度的激励"，四年级组的"如何提升小组合作的有效度"，等等。

　　每次论坛，承办的年级组全员参与，认真准备，针对一点，深刻挖掘，全方位、多角度，寻找最佳教育方法和途径。论坛的过程不仅是论坛者本身专业成长的过程，还变成了一个教师相互培训、共同提高、共同成长的过程。他们论坛中所讲内容之实用，思想之深刻，例子之生动，都极具引导意义和实用价值，具有很强的可操作性，是一种很难得、很宝贵的校本培训资源。

　　我们促教师专业成长的做法产生了令人惊叹的效益，自 2006—2012 年间，仅获得省级名师称号的教师就达 11 人，全国优秀教师、全国教育系统劳动模范、全国模范班主任、省优秀教师、省级学科（术）带头人，省级、国家级骨干教师优质课教师就有 30 余人，全国第八届、第九届阅读教学大赛，河南省连续两次从我们实验小学选出唯一人选代表全省参赛，其中王振慧老师获得第八届大赛特等奖，窦明琦老师获得第九届大赛一等奖。2015 年河南省首次实行高级职称评选直通车制度，特意为获得全国优秀教师、省级名师、省优秀教师以上荣誉和同时获得省级优质课一等奖的老师开辟绿色通道，可以直接评为中学高级教师（高级教师），全市上千所中小学幼儿园共通过 9 人，而仅实验小学一所学校就通过了 5 人。

（五）公民德育，促学生全人成长

　　2012 年 8 月，我调入市第二实验小学，不久，就确立了这样的育人目标：要培养身体壮、心智强、习惯好、讲诚信、爱学习、懂感恩、有教养、善创新的高素质小公民。

　　不难看出，我们的定位是培养高素质小公民，而不是瞄准培养精英——为重点中学输送多少名尖子生。因为我们是基础教育，基础教育是为孩子的人生打基础的，只有让学生在"以学为主"的前提下"兼学别样"，具备一个高素质小公民的基本素养才是我们的根本任务。只有引导学生养成良好的公民素养，才能为将来的可持续发展打下坚实基础。因此，我们要既教书又育人。单让学生学会考试，孩子们就会营养不良，发展就会没有后劲，终生幸福就没有保障。所以，我们必须托住底儿，让学生接受良好的教育，成为合格小公民，进而成为高素质小公民。

1. 我们的培养目标

长期以来，社会上有一种错位的教育观念，即孩子来上学就是学文化的，就是为了考高分，将来考上好大学。今天看来，这一理念已经远远落后于时代。孩子来上学的目的不应定位在考大学上，而应该定位于"成为对社会有用的人"上，即上学的目的不应该是追求拿到高文凭，而应该通过上学成为高素质的人，成为身体壮、心智强、习惯好、讲诚信、爱学习、懂感恩、有教养、善创新的高素质小公民。如果我们的孩子上了十几年的学，把身体搞垮了，出现严重的心理问题，没有好习惯，不懂感恩，不讲诚信，没有教养，不善创新的话，孩子将来必然会吃大亏，很难过上快乐、幸福又有尊严的生活。当然这并不是说我们学校就不要考试，而是在重视考试的同时还要重视学生的全面发展。

试想工资很高，地位很高，唯独身体不好，他幸福吗？上了大学，不懂感恩，不知孝敬父母、友爱兄弟姐妹，他幸福吗？勤奋努力考上了大学但心理素质不好，一遇到挫折就自杀就杀人，他幸福吗？还有的上了大学，自身本领也很强，弹钢琴、善书画特长多多，但就是不诚信，进入社会以后，交不到朋友，没人跟他合作，愣是什么事情都干不成，他会幸福吗？所以，只有具备了身体壮、心智强、习惯好、讲诚信、爱学习、懂感恩、有教养、善创新，这些优秀的品质，才会有一个美好的未来，成为一个真正优秀的人。即便是考不了高分上不了大学，他也一定是一个快乐的人，能给别人带来幸福的人。

　　然而，是不是我们就不抓学习呢？当然不是，只是学校在抓学习方面讲究方法，讲究适度。不难发现，我们现行的教育中存在的问题太多了，凡是跟考试有关的教育，都做过度了；凡是跟考试无关却跟孩子的未来发展和终生幸福有关的教育，都做得严重不及。比如：吃苦精神教育、创新精神教育、实践能力教育、诚信教育、感恩教育、孝老爱亲教育，等等。不知从哪一天起，我们的教育被异化了，只剩做题了，课堂上做题、家庭里做题，考试时做题，除了做题之外还应该有什么？我们思考了吗？所以，我们提出搞适度教育。"适度"就是要用不一样的度去丈量我们的孩子，每一个孩子是不同的，我们必须尊重这些差异。原来的评价方式，是只用考试这一把尺子量学生，结果量出了一半以上的中差生，这对教育自身而言是失败的，对孩子而言，是不幸的。所以，我们要用多把尺子量学生，既要量出冬瓜的大，又要量出辣椒的红，还要量出茄子的紫，棉花的白，等等。目的是让人人都自信，自信才是成功的基石。

　　"人人是星"在我和老师们心目中，每个孩子都一定有其所长，有的是体育健将，有的是绘画明星，有的是书法明星，有的是舞蹈明星，有的会朗诵，有的爱劳动，有的懂孝敬，有的有爱心，有的善阅读，有的爱发明……每个孩子都有自己的长处，我们都要鼓励和精心呵护，即使孩子考不好，我们只要能看到其长处，让孩子不丧失自信，他就会拥有幸福快乐的一生。

　　2. 各取所长，快乐发展

　　身体壮　身体是第一位的。都知道1和0的关系的故事，有了这个1，后面的0越多，这个数就越大，力量就越雄厚；没有这个1，后面的0再多还依然是0。我们的孩子必须身体强壮，男孩子就得像男孩子，女孩子就得像女孩子，如今，好多男孩子已经不像男孩子了，女孩子也不像女孩子了。

　　心智强　心理素质要好。不自卑、不封闭、开朗、阳光、心态好，状态好，善于交流沟通。马加爵就是一个过分自卑、自我封闭的悲剧典型。心理疾病比身体疾病更可怕，心理只要没病，身体残疾同样能当百万富翁。电视上报道一个趴在床上做牛生意的残疾人，每天通过电脑进行网络销售，每天都能接到好多订单，他何止是个百万富翁啊！无论教师还是家长，都要多跟孩子沟通交流，了解孩子的内心世界，及时开导打开心结，千万不能

越积越严重。为此，在子路小学时我们曾设计一个名叫"打开天窗——亲子沟通的桥梁"的小本子，以促进亲子沟通，及时解决孩子们的心理问题，避免造成心理问题积压，得到了广大家长的热烈欢迎。是啊，妈妈爸爸上班忙，特别是爸爸有时会几天见不到孩子，也就得不到及时的沟通，有了这个小本子，家长和孩子就可以把想说的话写在上面进行交流，避免了因沟通不畅造成的孩子心理障碍。可喜的是，在进行展示性评价时，我们从这个小本子上，看到了每一个孩子健康成长的心路历程。

　　习惯好　习惯决定性格、性格决定命运。可见一个好习惯是多么重要。我们在全校范围内推行小公民素养诚信自育手册，这套手册依据年龄段分低、中、高三个版本，这个小册子，像个小老师一样每天陪伴着孩子，督促着孩子、引导着孩子，日日涵养孩子们的一些好习惯、好素养、好品质就在其每天的自我教育过程中逐渐养成。

　　讲诚信　诚信是立身之本，爱撒谎的人是没有伙伴没有前途的。我们开设小公民诚信修身课，帮助孩子养成良好的诚信品质。我们搞诚信德育，让德育铺上诚信的底色——开设小公民素养诚信修身课。教育孩子做诚实守信之人，撒谎最终欺骗的是自己。本书有一章节专门讲述"让德育铺上诚信的底色"，不再赘述。

　　爱学习　一个爱学习的人，一定是一个积极向上的人。只有爱学习，才能不断提升自身素养，成为与众不同的人。小学生爱学习是指具有良好的学习习惯，上课专心，主动思考，积极发言，参与讨论，有良好的阅读习惯、书写习惯、思维习惯、预习习惯、复习整理习惯等，课后主动认真完成作业，在完成学业的基础上要主动涉猎书本以外的知识。

懂感恩　一个不懂得感恩的人，是交不到真正的朋友的。生活中，一个不懂感恩的人，一定没有认识到孝敬父母的重要。假如一个人连孝敬父母都做不到，还指望他有什么道德？儒家强调"首孝悌、次谨信，泛爱众、而亲仁，有余力，则学文"。所以，我们必须教育我们的孩子懂得孝敬。每逢"三八"节，我们大多数班级都要搞感恩教育活动，帮妈妈洗脚，帮妈妈做一次家务等，收到了很好的效果。

有教养　有的人曾经给我纠正，应该提"有修养"。我说："对不起，我这里就是讲的'有教养'。""有修养"，是对成人而言，强调的是通过其自身的努力而获得的修为。"教养"是对孩子而言，因为他们是孩子，孩子成长的过程中，还需要家长老师的教育和引导，即强调的是家校双方共同教育引导下形成的素养，因此强调"有教养"，如果我们说"没修养"是指责他本人，说"没教养"，这里面既有对老师的批评也有对家长的谴责。

善创新　对社会来讲，创新是推动社会进步的阶梯；对一个企业来讲创新就是生产力；对一个人来讲，创新就是你的生存能力。善于创新的人从来不会被难倒，善于创新的人从来不会没有出路。所以我们要通过一系列活动来培养孩子们的创新意识。当然，对小学生而言不可能有多大的创新，产生多高的经济效益，但是从点滴开始培养孩子的创新意识是非常重要的。比如：小发明、小制作、一些稀奇古怪异想天开的金点子等，从这些活动中激励孩子幸福成长，健康快乐成长，真正掌握适应未来社会的生存能力。除了课堂上注重培养学生的创新思维、求异思维之外，学校还通过举办创新手抄报展，搞书香文化艺术节创新作品展，每天广播里进行金点子播报等途径，较好地培养孩子的创新意识和创新能力。

三、调整错位的教育，让教育回归本真

（一）错位教育的现状分析

现实生活中和教育教学过程中，存在很多错位的教育现象，却很少被人发觉，所以，这些现象得不到及时调整和纠正，正因为此，才使得一些教育现象越来越偏离正确的轨道。

1. 教学过程中的错位。

在日常教学工作中，稍不注意，就会出现价值观引领错位的现象。先举一个简单的例子，比如教学汉语拼音知识，j q x 和 ü 相拼时，ü 上两点要去掉，比如菊花的菊，拼音应是 jú 而不是 jú。为了让学生记住这个知识点，老师就编出一个儿歌来方便孩子记忆：j q x，小淘气，见了 ü（鱼）眼就挖去。这个儿歌一直在当地小语教学过程中被流传着。殊不知，这样的儿歌是有问题的，其中，价值观引领是错位的，试想，见了鱼眼就挖去，这是多么残忍啊！惨无人道的价值观会悄悄渗进学生大脑啊！后来，我们研究适度教育后，就把这个儿歌进行了这样的调整：小 ü 小 ü 有礼貌，见了 j q x，就把帽脱掉。可见，这调整后的儿歌里面，蕴含着的竟是文明、谦恭、礼让的价值观。不难想象，在我们的教学中还有多少这样的错位现象没有被人发觉呢？

还有一个例子，也很说明问题。语文何老师教学声母韵母组成音节，声调应该加在哪个韵母的头上这个知识点，就这样去引导：在拼音王国里，声母和韵母一起玩组成音节的游戏，这时候，韵母的某个字母头上需要戴上帽子，表示他们的声调，那么这帽子给谁戴呢？六个单韵母开会了，韵母 a 说："我是老大，帽子当然要戴在我的头上，你们谁都不要跟我争了。"结果只要有 a 在，帽子就戴在了 a 的头上，比如音节"jiāo"。有一天，a 出去旅游了，韵母 o 就发话了："老大 a 不在家，我是老二，我就是最厉害的，帽子应该让我来戴。"结果帽子戴在了 o 的头上，比如音节 shuō。有一天"a"和"o"都出去旅游去了，韵母 e 就说："现在数我最大，帽子该戴我头上了。"

这个故事当然很有趣，但是除了有趣，还剩下什么？经研究，老师们发现：这个故事除了教会了孩子们音节标调规则，还教给了孩子们逞强欺弱，霸道自私，山中无老虎猴子称霸王的错位价值观。反思认为：这样教，错位了。

于是何老师就进行了如下调整：有一天，拼音妈妈有一项"扛声调"的任务要分配给大家去完成。拼音宝宝们知道了，都赶来向妈妈要任务。单韵母六兄弟最积极，妈妈想把任务交给他们，但又不放心啊，就问："单韵母六兄弟，你们能扛好声调吗？"单韵母六兄弟的大哥 a 拍着胸脯说："妈妈，您放心，我是老大，声调的任务我先扛，告诉大家，只要有我 a 在，就不要再麻烦别人，就找 a！"大哥 a 的话音一落，二哥 o 也赶紧说："妈妈，告诉大家，大哥 a 要是不在，就找二哥 o，我保证也能扛好！""妈妈，大哥、二哥都不在，就找我老三 e，我也扛得好！"老三 e 也不示弱。老四 i 说："大哥 a、二哥 o、三哥 e 要是都不在，就找我 i"老五 u 说："大哥 a、二哥 o、三哥 e、四哥 i 要是都不在，就找我 u！"只剩下六弟 ü 了，他也大声说："大哥 a、二哥 o、三哥 e、四哥 i、五哥 u 要是都不在，就找我 ü，我也能扛得动！"妈妈看他们六兄弟决心很大，就把扛声调的任务交给了他们。他们高兴极了，做得可好了，一点也不马虎。可是，老四 i 和老五 u 两个最要好，总在一起，他们就抢着扛，有时还吵起来呢。有一天，他们又吵起来了，就找到妈妈给评理，妈妈问明了原因，就说："以后，老四 i 老五 u 碰在一起了，谁排在后边，谁就扛着声调。""好——"大家一起说。妈妈怕他们把自己的责任忘了，还给他们编了顺口溜让他们背下来，你们听他们背得多好啊：有 a a 扛着，没 a 找 o e，i、u 碰头标在后，单个韵母不用说。从此，单韵母六兄弟就认认真真地扛声调，一直到现在。很显然：这调整后的教学过程所渗透的却是"勇于担当、敢于尽责"的价值观。

2. 教育管理中的错位

不少学校在管理中存在错位现象，却也很少被人发现发觉。大的来讲，我们教育评价的错位，本来教育评价是个手段，应该通过评价促使孩子们全面、健康、可持续发展才是目的，可往往顾此失彼，只去量纸笔考试分数的高低，却不去管孩子们的全面发展。小的方面例子更多，比如：我们教育孩子不随地吐痰，不乱扔垃圾，不大声喧哗等，往往用发现一例扣分的方法来处理，这样的"扣分管理"的结果是，有人监督的时候不乱吐乱扔，可是一旦到了没人管没人监督的地方，岂不还是照样乱扔乱吐。中国式过马路现象、大声喧哗现象、乱扔垃圾现象、随地吐痰现象等，与我们错位的教育管理方式不无关系。

（二）错位教育的调整

怎样调整教育的错位呢？最根本的做法，是给孩子一个理念、一个目标，竖起一个灯塔，让孩子知道怎样做才是对的，甚至还要让其明白为什么这样做。比如，引导孩子做有教养的高素质小公民，有教养的人都不会妨碍别人，再进而制定一些具体的目标，采取一系列相应措施，促使学生高度认同并提升其自我教育能力，在此基础上，孩子们会自觉矫正自己的行为。于是，建立一个"机制"就显得特别重要，机制的建立使我们的教育管理不再错位。

1. 建一个机制

适度教育的目标是要抑制过度的教育，提升不及的教育，调整错位的教育，发展绿色的教育。适度教育就要承认不同、尊重差异，适度教育就要让学生能在现有基础上实现发展最大化，适度教育就要面向全体学生，既托住"底儿"，又拔出"尖儿"，适度教育就要用科学评价的尺子，既量出冬瓜的大、又量出辣椒的红乃至茄子的紫、棉花的白。不难看出这些理念都是促使学生健康、和谐、快乐、可持续发展的。那么，如何让这些理念切切实实变成学生成长发展的现实，关键在于如何评价教师的教育教学业绩。因为评价是导航仪，你怎样评价老师就怎样教，只有建立科学的评价机制才能真正引领老师们把校长的办学理念转化为实实在在的教育教学行为。基于此，我校的适度教育质量评价机制，就于2008年暑假，在经过对已有的评价制度进一步完善并反复修改，多层次征求意见后，经全体教职工大会表决通过的基础上诞生了。

我们认为一张试卷定乾坤的质量评价制度是错位的，评价不应只是为了论长短而应为了促发展，评价的最高境界是让新课改所倡导的基本理念化作老师的意识形态和自觉行动。在当今教育者不得不戴着镣铐跳舞的大背景下，要想实施新课改，想真正把新课改的理念落到实处，唯一的出路就是建立评价机制，用评价来导航。实践得知，所建立的评价机制要想适度必须基于对两个对象的全面思考。

首先，是基于学生的思考。对学生而言，什么样的评价才适度呢？兼顾考分的高度和学生快乐程度的评价才适度；铺上诚信底色的德育评价才适度；注重自育、注重反思的德育才适度；对小学而言注重"养成"的德育才适度；把"养成"与诚信反思融为一体的德育才适度；把养成与反思设为课程，以牵动课堂内外校内校外，持之以恒引领形成适宜每个孩子成长的"诚信场"最适度；托住"底儿"，人人参与的德育才适度。

其次，是基于对教师的思考。对教师而言，什么样的评价才适度呢？能引领教师关注学生身心健康的评价才适度；能引领教师全面落实素质教育的评价才适度；能引领教师养成良好的师德修养的评价才适度；能引领教师积极主动发展、自主发展的评价才适度；能引领教师团队大胆创新、和谐共进的评价才适度；能适应教师的承受力便于操作的评价才适度。

2. 机制的内涵

我校的评价机制是个系统工程，有对年级组、教研组、处室、班级等整体团队的评价；有对老师、职员个体的"敬业"共性评价；有对教师职员的基本功、考勤、工作量评价，更有对老师的教育教学业绩评价；这里重点说的是教师的教育教学业绩评价。

适度教育质量评价机制概括讲包括 6 项评价指标：一是期末卷面考试成绩评价（书写，进步幅度，离散度评价）；二是学生的近视率纳入评价；三是学生学科素质、潜能开发质量评价（语文、数学、综合学科）；四是主题性学习能力评价；五是学生的行为习惯、文明礼仪、诚信品质的养成性评价；六是学生家长对老师的满意率评价。

3. 机制的运作举例

评价机制是个系统工程，各个部门、各个团队、各项工作、各个层面都有评价，这里仅举例说明对于教师教学业绩评价的运行与操作。

例 1：主题性学习能力评价

主题性学习，对老师而言，是为落实新课改理念而尝试探索的一种试图改变教师的课程观进而提升教师的课程开发能力的一种课程开发模式；对学生而言，是为了落实新课改理念，试图改变学生学习方式的一种探索，我们自 2007 年元月开始提出并于当年春季学段付诸实施。

　　这是一项综合评价，既评价老师的开发课程、整合课程、驾驭课程的能力，又评价学生的收集、整理、归类、反思、合作、探究、提炼总结等自主学习能力，更是为那些个性突出的孩子搭建了一个自主成长的舞台。具体操作：学期初各班选定主题，围绕主题进行过程实践，期末集中展示评价。展评时一要组成评价小组——中层以上团体领导和骨干教师；二要亲临各班现场评价；三要主题资源共享。

　　这个评价过程是个三棱镜，不仅形成了丰富多彩的课程文化，还有着较强的折射作用。一能折射出老师开发课程、整合课程、驾驭课程的能力；二能折射出老师的教育理念是超前还是落后，是否真正为孩子的终生幸福奠基；三可折射出孩子们最本真的生命状态，是积极的、热情的、快乐的、自信的，充满朝气的，还是萎缩的、怯懦的、自卑的、封闭的；四可以折射出老师的工作状态是积极乐观的，还是消极怠工的；五可以折射出老师平日里在孩子的行为习惯养成方面所下的功夫，比如：学生的仪表、学生的表达谈吐、学生的卫生状况、行为习惯、文明礼仪，教室环境、学习阵地建设和使用情况等；六可以折射出你是否有一个真真正正、扎扎实实的过程，没有这样一个过程，想突击造假是造不出来的；七可以折射出家校沟通的能力和效果。

　　主题性学习能力评价同时又是一个纽带和桥梁。通过这个评价活动，可以起到一般的卷面评价所不能达到的效果：一可以增进教师之间相互了解；二可以让教师得到及时鼓励，体味到工作的成就感、成功感和幸福感；三可以给学生以鼓舞，激发学习兴趣，激活生命成长的状态，使学生更加积极向上；四可以使家长及时了解学生的状态增进对教师工作的理解；五可以为每个学生搭建平台，鼓励学生冒尖儿，全面开发学生潜能。评价的效果：在这个平台上，我们评出了全体教师"生活处处是课程"的新理念，评出了全体教师人人能开发课程的能力，评出了丰富多彩的课程文化，更评出了学生的全面发展、全员发展和个性发展，评出了学生自主学习能力，彻底改变了学生的学习方式。新课改的目的是要通过改变教师的教学方式，进而改变学生的学习方式。我们把学生的学习方式纳入评价就是为了引领和促进老师改变自己的教学方式。真正量出了不同学生的不同长度，量出了每个学生自己的满分，量出了学生的自主自信健康向上的生命质量。例如：一年级（4）班的小雨滴课程，全班围绕"小雨滴"开展主题性学习，小雨滴的来历、雨水能不能喝、小雨滴的歌曲、小雨滴的童话、小雨滴的故事、小雨滴的歌谣、小雨滴的绘本，等等。让学生在短时间内了解了小雨滴的许多知识，从中获得综合提升。再如：二（1）班的走进经典，把《论语》装进我的大脑；二（7）班以吃喝为主题的学习成果汇报，四年级的诵增广贤文，做少年君子等，都在不同程度上展示着主题性学习带给学生的发展和成长，令人惊叹不已。

例 2：诚信评价

主要指学生的行为习惯、文明礼仪、诚信品质的养成评价。

这项评价是对学生个体的一种德育评价。我们小学搞德育的重点是养成良好的习惯（学习和行为）和良好的文明礼仪并具有基本的公民素养。因此，仅靠简单的说教或者偶尔搞的一两次活动是远远不够的，必须构建一个持续的诚信评价场，来调动孩子的主观能动性积极参与，让学生在不断反思、不断内化、不断强化中进行自我教育，从而达到理想的教育效果。之所以说是诚信评价场，因为在我校的实践中，这个评价是无处不在、无时不在的，甚至包括学生、班主任、家长无人不在其中贯穿五年小学整个过程的评价。我们营造的这个场是靠一个抓手，即《小公民素养自育手册》，一条途径，即每班每周一节的小公民修身课。

具体操作分如下步骤：

第一步，全面对照自省评价，每月进行一次。我们结合培养目标，从身体壮、心智强、习惯好、讲诚信、爱学习、懂感恩、有教养、善创新八个方面，根据低、中、高年级学生不同特点，分别制定了 55 条、65 条、82 条标准，这些标准具体明了、简便易行，贴近学生年龄特点和身心发展实际，低、中、高三个学段达标评价的内容和要求梯级呈现。在每周一次的诚信评价课上，学生们逐条自省反思，并在相对应的格次内涂上色彩。

第二步，承诺践诺多维评价。如果说为学生制订自评标准是"要我做"，那么，承诺就是"我要做"，进而化被动为主动。承诺分为集体承诺和个人承诺，集体承诺旨在培养学生的团队意识、合作意识、公共秩序意识等。例如：母亲节时大家集体承诺为妈妈洗一次脚；集体承诺不大声喊叫，不乱涂乱画，个人承诺，每天晨读20分钟，每天早上收拾好自己的房间。有了承诺就应该践诺。这一过程既是自律过程，又是慎独过程，更是学生形成诚信品质的过程。透过一个孩子的日记就能发现诚信践诺的心路历程。

2009年11月8日　星期二　晴

我在本周承诺了"不围观小摊，不买零食"，可是，走在放学的路上，闻到小摊上食品散发的香味，正要上前去买时，突然想到我的承诺，又赶忙把钱放回口袋里。不行，要是让同学发现，在评价课上当着老师同学的面说出来，我还算一个诚信的人吗？我决心抵住零食的诱惑，实现我的承诺，养成不买零食的好习惯！回到家，我一下吃了两个馒头一碗菜，妈妈见我吃得香，一直夸我是个男子汉，原来抵住诱惑实现承诺是这样快乐！

可见，承诺与践诺的过程，既是责任意识觉醒的过程，更是诚信品质逐步养成的过程。由于承诺践诺是循环往复不断发展变化的，这就使得立信修身呈现螺旋提升的系列化状态。

第三步，自评、互评。自评和互评是诚信评价课上占用时间最长的一个环节。这一环节不但是对学生践诺的督促，更重要的是学生诚信品质的养成。自评是学生个体内心的反省，而互评则为每个学生营造了一种浓厚的立信修身氛围。每个学生都是向真向善的，难免对自己的评价存在虚假和掩饰，而来自同学、家长、老师的监督犹如一道道亮光，充斥于学生个体生活的空间，这就促使学生实事求是地评价自己，完成了学生诚信品质塑造与行为习惯养成的完美对接。自评和互评，评出了良好的班级舆论，评出了根植诚信的心路历程，评出了孩子们健康成长的道德晴空。当集体充满阳光的时候，每个个体都将是灿烂的！

第四步。师长评价。由于小学生分辨是非能力还不完备，自评和互评往往出现偏差，我们在诚信评价手册内设计了"教师寄语"和"家长心语"专栏，以高度负责的教育情怀来导引学生的思想方向。"今晚爸爸出差回来，就看到了你的自评和承诺。你以前总认为孝敬父母是长大以后的事，现在终于明白孝敬父母就在日常的生活中，并保证每周给妈妈洗一次脚。我很感动，孩子，你真的长大了。"一句句真诚感人的召唤，犹如春风化雨滋润着孩子们的心田，使他们在成长的快乐中向着理想的彼岸扬帆远航！

一个个庄严的承诺，一次次内心的反省，一天天精彩的自我超越，使孩子们接受着化蛹为蝶的蜕变。孩子阳光了，老师幸福了，家长感动了，教育有效了。我们坚信，有"课堂"搭建平台，有"诚信"保驾护航，有"评价"加油助力，有"师长"指路引航，我们的每个孩子都将收获精彩幸福的人生！

诚信评价课，可操作性极强，学生乐于接受，构建起学校、家庭、社会共同育人的立体网络，真正把宽泛的德育工作落到了实处。老师说：诚信评价课是小课堂大世界；家长说：诚信评价课让我们能看到孩子在一天天长大成人；我们要说：诚信评价课为孩子立信修身提供了一方沃土，撑起了一片纯净的道德天空！

实践得知，诚信评价课不仅让宽泛的德育工作着陆，更解决了长期以来小学德育中存在的价值引领和习惯养成相脱节的问题。

我校的诚信德育，寓诚信立人于习惯养成教育过程之中，使学生思想道德建设工作形成了以诚信立人为价值引领，以习惯养成为基本目标的常态化格局，引导每一位学生、每一位老师、每一位家长自觉践行、共同参与、携手推进，使诚信品质的塑造与行为习惯的养成水乳交融，自然天成。

这样的教育还会错位吗？

四、发展绿色的教育，构建适度教育育人系统

适度教育，是指教育者顺应生命成长的自然规律，对受教育者进行恰如其分的教育。实施适度教育，构建科学完善的绿色育人系统，是托住"底儿"办真正适合每一个学生教育的需要，是让每一个孩子健康全面可持续发展的需要，是尊重办学规律实现教育资源均衡化发展的需要，是让学校健康发展、可持续发展的根本出路。

该系统包括自成体系的办学思想，清晰明了的目标方向，完善科学的质量评价，科学育人的绿色质量，基于过程的公民德育，特色鲜明的校本课程，多彩丰厚的文化润泽，全人成长的目标导航。即思想引领、评价导航、科研管理、绿色质量、公民德育、有效课堂、文化润泽、全人成长。只有致力于对以上几方面的深入思考和系统建构，才能真正建一所教有特色、学有特长，师生共享成长幸福的、充满活力的、有文化有内涵的学校。

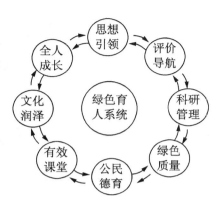

（一）思想引领

苏霍姆林斯基说过："校长对学校的领导首先是教育思想的领导，其次才是行政领导。"校长的思想观念、价值取向决定学校的办学思想，在很大程度上也影响着学校文化的创建，制约着学校的可持续发展。2012 年 8 月，我调入濮阳市第二实验小学任校长，新一届领导班子成立，我们对学校的优势、困难、机遇、挑战等方面进行客观分析之后，决定在传承学校已有办学成果的基础上，从精神引领、价值取向引领、教育理念引领三个层面对全体教职工进行思想引领。

精神引领。精神引领乃学校文化建设的最高境界。只有植入精神文化之根，才能长出枝繁叶茂的学校文化内涵之树，否则任何单项实践，任凭多么深入，都只是学校文化大树的一个枝梢。为凝心聚力打造一支有"魂"的队伍，我们明确提出以"正气、大气、雅气"为校魂，以"做最好的自己"为校训，力促教师发展、学生发展、学校发展。对全体教职工先后做了《巩固中传承、稳进中提升》《实施适度教育，构建绿色育人系统》《人人背好自己的猴子》《大气的人应有的十种品质》《潮起正是扬帆时》等系列讲座，统一了思想，凝聚了力量，提振了精神。

价值取向引领。即人生观价值观的引领。当人的精神得到激励后，最急需的不是如何做，而是方向感，这个方向不是别人给定，而是自己定，只有朝着自己定的方向努力，才能称其为主动发展，这是我们实施的适度教育追求的最高境界——去被动化。那么怎样引领呢？我们罗列出人的三种活法，让大家从中体会：究竟怎样

才是大气的人应有的人生观和价值观，究竟什么才叫精神的高贵和生命的高贵？第一种活法，像安于现状的小草一样活着。第二种活法，像努力开花的小草一样活着。用自己的方法去赢得人们的关注、喜爱与尊重，这种小草，不仅不会被人踩在脚下，甚至会被捧在手上，供在家里。第三种活法，橡树一样活着，一直努力地往高处长。同时我们又明确提出新的办学目标——实施适度教育，构建绿色育人系统，努力把二实验办成一所教有特色、学有特长、师生共享成长幸福的充满活力的、有文化、有内涵的学校。育人目标——精心培养身体壮、心智强、习惯好、讲诚信、爱学习、懂感恩、有教养、善创新的高素质小公民。教师成长目标——全人成长，即教师要瞄准职业道德成长、专业技术成长、精神心灵成长、健全人格成长四个方面完善和发展自己。共同愿景激发了师生们的积极性、主动性、创造性和向上性，每个个体都能够自觉地与学校融为一体，形成了学校发展的强大生命力。

教育理念引领。绿色教育的本质是遵循人的生命成长的自然规律。实施适度教育，构建绿色育人系统就是通过构建生命健康幸福成长的绿色系统，让每一个师生都能身心健康地可持续发展。适度教育是我校办学思想的核心，其"让每一个生命幸福成长"的核心办学理念和六大过程操作理念都在教育教学及学校管理过程中发挥着主要作用，引领着学校朝着绿色教育的航向阔步向前。适度教育研究是我们提升办学水平、办学质量的重要抓手，无论是向全国教育科学规划办申请立项的《小学适度教育内涵与实践研究》，还是省级立项的《适度教育的内涵与实践研究》课题，都随着研究工作的深入开展，逐渐形成适度教育实践的丰富内涵，成为引领大家日常教育教学行为的航标灯，抑制过度的教育，提升不及的教育，调整错位的教育，发展绿色的教育已成为我们的办学原则和每位教职员工的执着追求。

（二）评价导航

评价是学校教育教学活动的基本环节，也是保证学校教育教学活动沿着正确的方向向前发展的重要手段。凡是教育工作者，恐怕都曾有这样的感慨：多一把衡量的尺子，就会多出一批好学生；每一个孩子都是一个独特的存在，你给他多大的舞台，他就能创造出多大的惊喜。教育艺术的本质不在于传授，而在于激励、唤醒和鼓舞。基于此，我们从学生全面发展、健康发展、终身发展的角度出发，以立德树人为总目标，以公民德育、绿色质量为引领，营造和谐民主的课堂文化，倡导小组合作交流探究学习，建立以"多一把尺子量出每个孩子的满分"为主导思想的评价体系，让每一个生命幸福成长，既托住"底儿"，又拔出"尖儿"。当前学校正在积极推进实施展示性评价模式，这种评价模式在我原来任职的学校已经实践探索多年，既面向全体学生又让学生学有特长，既是教师教学过程的导向，又是学生全面发展、个性发展的导向；这种评价方式是客观公正的，是公平的，是用不同的尺子丈量出不同学生自己满分的评价方式，既能量出冬瓜的大，又能测出辣椒的红，乃至茄子的紫，棉花的白；这种评价方式引领下的教育才是最适合每一个孩子的教育。2013年9月，学校开设了展示性评价作品室，里面摆放的是师生的各种作品；在2014年和2015年举办的两届书香文化艺术节中，每一位师生都找到了自信，"我能行"得到了鼓舞和印证。特别是2015年刚刚过去的第三届书香文化艺术节，孩子们人人动手，人人展示，每个教学楼的每个走廊展示的都是孩子们的作品，不会说话的墙壁走廊变成了富有灵性和生命力的艺术长廊。全校45个班级传来的是孩子们的歌声、笑声……那是孩子们用自编自导自演的节目以自己的方式欢度自己的节日，自由地、快乐地释放着自己的潜能，那是孩子们幸福拔节成长的声音。学校还特为在书法绘画方面擅长的孩子举办了个人作品展，为突出的班级举办了班级书画作品展，这些都是建校27年以来首创的亮点。评价不是为了论长短，而是为了促发展。期待展示性评价方式为我校教育带来一个光辉灿烂的明天。

近一年多来，我们还经过深入走访、座谈、召开不同层面会议，坚持四项基本原则：即教学业绩评价关注学生发展；教学素养评价营造学习氛围；绩效工资发放体现优绩优酬；年级组工作评价凝聚团队意识。由教代会民主表决后，完善、修订了一系列切实可行的考核方案和学校管理制度，为学校走出一条科学的、和谐的、可持续的绿色教育发展之路提供强有力的支撑。

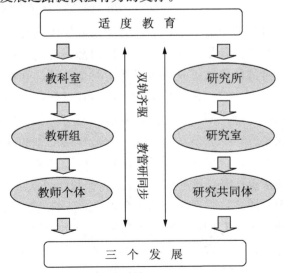

（三）科研管理

在学校科研上，一般都是部分人参与开展小课题研究，而多数人游离在外，事不关己高高挂起者居多。试想，如果一个学校的研究氛围，仅仅是个别人参与的所谓合作研究，即便是出了点成绩又如何呢？又能代表整个学校各个领域都有着先进的理念精彩的实践吗？因此，促使我们深入反思——科研与教育教学工作不能脱节，工作就是科研，科研就是工作，二者不可分割，分割后的所谓教学所谓科研都是难以站得住脚的。

我们探索实施"三全科研型管理模式"，其中"三全"是指"全员参与研究、全过程科研管理、全方位渗透实施适度教育"的意思，对中层岗位职责进行了重新明确和理顺，在原来科室职能基本不变的基础上，增加研究功能，成立了十个适度教育研究室：教学管理研究室、教师全人成长研究室、语文课堂改革研究室、数学课堂改革研究室、信息技术研究室、养成教育研究室、后勤服务研究室、家庭教育研究室、学校行政管理研究室、教师幸福工作研究室，用科研带动学校全方位快速发展。该模式由不同层面的小团队组成，但是每一个小团队都有着共同的研究方向，即我（们）的工作适度吗？哪儿有过度？哪儿有不及？哪儿有错位？老师们的工作过程变成了研究过程，所有的人都在一个自动运转的系统中，在该系统中每一个小团队都在反思检修自己的工作系统，每一个人都在反思检修自己的工作，尤其是处在该系统中的小团队自然成为一个个动车组，感人的是每节车厢都有自己的动力。走进各个办公室，你会发现各科业务组长桌上都放着一个厚厚的本子"适度教育下的课程改革研究记录本"，里面记载着各任课老师在日常工作中发现的一些过度、不及、错位现象及解决办法。"三全式科研管理模式"引领大家在一个不断自查自纠自我修复和自我完善的过程中成长，每个人的综合素养都提升很快，有力地促进了科研兴校、科研兴教、科研兴师。

（四）绿色质量

绿色教育的本质就是在学校教育中体现可持续发展的理念。我们追求的绿色质量，就是不以牺牲人的生命健康为代价的教育教学质量，不无故加重孩子的课业负担，而是向四十分钟要质量。我们构建的绿色育人系统就是要精心配制适宜每个师

生幸福成长的绿色土壤，施教者要顺应生命成长的自然规律，以一种发展的眼光、宽容的态度、期待的心态，在适宜的时间和空间内，采取适当的方式、方法、措施，营造一种安全轻松、相互接纳、健康和谐的教育氛围，对受教育者进行恰如其分的教育，从而达到教育本真状态，使受教育者的身心得到健康、和谐、充分的发展。其实每个学生的大脑都是一个丰富的宝藏，亟待教育者通过适当的教育方式和教育方法进行适度开发。所以老师要创造学生感兴趣的教育形式，让学生当主角，尽可能多地为孩子成长和个性发展创造机会、营造条件、搭建平台，让其特有的潜能和天赋遇到适宜的土壤，自己冒出来，进而得以发展。我们有两种做法：一是变革课堂：老师大胆地把课堂放手给学生，让学生自主预习、未教先考，让学生去选择、去思考，让学生去参与、去负责，让学生学会自主学习。二是变革活动：彻底摒弃由班主任自己设计好让学生参与的活动。学生的活动一定要让学生自己设计、策划。这里需要两个角色的转变，就是老师要由活动的设计谋划者变为学生的好参谋，鼓励发动学生的吹号手；学生要由"让我参与"变为"我要参与"，由"让我们做啥我们做啥"变为"我的活动我做主"。活动中，孩子们自己设计有时缺乏艺术性，节目有时显得有点拙，但我们绝不歧视。我们相信，只要我们把学生放在首位，相信学生、放手给学生，学生定会不断地给我们创造惊喜。同时广泛开发校本课程，40 门（不含班本）校本师本课程供学生选择，每个年级的书法、美术、音乐课都有了专用教室，各科兴趣小组都有自己的活动场地，真正实现了全员参与，全员发展，全方位提升的教育教学目标。

（五）公民德育

我们的育人目标是精心培养身体壮、心智强、习惯好、讲诚信、爱学习、懂感恩、有教养、善创新的高素质小公民。围绕育人目标开设了小公民修身课程，编印了德育校本课程《小公民素养自育手册》，该手册提出的目标要求由低到高呈梯级状，内容对照育人目标分八部分，低中高年级不同、标准要求不同，涵盖了小学生学习、生活等方方面面。每周一下午第二节课，是该校的小公民修身课，在这节课上，针对上一周学生在《小公民素养自育手册》上的集体承诺、个人承诺，通过自评、互评、小组评、家长评、老师评，得出评价结果和改进意见。在自评过程中，如果觉得自己承诺的习惯要求都达到了，就在自评栏里涂一个"笑脸"，完成得一般就涂一个"平脸"，没有达到要求就涂一个"哭脸"。同样，在小组评价中，小组成员根据被评价学生的表现进行客观评价，根据情况涂上"笑脸""平脸"或"哭脸"，最后，还要有家长和老师的评语。《小公民修身课》成为了每个孩子健康成长的有效保障，因为它评出了学生的诚信品质，评出了崇尚美好的集体舆论，评出了辨别是非、美丑的砝码和尺度，使学校教育和家庭教育实现了有效对接。同时，我们每周从着装、间操、集会、卫生、路队等十六项入手，评定"十爱文明班"。开展"五不"教育。个人卫生五不：头发不乱、手脸不黑、指甲不长、衣服不脏、鞋袜不臭；护墙五不：手不摸墙、身不靠墙、脚不蹬墙、物不触墙、笔不画墙；护树五不：手不晃树、脚不蹬树、身不靠树、笔不画树、刀不刻树。课间活动五不：不乱跑、不喊叫、不扰人、不打闹、不骂人；校外文明五不：娱乐不进入"三室一厅"；行路不违犯交通规则；游玩不破坏花草公物；交往不打架骂人；花钱不铺张浪费。评定"文明小标兵"、"十佳文明班级"。通过对卫生、课间、课堂、两操、路队等进行星级量化评比，一天一小结，一周一总结，一月一汇总，提高了学生"自主管理"的能力。

实践证明，以《小公民素养自育手册》为抓手的公民德育，是切实有效的基于学生成长实际的德育，远离了大而空的口号，使我们的德育工作紧贴学生实际，得到了每一个家长、学生、老师的共鸣与赞同。

（六）有效课堂

适度教育追求适度课堂，让孩子们自由成长。现在我们把自己的课堂定位于有效课堂，是因为我们发现目前有的课堂还存在课堂教学低效，无效甚至负效，究其原因，一是认识问题，即个别教师对教材的解读不够深刻、对学情把握不够到位、对教学目标定位不够准确；二是课堂实施低效运作问题，个别教师不能在预设和生成之间求得平衡；三是有在课堂上批评教育学生或处理与教学无关的事情之现象。基于此，我们在学校掀起构建"自主、有效"课堂高潮，人人追求堂堂有效，先有效，而后高效，也唯有这样才能扎扎实实逐步实现高效课堂。

我们通过各个层面、各个研究共同体的研究，达成共识，提出了有效课堂的评价标准：一是当堂完成教学任务，不布置机械重复性作业；二是通过实施分层教学、分层训练，使各层面的学生都能在现有的基础上实现最大发展；三是保证每个孩子都有乐此不疲的学习兴趣，且人人会学习，人人主动学习；四是全面开发学生的潜能，促使学生全面发展。

为使堂堂有效，逐步趋于高效、绿色化，学校启动了"青蓝结对工程"，更加重视了对青年教师的培养；举行了示范课、观摩课、青年教师展示课、过关课等活动；加大了随堂听课力度，对校长、中层提出明确的听课要求和标准，且及时评课研讨，充分发挥校长、业务校长的指导和名师骨干的辐射带动作用，校长、业务校长亲自指导，使广大教师从教法、理念、理论等方面都有了大幅提升。特别是我校提出的"三重三实五步"教学法，是实现绿色有效课堂的基本途径。以语文为例，"三重"是"重阅读、重积累、重过程"；"三实"是"真实、朴实、扎实"；"五步教学法"是语文的"测、读、赏、展、写"和数学的"测、读、讲、展、练"。该方法目标明确、简单易行、方便操作，强调学生的自主学习、快乐学习、有效学习，老师们普遍认可，积极实施，将使我们的语文课展现出新的局面。

（七）文化润泽

文化最根本的作用就是升华人的思想，能深刻地影响、塑造和改变人。我们在充分传承好学校历史文化底蕴的基础上，找准学校发展的切入点、着力点和创新点，用"儒雅"文化引领全体师生实现既定目标和价值取向的一致，使之根植于师生的

内心，外化于师生的行为，塑造儒雅教师，培养儒雅学生，促使学校教育绿色可持续发展。我们创建的校园文化核心词"儒雅"：一是以校魂"正气、大气、雅气"为基本精神和基本出发点，围绕"儒雅"进行系列思考和创建校园文化，从儒雅之根、儒雅之智、儒雅之道、儒雅之德、儒雅之博、儒雅之礼等方面全面诠释和建构儒雅文化课程，每一方面都有 20 多个关键词来支撑，每一个关键词又都有两句话进一步解读，而后让师生自己书写、张贴、熟背、理解、运用、践行，久而久之，就形成真正的学校文化；二是改革书法写字课现状，把临帖教学与抄读经典紧密结合，既是对书法教学特色课程的一个综合提升，又是师生全面发展综合提升文化素养的基本途径，更是传统文化教育与我校师生全人成长工程紧密结合的一个契合点。我们特设了教师经典抄写室，倡议全校师生及家长都读背抄写践行《弟子规》，还特邀家教专家、国学专家先后为我们做专题讲座，引导孩子们读、背、践行《弟子规》，这些圣贤圣训已经根植于师生的心灵，且固化成其行，一个个孩子日渐变得儒雅有教养。

（八）全人成长

在党的十八大提出"立德树人"的根本目标后，我们立即对现行师生成长模式

进行反思，这一根本任务对我们提出了全新的工作要求。

首先，"立德"是要促教师全人成长。多年来，我们一直提倡教师专业成长，但之前的定位已经远远不能适应时代的发展和需要，必须强调教师的"全人成长"。我们提出的教师全人成长观包括四个层面：一是教师的道德（职业道德、家庭美德、社会公德、个人品德）成长；二是教师的专业技术成长；三是教师的健全人格成长；四是教师的精神心灵成长。只有引领老师们自觉地用包含这四大因素的尺子丈量出自己的人格高度，才能完成党和国家赋予人民教师立德树人的神圣使命。学校为设计教师全人成长档案册，让老师根据自己的实际每学期制定全人成长目标，记录全人成长典型案例，进行全人成长总结，立体化的综合实践促使老师们又快又好地成长与发展。

其次，"树人"还要让学生"全人"成长。我们本着让每一个生命幸福成长的核心办学理念，提出了让学生成为"身体壮、心智强、习惯好、讲诚信、爱学习、懂感恩、有教养、善创新的高素质公民"的培养目标。以学生为圆心改造学校，努力创办适合每一个学生成长发展的教育，力促学生全面发展，全人成长，从而为每一个孩子的终生幸福奠基。

总之，我们认为立足于建一个科学完善的办学系统，才更有利于形成育人所需的绿色环境，这个绿色环境才是实现"立德树人"教育目标的根本保障。任何靠一招一式为特色而特色的局部变革，势必离绿色教育的梦想渐行渐远。

走进教育实践

一、我的课堂

——三三五语文教学模式

随着新课程改革的不断深入，我们的语文课堂也在渐渐发生着变化。调入二实小后，为了进一步深化课堂改革，又为语文课堂提出了"测、读、赏、展、写"五字教学法，并引领同伴们深入探讨实践。目前已形成濮阳市第二实验小学"三三五语文课堂教学模式"。现将该教学模式介绍如下：

新课程标准指出：积极倡导自主、合作、探究的学习方式。我们长期实践与探索的"小学语文三三五教学法"能有效抑制课堂上教师的过度讲解，充分培养学生自主、合作、探究的意识，发挥学生学习的积极性、主动性。

（一）语文课堂的基本理念——三重三实

"重过程"即重视课堂上学生学的过程，把培养学生语文综合素养和自主学习的能力放在课堂上。

"重阅读"即在语文课堂中的各个环节，教师重视阅读方法、阅读内容、阅读量的具体指导。课内阅读侧重方法指导，做好课内外阅读的衔接，把课内习得的阅读方法运用到课外阅读中去，转化为阅读能力。

"重积累"即在语文课堂内外有意识地带领学生积累经典名句、古诗词、精彩片段等，采用课外积累、课中积累、活动促积累等形式积累语言。

"真实"即是从教学的态度上来说的，关注学生真实的生活阅历。玉从璞中琢，艺从真中来。真实是课堂教学的生命，是课堂追求的最高境界，也是课堂动态生成的源头活水。

"朴实"即是针对课堂教学的方式、方法、教学手段而言的。朴实的课堂要求我们在教学中没有花架子，没有与课堂无关的语言和行为，没有哗众取宠的调侃和媒体展示，所有的教学手段都是为学生学会学习服务的。课堂教学的最佳途径应该是："简约而不简单"。

"扎实"即是从教学的成效性来说的。课堂教学中应关注学生到底收获多少，在学习过程中能力的提升。扎实的语文课，要有强烈的训练意识，提高学生的语文素养。

总之，"三重三实"的语文课堂，应当遵循语文教学规律，既注重学生基本知识、技能，还注重语文综合素养的提高，重视语文的高度、宽度和厚度。

（二）简单高效的五环节——测、读、赏、展、写

1. "测"即检测。可以是对课前预习的检测，也可以是对课下积累的检查，也可以理解为"未教先考"。

低年级侧重字词和课文朗读效果的检测。字词检测主要测生字词是否会读会写，课文朗读是否做到"五不"，即不添字、不漏字、不错字、不颠倒、不重复。中高年级除了测生字词和课文朗读情况外，还可以检测学生课前资料搜集，学生对课后问题的思考。测的方法可以是个人汇报、小组汇报、组内检测、教师抽测等。测的结果用以及时调整自己的教学预设，使其更加符合学生的学习需要，避免教师在课堂上做无用功。

2. "读"即读书。读懂意思，读出情感，熟读成诵。

根据学生的认知规律及教学目标，教师要加强指导，有组织、有计划地读。低年级读课文教师要先范读，再组内练读，学生展示读；高年级读课文侧重于自由读、组内读、展示读。即初学课文时，通过朗读让学生把课文读正确，读顺畅。理解课文的重点、难点部分时，让学生在反复朗读中理解，把课文读懂、读畅，读出感情，不能以老师的讲解或学生的集体讨论来取代学生个人的阅读。

3. "赏"即评赏阅读。指在学生感知课文的基础上，针对教材内容和形式精心细致地阅读、分析、评价鉴赏。

评赏阅读一般抓住三个重要问题来进行。①文章主要写什么？②主要内容是怎样写具体的？③你认为哪个地方写得好？为什么？常用的赏析方法有：

（1）从题目上进行赏析——题目是怎样命题的？写出了什么？如：《生命 生命》和我们以前学过的课文题目相比，你发现了什么？是啊！作者为什么要用两个"生命"作题目呢？

（2）从特殊的标点中进行赏析——为什么用这个标点？这个标点对文章的表达起什么作用？如《"精彩极了"和"糟糕透了"》第四自然段中的几句话："七点。七

点一刻。七点半。父亲还没有来。我实在等不及了。"赏析在这一段中，文章为什么连续用了五个句号？

（3）抓关键词赏析——写出了什么？怎样写出的？《慈母情深》一课中含有四个"立刻"的句子："母亲说完，立刻又坐了下去，立刻又弯曲了背，立刻又将头俯在缝纫机板上了，立刻又陷入了忙碌……"赏析作者为什么连续用四个"立刻"？这样写出了什么？

（4）从句段上赏析——写出了什么？表达了什么情感？运用了什么表达方法？如《地震中的父与子》中，父亲面对大家的劝告，分别说了三句话"谁愿意帮助我？""你是不是来帮助我？""你是不是来帮助我？"赏析这三个句子表达了作者什么情感？

此外，还有从修辞方法上赏析，从写作顺序上赏析等。总之，赏析点可以是文章中的精彩句段，可以是写法上的独特之处，可以是句式上的有意变化，可以是修辞上的别具一格等。

4."展"即展示或拓展。

展示——展示朗读、积累、收获等。可以是个人展示，也可以是小组分角色展示。这一环节的展示朗读要求带着对课文的理解有感情地诵读，与第二环节的读不同，要求达到正确、流利、有感情地诵读。展示积累要求整理课文中的优美词、句、段，为运用语言打下基础。谈收获要求学生用流畅的语言总结自己本节课学到了什么。

拓展——以课文为中心，进行阅读拓展和思维拓展。阅读拓展就是阅读和本篇课文内容相关或写法相似的作品；思维拓展是发挥学生思维的宽度和深度，进行思维训练。

5."写"即书写和写作。

根据不同年级写的内容不同。低年级可以是习字、组词，句子仿写，每节课写的时间不少于 10 分钟；中高年级可以是修辞运用仿写，常见结构段的仿写（总分式结构、分总式、总分总、因果式、并列式、点面式等），文章续写、小练笔等。每节课写的时间不少于 8 分钟。

课堂中五环节教学流程，不一定在一个课时出现，可根据年级、教材内容、教学目标进行整合、创新。任何的教学方法都不是一成不变的，都是在一定的情境和条件下产生并发挥作用的。三三五教学法是在学校适度教育理念下提出来的，是一种理念上的引领，方法上的指导，实践上的创新与指南。

总之，实践证明，"小学语文三三五教学法"改变了教师教、学生学的方式，充分培养了学生自主学习的能力，抑制了教师用教材、教教材、讲教材、挖教材的现象。课堂真正成为了学生的主阵地，是一种行之有效、操作性强的绿色语文教学法。

二、校本教研与学校管理

——"三全科研型"学校管理模式研究

关于"三全科研管理模式"："三全科研管理模式"是我校申请的"十二五"期间省级课题"适度教育内涵与实践研究"的第一阶段研究主题，也是《小学适度教育内涵与实践研究》课题的第一阶段研究成果。课题《适度教育的内涵与实践研究》的研究实施在我校分三步走。第一步，通过构建三全科研管理模式，促进适度教育理念在我校各项工作中得到普遍渗透，使各部门各位教职员工进一步明确工作思路、工作要求和工作标准，进而提升工作效率和工作质量；第二步，各部门要构建起三全科研管理模式下各具特色的部门工作管理模式和工作运行模式，实现学校各项工作自动化、自主化、科学化，实现管理育人、教学育人、服务育人；第三步，实现适度教育研究内涵与实践研究的终极目标，即让每一个生命幸福成长，具体讲就是教师幸福、学生幸福、家庭幸福、社会和谐。在第三阶段中将实现每位师生员工和家长谈起自己成长的幸福、工作的幸福、家庭的幸福溢于言表、如数家珍，全方位提高人的工作幸福指数和生命幸福指数。

关于"适度教育"：本研究中的"适度教育"是笔者自 2007 年在濮阳市实验小学当校长时提出，并一直坚持研究实施的一种教育理念和办学思想。在经过"十一五"期间的专题研究之后，形成了一整套小学适度教育实践模式。其"小学适度教育模式研究"成果得到了全国教育科学规划办的鉴定，并获优秀等级。

"适度教育"是指教育过程、教育内容、教育方法等教育要素，均处于一种自然和谐状态的教育。要求施教者在适宜的时间和空间内，采取适当的方式、方法、措施，以一种发展的眼光、宽容的态度和期待的心理，营造一种相互接纳、健康和谐的教育氛围，顺应人的自然，开发人的潜能，对学生进行恰如其分的教育。进而达到教育的本真状态，实现人的全面、健康、和谐、可持续发展的目标。

"三全科研管理模式"是指在我们这种超大规模的学校，如何利用二八原理来撬动形成科学化管理模式，即以适度教育理念为引领，形成全员参与科研工作、全方位渗透适度教育、全过程实施科研管理的一种学校管理运作模式。研究目的：开展"适度教育理念下的三全科研管理模式"研究，一是因学校大教室多，为了降低管理难度，形成人人主动发展、人人自主发展的良好态势；二是大批量培养优秀师资，促进和激励广大教师走专业化成长道路，成长为科研型、专家型教师；三是促进适度教育理念在学校各项工作中的全方位落实，创办符合规律的教育；四是全面提升办学质量。研究方法：本研究主要采取行动研究法与经验总结法相结合。研究成果：形成了一整套适度教育理念下的三全科研型管理模式及其学校教育教学及各部门管理的具体工作模式及操作办法。研究结论：所形成的"适度教育理念下的三全科研型管理模式"能够极大降低管理成本，减少时间负消耗，大大提高管理效益，大面积提高教师的专业化成长和全人成长，促进各项工作迅速跨上新台阶，极易形成人人都是管理者，人人都是研究者，工作过程就是研究过程，工作的结果就是科研成果的良好局面。

（一）问题提出

第一，我们认为，自党的十八大报告中提出教育的根本任务是"立德树人"后，我们搞了多年的以促进教师技能提高的专业化成长已经不够用了，必须立足于全面育人的土壤建设与培育。比如教师队伍的整体塑造，即除了要有一流的专业技术外，还要有良好的道德情操、健全的人格素养、向上的精神心灵。另外，我们的学校文化构建、学校课程建设、教学管理、课堂改革、德育工作、后勤服务、家庭教育等，只有这些工作形成营养丰富的育人土壤，才能更有助于立德树人促师生全人成长。

第二，当下小学教育普遍存在教师职业倦怠，专业化发展劲头不足。特别是在一些老学校，教师平均年龄偏大，形不成梯级结构，教师工作疲沓，甚至出现推一推动一动，不推还不动的情况，为了促使教师走科研发展道路，形成自动化教师发展模式，变被动为主动，让教师人人积极发展，主动发展。

第三，当下的学校管理存在片面性，常常只剩教师管理，或者是只剩教学管理，有的甚至只抓班主任，而对其他学科教师或者学校职能部门人员存在不重视甚至忽略现象，导致同一屋檐下却是两重天，以至于顾此失彼。这种被视作管理中的不公平的学校管理，带来的结果却是自己拆自己的台，"人家不干我也不干"，导致学校整体工作积极性不高，因此，笔者认为管理上得托住底儿。

第四，本人2012年8月调入第二实验小学后，曾经的研究成果"小学适度教育模式研究"要能迅速引入、渗透、生根、发芽，并在新的土壤上开花、结果，必须找到一个科学播种的途径，为此需要构建一个实施科研管理的框架。

第五，为了能让学校管理一以贯之，不朝三暮四、朝令夕改，形成一个为大家所接受所掌握所拥护的一个自动化的模式。

基于对以上情况的深入系统思考，我们提出了"适度教育理念下的三全科研型管理模式研究"课题。三全，即全员参与课题研究、全程进行科研管理、全方位渗透适度教育。

（二）研究背景

本研究是新一届领导班子成立第三学期开始的。其开展实施有三大背景：

一是对教师队伍的思想引领：具体包括精神引领、价值取向引领、教育理念引领和目标引领。

精神引领。提出校魂"正气、大气、雅气"和校训"做最好的自己"。

价值取向引领：以人的三种活法来引领老师正确选择价值取向，即使这辈子当定了小草，也要努力开出一朵花儿来装点这美丽的世界。老师们的精神得到进一步激励。

理念引领。我们提出了适度教育在第二实验小学的核心理念是——让每一个生命幸福成长。具体的操作理念有：人人是星；尊重不同，承认差异；既拔出尖儿，又托住底儿；顺其自然适当引导；只有不一样的度才是适度等。

目标引领。我们提出了教师发展目标——即教师要全人成长，除专业技术之外，还有道德情操、精神心灵、人格素养等方面也要一同成长；家校培养和学生成长目标——即学生要成为身体壮、心智强、习惯好、讲诚信、爱学习、懂感恩、有教养、善创新的高素质小公民；学校办学目标——即要把学校办成教有特色、学有特长、师生共享成长幸福的充满活力的有文化有内涵的学校。

二是完善学校各项制度建设。在进行精神引领的同时，我们还对学校原有的规章制度进行修订和完善，从而加强制度建设，比如，《教师绩效工资分配方案》《教师工作考评方案》《职员工作考评方案》《学校考勤制度》《展示性评价实施方案》《年级组教研组工作评价方案》等，为办学提供了制度支撑，也为我们能更好地开展研究提供了保障。

三是学校校园环境建设及学校文化建设。学校致力于儒雅校园文化建设，我们围绕儒雅开发出：儒雅之根、儒雅之智、儒雅之道、儒雅之礼、儒雅之德、儒雅之美、儒雅之博等系列文化。书写作品布置在校园每个楼层各个角落，开发学校所有墙壁，展示学生所有作品，以最大限度鼓励师生。

在进行上述一系列思想理念、目标和制度、文化引领之后，我们的教师队伍思想得到统一，力量得到凝聚，目标达成一致的前提下，才开展实施本研究的。同时又对学校原有的八个职能科室进行重新调整，变原来的职能科室为十个适度教育研究室。分别是：全人成长研究室、教学管理研究室、语文教改研究室、数学教改研究室、养成教育研究室、行政管理研究室、信息技术研究室、后勤服务研究室、幸福工作研究室、家庭教育研究室。在此基础上开展研究。

（三）研究目的

一是促进适度教育理念尽快全方位根植于学校各项工作，促使学校走向科研兴校之路；二是为大大降低学校管理成本、提高学校管理效率和效益；三是促使教师队伍主动成长、自主发展，培养一大批科研型、专家型教师，造就一支高素质教师队伍；四是推动学校的教育质量的增长方式由经验型增长向科研型增长转轨；五是探索一种适度的、科学的、自动化的学校管理模式，促进学生健康发展，促进教师队伍专业发展，促进学校快速发展。

（四）研究意义

本研究如果成功，其一提升学校管理水平和办学质量，为造就优质教育资源，办出让市民满意的教育作出贡献；其二，能真正培养一大批科研型、研究型师资力量；其三，为广大同行提供可资借鉴的管理模式，实现大面积教育资源优质化。

（五）研究方法

本研究采取行动研究法、经验总结法、对比研究法、问卷调查法等开展研究。

研究设计与实施

（一）研究假设

如果在全校范围内坚持推进实施三全科研管理模式，就一定会达到研究目的，即全面调动教师员工的工作积极性，促进办学质量的全面提升，实现三个发展：一是教师队伍的大面积积极主动自主发展；二是学校管理质量的全面提升；三是全面提升办学质量和效益。

（二）研究过程

1. 普及适度教育理念，激发教职工全方位落实该理念的积极性

2012年秋季学段末，新班子提出三气"正气、大气、雅气"来铸造团队校魂，在凝心聚力提振精神的基础上，利用整整一天的时间，把笔者曾于"十一五"期间主持完成的"小学适度教育模式研究"成果，较为系统地与全体教职工分享。使老师们对适度教育的理念、方法、操作实施有了全面了解，同时清楚了适度教育就是要用不一样的"度"对待学生。适度教育就是要静等花开，就是要关注孩子身心健康和谐发展，就是要培养身体壮、心智强、习惯好、讲诚信、爱学习、懂感恩、有教养、善创新的高素质小公民。适度教育就是要在学校方方面面落实适度的原则，主动抑制工作中的过度，提升教育教学等工作的不及，调整教育教学等工作的错位，从而构建绿色的育人系统、办学系统……通过系统讲解、分组讨论、广泛交流、写心得体会，一方面使老师们开阔视野，拓宽工作思路；另一方面激发每位教职工落实实施适度教育的积极性和主动性，焕发了精神，统一了思想，明确了目标，寻找到实现目标的工作路径。

搭建三全科研型管理模式立交桥，让人人找到适合自己的位置。

为了更好地在我校全方位落实适度教育理念，全员参与科研的管理，实现全程开展科研的工作，我们构建了一种能够牵一发而动全身的学校管理模式——"三全科研管理模式"。以期让学校所有工作围绕学生发展、教师发展、学校发展服务，尽量压缩减少事务性工作时间，增加科研的时间权重和工作权重。我们对学校现有职能科室进行重新整合，变原来的职能科室为十个适度教育研究室，分别为：教研室一分为三变成"全人成长研究室、语文教改研究室、数学教改研究室"，全人成长研究室负责教师全人成长（师德师风）研究和非语数学科教学研究；教导处另命名为教学管理研究室，托住学校教学工作的底儿，负责全校教学管理工作研究；少先队另命名为养成教育研究室，负责开展学生养成教育研究；学校办公室另命名为行政管理研究室，托住学校行政管理工作的底儿，并负责研究学校文化建设、对三线服务人员如何进行思想引领以及学校卫生工作管理等研究；信息中心另命名为信息技术研究室，负责信息技术与学科教学整合，提升教育教学质量研究等；总务处另命

名为后勤服务研究室，负责带领后勤服务人员开展以人为本、以服务一线为本，以及服务工作立即精神等研究；学校工会另命名为幸福工作研究室，主要由工会人员专题研究如何让教师幸福工作，提升幸福工作指数；另成立了一个家庭教育研究室，由校长助理负责，主要由家长委员会成员组成一个家庭教育研究共同体，来针对家庭教育中现存问题开展研究。例如本学期研究主题为《家庭教育中孝悌文化研究》等。每个研究室首先成立校级研究共同体，其成员再分别带领所属的年级组或教研组、德育组等开展年级教育教学相关课题的研究，形成了主题鲜明、目标集中、上下贯通、互为补充和相互支撑的"三全科研型管理模式"。生动落实了"人人背好自己的猴子"的理念。

三全科研型管理模式结构示意图，如下所示（图1—图2）：

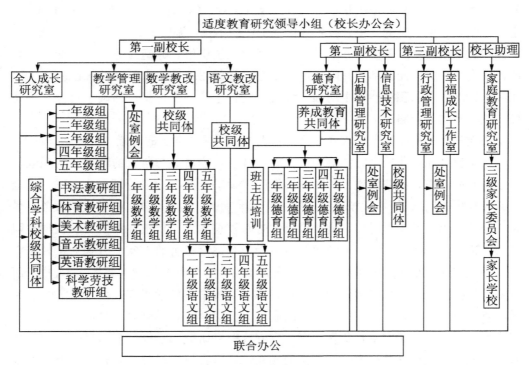

图1 三全科研管理模式图

团队研究工作一览表

部门	形式	时间	地点	主持人	参加人员	研究主旨	主导人
	联合办公	周一第3节	小会议室	教管主任:裴丽芳	处室主任、组长	解决学校管理工作中的过度、不及、错位	常务副校长
校级共同组	语文共同体	周五第3节	阶梯教室	主任:刘秋娥	主任、负责人	提升语文教学质量的模式研究	主管副校长
	数学共同体	周五第3节	数学研究室	主任:牛广朝	主任、负责人	数学课教学中小组合作学习有效度的研究	主管副校长
	综合共同体	周二第1节	全人成长研究室	主任:高素萍	主任、组长	如何提高非语文教课堂教学效率	主管副校长
	信息技术共同点	周一第7节	阶梯教室	主任:程志刚	处室成员相关教师	多媒体及网络资源在课堂教学中的适度应用	主管副校长
	养成教育共同体	周一第5节	养成教育研究室	主任:李秋杰	处室成员	小学生养成教育的实践与研究	主管副校长
年级组	年级团队	每月一次	各组办公室	年级组长	组内人员	年级组思想建设、管理研究及学习分享	主管副校长
教研组	语文教研组、德育团队	周三、五第7节	各教研组办公室	教研组长	教研组成员	组内语文教学和养成教育工作	主管副校长
	数学教研组团队	周三、五第7节	各教研组办公室	教研组长	教研组成员	组内数学教学	主管副校长
	非语文教研组	周三第2节	各专业教研组	教研组长	相应学科教师	各自教研专题	主管副校长
处室例会	班主任培训	同周一次	阶梯教室	主任:李秋杰	全体班主任	加强班级管理,提高学生素养水平	主管副校长
	教学管理研究室	周五第6节	教务处	主任:裴丽芳	处室成员	教学工作管理、学习分享	主管副校长
	行政管理研究室	周一第2节	小会议室	主任:马永军	处室成员	日常工作细节管理及学习分享	主管副校长
	后勤服务管理研究室	周一第2节	小会议室	助理:吴春鹏	处室成员	提升"立即"精神,提高服务效率、学习分享	主管副校长
	家庭教育研究室	学期初末各一次	小会议室	主任:吴芳	家长委员会	家校联手弘扬孝悌文化的研究	主管副校长
	幸福工作研究室	周一第3节	小会议室	主任:王玉萍	相关人员	以有益活动为载体促进教师快乐幸福健康成长	主管副校长

图2 三全科研管理模式下的工作职责分布图

2. 全方位开发人力资源，把工作过程变为研究过程

由上图不难看出，在我校人人都参与一个研究组织，且每一个研究组织都有其相应的研究内容，集中研究的题目同一组织内相统一，研究的时间统一，地点统一，研究方式方法由各团队负责人根据自身工作实际自定，既有统一性也有灵活性，方便操作实施。

本研究最大的不同是全员参与科研工作、全过程实施科研管理、全方位渗透适度教育，特别是每个研究小团队都首先有一个隶属于其研究室工作性质的研究主题，尽管工作岗位不同，研究专题不同，但是全方位渗透适度教育理念的目标相同，即都要研究我们的工作哪里过度了？哪里不及了？哪里错位了？怎样调整等？

即人人都在不同的岗位上研究相同问题——如何使自己的工作更加适度，也就是如何能抑制工作中的过度，提升工作中的不及，调整工作中的错位，发展和构建绿色的工作系统。

（三）研究特点

"三全科研型管理模式研究"体现了如下七个特点：

1. 全员性。在该管理模式中，真正实现了人人参与，全员参与。从校长副校长到中层正副职，到年级组团队，教研组团队、德育组团队、再到后勤服务教学服务团队，从校长到主任再到教师到职员，人人都在团队中。每个团队都有自己的研究任务、研究专题和目标以及时间安排，没有人游离到体制之外。全校 168 名教职员工共同构建了 39 个研究小团队，分别为：十个校级研究共同体，每周开展一次研究；五个年级组研究师德师风，促进全人成长，每月开展一次专题研究；五个语文教改研究组，每周一次研究，五个数学教改研究组每周一次研究，五个养成教育组每周一次研究，六个非语数学科组，间周一次研究，三个处室服务共同体每周一次例会。各研究团队之间的工作内容、研究主题相互独立，研究分工明确，配合默契，有条不紊。

同时，为了减少行政干扰，尽量降低管理成本，进一步提升管理效益，凸显教学工作的主体地位，学校实行联合办公会制度，由教学管理室牵头，由行政管理室协助托底儿，每周一上午第三节课时间，召开一次年级组长处室主任联合办公会，由常务副校长负责主导，以及时解决年级组老师层面存在的事务性问题，进而为年级组长腾出更多的时间去搞教育教学研究，以使学校管理工作更加适度。

2. 全程性。该模式中涉及的各项小主题研究，第一都是本部门的具体工作，因为其研究的过程就是工作过程，工作过程是贯穿始终的，所以其研究也是贯穿全程的；第二是由于各小主题是在学期初确定的，学期初一旦确定，就会贯穿全学期始终。由此，其研究工作不仅是全程的，而且会一以贯之，逐步深入的。

3. 全面性。该模式实现了科研管理全覆盖，从学科教学到教学管理，从教师全人成长到学生习惯养成，从一线教学到后勤服务，从行政管理到信息技术，从教学质量到教师的职业幸福等。各项工作都在研究的范围之列，而且样样工作都有专人带领专门的组织去研究，真正实现了学校管理全覆盖，横到边竖到底儿。

4. 主动性。主要指每位参与者在该模式运作过程中体现出主动性。三全科研管理模式示意图一张贴，就像是一个固定公告，每位相关的参与者只需记住自己在哪个时间该干什么，到时候不用提醒就自觉到位了，这是主动性的直接体现。这正是管理所要追求的最高境界。

5. 主题性。在该管理模式中，不管是哪个层面的研究，都上下贯穿着一个相同的主题，即适度教育，这在某种程度上是管理的高度，只有用一个统一的思想拎起学校所有工作，作为主要管理者才能驾轻就熟、游刃有余，不至于头痛医头脚痛医脚，才易于形成真正的系统管理。

6. 科学性。之所以说其科学，体现在三个方面，一是托住了对学校全体人员管理的底儿，没有顾此失彼，没有闲散游离人员，全在模式中有序高效优质工作，实现了人尽其才，才尽其用；二是全过程都在一种自动化的状态中开展工作，无须开会动员、提醒提示，大大降低了管理成本；尤其是该管理模式自动化形成了一种监督自觉和工作自觉，因为模式图的呈现使大家不仅知道了自己什么时候该干啥，还知道了别人在干啥，于是就自觉形成了一种抓紧时间事不宜迟的竞争局面，很好地促进了教师主动发展、自主发展；三是托住了全面工作的底儿，无论是教学、德育、管理、还是服务样样工作都纳入了管理的视线，没有哪项工作是主要的，也没有哪项工作是次要的，对每位参与者来讲，跟他所在的团队研究当前的工作就是最重要的，于是促进学校快速发展，产生更大的办学效益就不在话下。

7. 系统性。该模式的系统性主要体现在，每个研究分主题敲定后，成为它的下级团队的研究方向，同时所有下级团队研究的内容共同支撑上一级研究的研究主题，可以说在同一个部门，不同层面的研究团队研究的内容是有逻辑性和包含性的，同时又相互交错、相互支持。这就在科研管理模式的同时，自然形成了一个相互支撑、相互交错的绿色的育人系统，在此研究基础上，我们自然形成了一个绿色的育人系统，该系统可用三十二个字来表示，即思想引领、评价导航、科研管理、绿色质量、公民德育、有效课堂、文化润泽、全人成长。

研究结果

（一）全方位提高了人的主动发展积极性，消除了职业倦怠，实现了人尽其才，才尽其用

1. 管理队伍主动发展，培养了一大批科研型管理人才

学校管理者在"三全科研管理模式"中的主导作用显而易见，加上学校倡导"人人背好自己的猴子"这一理念的影响下，人人主动思考如何引领本部门开展工作，并且积极探索科学的工作方法，总结分享工作成果，这就无形中成长起一大批研究型、专家型管理人才；其次，我们的管理所不同的是，各研究室每学期都有自己确定好的本部门研究主题，主题确定意味着目标明确，围绕主题开展对工作过程的研究，这本身就是把工作的过程变成了研究的过程，久而久之，也能促进成长起一大批科研型、懂管理、会管理的管理型人才。从模式图不难看出，从校长到三位副校长，再到处室主任再到老师和员工，不仅明确分工，工作思路清晰，而且管理工作理顺，为科学运转创造了条件。我们的教学管理室主任裴丽芳，工作节奏快，善统筹，效率高，效果好，是个不可多得的教学工作管理人才；行政管理研究室主任马永军，善于托底，思考全面，勤政敬业，率先垂范，是个不可多得的行政管理人才；全人成长研究室主任高素萍积极主动，虽身兼数职，但稳而不乱，她爱岗敬业，不怕苦累，率先垂范，为人师表，是个不可多得的师德师风领头人；语文教改研究室主任刘秋娣，富有人格魅力，她为人忠厚，工作缜密，善于思考，精益求精，锐意进取，善于改革，是个不可多得的语文教改领头雁；数学教改研究室主任牛广朝，其工作令老师们非常服气，牛老师业务精湛，师德高尚，爱岗敬业，关爱学生，特别是其研究的数学教学模式和所做的数学教学示范课，令人心服口服，是个很少见的数学课堂改革带头人；养成教育研究室主任李秋杰，工作标准高，思路清晰，踏实肯干，任劳任怨，讲究合作，有号召力，定位准确，积极主动，是班主任辅导员们的得力助手，更是不可多得的大队辅导员。另外，我们还有不甘落后的工会主

席——教师幸福工作研究室主任王玉琴，老黄牛式的后勤主任吴春鹏；还有被誉为学生家长贴心人的家庭教育研究室主任 —— 校长助理吴芳，还有勤政多才颇受老师赞誉的信息技术研究室主任张芳娟，还有身兼数职、能说会写、颇有文采的党办主任王巧玲。

这支管理队伍各司其职、各负其责，在三全管理模式中，发挥着中流砥柱的作用，如今经过磨合，人人成长为懂管理、精管理、通业务、善合作的学校管理精英，为学校管理科学化提升打下了坚实的人力基础。

2. 教师队伍积极主动发展，综合素质得到整体提升

一是教师团队意识增强：三全管理模式避免了一竿子插到底的长官式管理，实行分层管理，年级组自治，即年级组长带领组内领导班子实行自我管理。所以人人争做优秀年级组实现共赢，团队共荣辱的局面。所以每个人都首先考虑的是如何为自己的团队增光，为自己的年级组增光，不仅消除了自私和单打独斗，而且提高了人人为团队、个个想集体的好局面，也就自然实现了爱校如家的目标。学校对十个研究室五个年级组进行团队意识调查，在发出的 150 张调查问卷中，认为老师们目前的团队意识较以前大大增强的分别占 100%、99.9%、100%、99.8%、100%；认为在实施三全管理模式以前的团队意识强的分别占 0%、0.1%、0%、0.2%、0%。

二是教师研究意识增强。在三全科研管理模式中，自然形成了上级和下级，级级相配合，层层有团队，团队有主题，人人搞研究的良好局面。真正实施了科研管理，托住了管理的底儿，也托住了教师的底儿，不仅实现了学校管理不留空白，横到边竖到底儿，而且每个人都能在课题研究引领下主动实现专业发展，促使教师队伍综合素质普遍提升。教师爱读书了，爱写反思了，人人写博写论文求发表。

3. 服务人员服务意识增强服务质量提升

三全科研型管理模式更好地把学校教学服务和工勤人员也纳入科研管理范围内，利用每周一次处室例会的方式，在处室主任的引领下，进行相关培训，以统一思想，明确任务，提振精神，凝心聚力，增强服务意识，提高服务能力。还要结合本处室工作实际，研究如何以服务育人为宗旨，研究如何更好地服务师生，提高工作质量，提升自己的工作主动性，久而久之，"人人背好自己的猴子"的理念也自然在服务人员心目中扎下了根。后勤服务、教学服务、行政管理三个研究室主任对本线工作人员积极性进行调查，其中团队意识、服务意识、积极性、教研氛围分别与 2012 年相

比，认为普遍增强的全部达 100%，对比统计结果如下图：

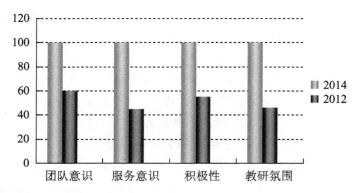

（二）全方位促进了办学效益提升

不言而喻，三全科研管理模式的实施，大大降低了管理成本，及时抑制了工作的过度，提升了各项工作的不及，调整了认识的错位，促进形成了易于学生全人成长的学校氛围，全方位提升了学校管理的质量，大大促进各项工作，使得各项工作迅速跨上新台阶，有效促进了学生发展、教师发展、学校发展。

1. 提升了学校管理质量，促进了合作、互助

自从实施三全科研管理模式以来，我校各项工作更有序、更高效、更优质。一方面，师生精神风貌发生了翻天覆地的变化，人与人之间关系也发生变化，变得简单、阳光、真诚，老师们激情饱满，有责任担当，积极进取，精益求精，诚信友善，敬业奉献，真正成为这支队伍的主流价值观。另一方面，我们的课堂教学改革得到深化、教研紧贴实际，符合工作需要；德育工作更加切合学生年龄特点和认知规律；教学管理工作更加优质高效；行政管理能够找准自己的位置，既搞好服务又托住学校管理的底儿；后勤服务坚持以人为本，以师生满意为原则等。学校大厅里的三全科研管理模式图，使大家一目了然，不仅知道自己在干啥，还知道别人在干啥。既促进了学校公平竞争，增加了工作透明度，又促进了沟通交流，相互学习借鉴，最终提升了工作质量，提升了办学质量，全方位提高了办学效益。

2. 促进了适度教育理念的全方位渗透

三全科研型管理模式是在适度教育理念下全方位构建的，其目的就是引领全校教职员工如何在学校工作的方方面面，能够适当渗透适度教育的理念和方法。所以，

各研究室在研究本部门工作主题的过程中，首先考虑的是我们的工作哪里过度？哪里不及？哪里错位？又怎样才能不过度、无不及、没错位？可以说每个人都要非常紧密和及时地结合自己的工作进行反思。也正是由于各个部门、各位教师和员工时常要围绕适度教育进行思考，作为管理者应思考如何让教师们工作更加有效又愉快？作为教职员工会思考我如何能更好与管理主任配合好工作，使我们的工作更默契更高效，各部门之间也更加注意配合，增强合作意识和成全意识。作为教师在考虑如何使课堂教学更适度、更高效、更优质，作为职员在考虑如何使自己的服务更加以人为本、以一线教师满意为本，以最终促进更好地以育人为本。所以，在该模式中，每个个体无论语言、行为还是工作的方式方法，就会越来越趋于适度，从而全方位落实了适时渗透适度教育的目的。

由"三全科研管理模式图"不难看出，该模式让学校各个处室各级团队与各位老师和员工建立了合理的业务联系，他们之间相互关联、相互补充，又相互支撑，却又相互独立。每个研究室、每个共同体、每个年级组、每个教研组、每个处室服务团队都有自己的研究主题。这就使得实施三全管理模式避免了头痛医头，脚痛医脚；避免了被外部的行政干预乱了阵脚，从而使学校管理本身增强了定力。比如每个研究室职责明确，且又成立了研究共同体，确立了属于自己的研究主题和目标，每个年级组、每个处室、每个教研组、德育组也都有自己的工作计划，这些工作计划与学期初所选的研究主题一脉相承、前后吻合，不管繁杂的外部事务怎么冲击，都不会使这个团队失去工作的方向，这就大大降低了工作的盲目性，提升了工作效率。

3. 提升了社会赞誉度

三全管理模式为第二实验小学带来了新的变化，赢得了广大同行和各级领导的认可与好评。近年来，先后到我校参观学习的同人累计达5000人次，有时一天就有两到三起。有来自秦皇岛、厦门、山东以及省内十七个地市的广大同行们。作为校长也先后应邀到省内外做报告，近两年来累计达32场。前来学校指导视察工作的领导有：省委常委宣传部部长、省教育厅厅长、省委政法委副书记、省文联副主席、省妇联主席、市委书记、市长、市委副书记，市委常委组织部部长和宣传部部长、市政府副市长、市人大常委会副主任、市政协主席以及各局委的领导。市电视台、广播电台，濮阳日报大河濮阳网、濮阳教育网、人民网等各大媒体先后多次报道我校，赢得了各级领导和社会各界的认可与好评。

4. 提升了家长满意度

我们对全校家长进行了问卷调查，随机发放问卷 240 张，回收 240 张，其中，三个问题调查结果如下：

（1）您对我校教师工作情况评价，满意、较满意、不满意？调查结果为：满意占 98%，较满意占 2%，不满意为 0%。如图所示：

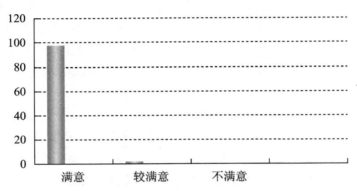

对教师的满意度评价（如图）

（2）您对孩子在我校的发展情况评价，满意、较满意、不满意？调查结果为：满意占 96%，较满意占 4%，不满意占 0%。如图所示：

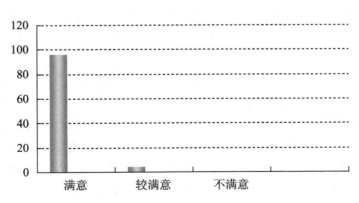

对孩子发展状况的满意度评价（如图）

（3）您对学校的管理工作评价，满意，较满意，不满意？调查结果为：满意占 97%，较满意占 3%，不满意为 0%。如图所示：

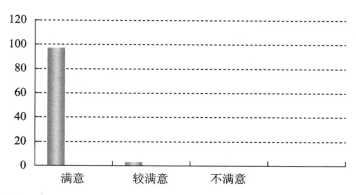

对学校管理的满意度评价（如图）

5. 为学生健康成长全面发展创造了良好的环境

（1）提高了学生对学校的向往度

实施三全科研管理模式以来，各项工作都有了新的突破，不仅学校校容校貌发生了很大变化，尤其是教师更加和蔼可亲了，教学更加有耐心了，跟孩子的交流更充分了，孩子们快乐学习幸福成长指数提高了，所以对学校的向往度也就自然提升了。我们感到高兴的是，从学校发出的 1000 张学生调查问卷结果显示，学生向往学校的占 100％，竟然无一人厌学。喜欢老师率也大幅度提升。学生对"你喜欢你的老师吗？"这一问题的回答满意率达到了 98.5％，比我们 2012 年底测评的结果满意率 92.6％，提升了近 6 个百分点。

（2）为学生健康成长创造了良好的文化氛围

围绕适度教育理念，学校积极打造儒雅校园文化，并围绕儒雅之根、儒雅之智、儒雅之道、儒雅之礼、儒雅之德、儒雅之美、儒雅之博等方面全方位构建了促使学生全人成长的校园文化。引导学生品儒雅文化，做儒雅少年。孩子们在行为习惯、学习习惯、生活习惯、文明礼仪等方面都有了很大提高。校园里见不到一片废纸杂物，没有随地吐痰现象，讲文明、有礼貌、守秩序成为我校一大亮点。特别是上下楼梯右行礼让，不大声喧哗，学生做得很好，人人树立起不妨碍他人的意识。

学校优雅温馨的环境布置，从红白相间都有儒雅名字的教学楼，到石景小喷泉，到走廊布置，再到一步一景的文化走廊，师说园、欧阳亭、弟子林、校魂墙、电子屏、图书角、阅览室、书袋子、师生作品展示墙、教师经典抄写室，再到功能齐全的少年宫，音乐书法美术专用教室以及班级文化建设；抄读经典活动以及升旗仪式、诵读经典等各种文化氛围的营造，处处都洋溢着浓浓的文化气息。真正形成了浓厚的育人氛围，极大地促进了学生健康成长。儒雅校园文化的构建，促使形成了适宜学生成长的精神氛围，更有利于培养有德少年，文明少年，促学生全人成长。

（3）广泛为学生成长搭建了平台

三全科研管理模式不仅提升了管理质量，还促进了课程的建立健全，为学生实现全人成长创造了课程条件。我们除了开齐开足国家课程外，还增设校本课程，有书法课、形体课、晨诵课、小公民修身课，同时还开设了 41 个学生社团，为不同潜质的孩子成长搭建平台。加上教学管理室的科学有效管理，不仅让学生人人参与、积极参与，还真正开阔了学生视野、开发了潜能、发展了特长、促进了学生全人成长。同时，我们还举办"书香文化"艺术节，让每一个学生都有机会展示自己、发展自己、提升自己。极大地增强了学生的自信，促进了学生全人成长。

（4）课堂教学研究促使学生学会了学习

三全科研管理模式的实施，不仅使管理到位了，文化氛围更加浓厚了，孩子成长的主渠道——课堂教学也更加优质高效了。语文数学三三五课堂教学模式研究促使课堂教学方式发生了根本性的变化。在三重三实五环节教学模式中，"三重"是指重阅读、重过程、重积累；"三实"即扎实、朴实、真实；"五环节"即语文的"测、读、赏、展、写"和数学课的"测、读、讲、展、练"。可见，无论是语文还是数学课堂，第一环节都是测，这就是说我们的课堂不再是老师从头讲到尾的满堂灌，而是以引导学生学会学习为主。现实的课堂中，我们的学生成为了课堂的主人，自主学习合作探究小组交流等教学方式让孩子们真正学会了学习，为具备终生学习的能力打下了扎实的基础。

研究成果

（一）形成了能够牵一发而动全身的学校三全科研型管理模式。

（二）取得了一系列部门研究成果。

"三全科研型管理模式"的全面实施，促使学校全方位收获了一系列研究成果，每个研究室在做好自己本职工作的同时，都总结提炼出自己的宝贵工作经验和科学模式，形成了自己的研究成果。如语文教改研究室的三三五课堂教学模式；数学教改研究室的三三五课堂教学模式；全人成长研究室的一线六翼促全人成长模式；德育研究室的"晨诵午写暮醒周评月结"学生养成教育模式；家庭教育研究室的"思想引领、全员培训＋个案研究典型引路"家教工作模式；行政管理研究室的"两会一评"工作模式；后勤服务研究室的"以人为本、以一线为本、讲究立即、及时反馈"工作模式等。这其中的每项成果都进行了较为系统的总结，其具体研究成果报告详见附件。

研究结论

（一）三全科研型管理模式，有助于提升学校管理质量，促进学校快速发展；

（二）三全科研型管理模式有益于提升教师团队整体科研能力；

（三）三全科研型管理模式有助于全方位调动人的积极主动性，发挥人力资源优势，开发人的潜能，实现人尽其才，才尽其用；

（四）三全科研型管理模式有益于大批量培养科研型管理人才；

（五）三全科研型管理模式有益于实现学校管理精细化、自动化、科学化；

（六）三全科研型管理模式有益于全方位提升办学质量和效益；

（七）三全科研型管理模式有益于学生发展、教师发展、学校发展；

（八）三全科研型管理模式有益于实现科研兴校，培养大批科研型教师，形成一大批科研成果；

（九）三全科研型管理模式有益于促进学校办学质量由经验性增长向科研型增长转轨；

（十）三全科研型管理模式能够尽快促进学校提升，成为优质教育资源，提升社会满意度，从而有助于实现办人民满意教育的目标。

现存问题

（一）由于时间短，个别科室和教师员工对"三全"模式的初衷理解到位程度还有待于进一步提高。

（二）教师队伍年龄偏大，对新事物接受程度存在差异，在某种程度上影响着三全科研型管理模式的贯彻实施。

（三）研究室与研究室之间人力资源优势不均衡，造成其工作到位程度、研究成果的丰硕程度有差异。

（四）教师层面的研究意识有待于进一步增强。

三、德育实践

——"小公民修身课"的实践与探索

中国科学院院士李邦河说："在学习知识方面，我们的学校是幼儿园小学化，小学中学化，中学大学化；而在德育方面，我们却是大学幼儿园化。"这句话一针见血地指出了我国当前德育工作的问题所在。

时代呼唤灵魂纯洁、品行端正、风格高尚、为人正直的人。修身立信教育已成为摆在学校面前的严峻课题。

古人云："教儿婴孩，教妇初来"。儿童天真未泯之时，最好教育，也最需要教育，所谓先入为主，如果我们能利用这段黄金时期，通过行之有效的方式方法，引导学生形成正确的人生观和价值观，那么，"少成若天性，习惯成自然"，日积月累，必将奠定和成就孩子们精彩的一生。

在实验小学期间，我们秉承"关注生命质量奠基终生幸福"的办学宗旨，以培养"身心健康、文明诚信、精细创新、全面发展"的高素质公民为目标，进行了"行"与"思"兼顾、"德"与"信"齐驱的立信修身教育。

（一）多措并举，使立信修身课程化

"诚信德育工程"是我校实施适度教育的"六大工程"之一。我们认为，德育，必须涂上诚信的底色，否则将培养伪君子。由此，无论从道德情感层面还是行为习惯层面上，诚信就成了小学德育必须固守的一条底线。那么，如何培养诚信？又如何使诚信教育与小学德育的重点——养成教育相结合，解决长期以来小学德育中存在的价值引领和习惯养成相脱节的问题？经过不懈的实验与探索，我们找到了一个抓手——研制出《我承诺我诚信我快乐——濮阳市实验小学学生诚信评价手册》。寻找到一条途径——将诚信评价课排进课程表，每班每周安排一节。实现了课程、教材配套，教师、家长、学生全员参与的多维建构，使学生立

信修身课程化。

（二）周周反思，使立信修身常态化

所谓修身，就是通过自我反省体察，使身心达到完美的境界。那么，对照什么标准反省呢？在《我承诺我诚信我快乐——诚信评价手册》（以下简称《手册》）里，我们从"身心健康""生活素养""学习交流""言谈举止""公物用品""集会活动"六个方面，为学生确立了56条对照标准。这些标准力求具体明了、简便易行，贴近学生年龄特点和身心发展实际，内容和要求呈梯级，分低、中、高三册。在每周一次的诚信评价课上，学生们逐条自省反思，并在相对应的格次内涂上色彩。"教师寄语"和"家长心语"又促使学生以一种虔诚的情怀、开放的心态、自我批判的勇气和追求完美的精神，进行一次又一次真正的反思，让学生体验到自我完善的乐趣，切实达到"吾日三省吾身"之自我教育的至高境界。

（三）承诺践诺，使立信修身系列化

《手册》中的每条修身标准犹如一面面镜子，不时折射出学生的长短曲直、是非美丑，再经过学生的自省反思、自我矫正、自我达标，进而形成良好的品性和健全的人格。孩子们在反思对照过程中，既有自我肯定的快乐，又有自我否定的责挞，这样就激发了孩子发自内心的情感需要——承诺。如果说手册中提出的每条标准是"要我做"，那么，承诺就是"我要做"，进而化被动为主动。承诺分为集体承诺和个人承诺，集体承诺旨在培养学生的团队意识、合作意识、公共秩序意识等，比如，我市正在争创全国文明城市，在进行了"小手拉大手共创文明城"誓师大会以后，各中队群情激昂纷纷承诺——我为濮阳添光彩。赵瑞红老师针对"部分学生爱向父母使性子"这一问题，在诚信评价课上，她让孩子们讲述父母关怀自己的故事。好多孩子在讲到感人处声泪俱下，父母的无疆大爱犹如春风化雨潜入孩子们的心田。最后，孩子们紧握拳头庄重承诺——尊重父母。

有了承诺就应该践诺。这一过程既是学生自律的过程，又是学生慎独的过程，更是学生生成诚信品质的过程。透过一个孩子的日记就能发现诚信践诺的心理历程：我在本周承诺了"不围观小摊，不买零食"，可是，走在放学的路上，闻到小摊上食品散发的香味，正要上前去买时，突然想到我的承诺，又赶忙把钱放到口袋里。不行，要是让同学发现，在评价课上当着老师同学的面说出来，我还算一个诚信的人吗？我决心抵挡住零食的诱惑，实现我的承诺，养成不买零食的好习惯！回到家，

我一下吃了两个馒头一碗菜，妈妈见我吃得香，一直夸我是个男子汉，原来抵住诱惑实现承诺是这样快乐！

可见，承诺与践诺的过程，既是责任意识觉醒的过程，更是诚信品质逐步养成的过程。由于承诺践诺是循环往复不断发展的，这就使得立信修身呈现螺旋提升的系列化状态。

（四）自评、互评使立信修身阳光化

承诺、践诺完成了"说"和"做"，那么，说到做到了吗？做得怎么样呢？在诚信评价课上要进行自评和互评。自评和互评是诚信评价课上占用时间最长的一个环节。这一环节的设计，不但是对学生践诺的督促，更重要的是学生诚信品质的养成。自评是学生个体内心的反省，而互评则为每个学生营造了一种浓厚的立信修身氛围。每个学生都是向真向善的，难免对自己的评价存在虚假和掩饰，而来自同学、家长、老师的监督犹如一道道亮光，充斥于学生个体生活的空间，这就促使学生实事求是地评价自己，完成了学生诚信品质塑造与行为习惯养成的完美对接。有一位男生，在短短两周的时间里向一位女生索要上千元钱，老师却丝毫没有察觉。在诚信评价课互评时，有同学说这位男生买了好多玩具，有同学说这位男生经常买零食，有同学说这位男生口袋里时常装有百元大钞……钱从哪里来？随着互评的步步深入，事情真相终于揭开谜底。最后这位男生在自评栏内写道：我向同学索要钱财是一件多么羞耻的事情，我一定把钱全部赔还给同学家长，并真诚地向同学道歉，我保证这样的事情在我一生中都不会发生！自评和互评，评出了良好的班级舆论，评出了根植诚信的心路历程，评出了孩子们健康成长的道德晴空。当集体充满阳光的时候，每个个体都将是灿烂的！

（五）师长评价，使立信修身方向明

由于小学生分辨是非能力还不完备，自评和互评往往出现偏差或游离立信修身标准，我们在诚信评价手册内设计了"教师寄语"和"家长心语"专栏，以高度负责的教育情怀来导引学生的思想方向。比如，有学生认为不捡起地上的废纸是一种美德，他以为如果我们每个人都捡起地上的废纸，享受低保的卫生保洁人员不就下岗了吗？针对小学生的不同思想认识，教师和家长都将明确写上自己的见解，甚至在班级进行专题讨论。对于诚信的自评和互评，教师和家长总会抑制不住欣喜的心情，写下鼓励鞭策的心声。"孩子，老师看着你这周的变化真的好幸福，本来因有病想请假的我，又回到了你们中间。""今晚爸爸出差回来，就看到了你的自评和承诺。你以前总认为孝敬父母是长大以后的事，现在终于明白孝敬父母就在日常的生活中，并保证每周给妈妈洗一次脚。我很感动，孩子，你真的长大了。"一句句真诚感人的召唤，犹如春风化雨滋润着孩子们的心田，使他们在成长的快乐中向着理想的彼岸扬帆远航！

（六）表彰先进，使立信修身示范化

鼓励是孩子心理健康的第一需求，更是孩子循序渐进的第一要素。如果说承诺、践诺、自评、互评是学生立信修身的孕育过程，而表扬先进、树立典范则是学生立信修身的必然结果。遵照学校提出的"人人是星"的基本理念，通过诚信评价课，在各个班级层面，我们有"书画之星""爱眼之星""跳绳之星""小岗位之星""助人之星""快乐之星"……在学校层面，我们有"科技之星""文明之星""才艺之星""体育明星""博客之星""十佳歌手""优秀毕业生"……真正实现了"评价课堂是摇篮，群星闪烁满校园"这一教育追求。有位低年级学生，学校已经评他为"文明之星"，可是因为整修操场，就无法在升国旗仪式上及时进行表彰，孩子等不及了，哭着闹着让妈妈找到大队辅导员，大队辅导员破例为孩子提前配上胸牌，孩子立即变得兴高采烈。我校的吕家兴同学性格内向，他把内心积郁的情感全部流露在绘画制作上。通过诚信评价课，同学们把他评为班级"绘画之星"，班主任老师又把他推荐为学校"科技艺术之星"。当学校领导看到他的作品后，当即决定腾出两间房子为他举办个人画展。吕家兴个人画展的如期举行，无论对他本人还是对全校学生都是一种极大的激励和鞭策，其价值是无法估量的。

由于评比先进是建立在诚信评价基础之上的，所以，以其特有的客观公正性，极大地调动着全体学生主动参与的积极性。孩子那一次次上台领奖时的快乐与幸福，留给我们的也许是一张张美丽的画面，而留给孩子们的将是立信修身的不竭动力！

一个个庄严的承诺，一次次内心的反省，一天天精彩的自我超越，使孩子们接受着化蛹为蝶的蜕变。孩子阳光了，老师幸福了，家长感动了，社会和谐了。我们坚信，有"课堂"搭建平台，有"诚信"保驾护航，有"评价"加油给力，有"师长"指路引航，每个孩子都将收获精彩幸福的人生！

对立信修身的几点思考：

（1）筑牢了未成年人思想道德建设的根基。"诚者天之道，思诚者人之道"这句话告诉我们：诚信，是天地间最重要的伦理法则，而努力地达到诚信无欺是为人的基本原则，可见诚信是立人之本、成人之根。我校德育工作从诚信教育入手，筑牢了未成年人思想道德建设的根基。

（2）拓宽了未成年人思想道德建设的阵地。学校德育无处不在，但是我校在开设思品课的同时，又把诚信评价课写进课程表，并且要求班主任和课任老师共同上课，这样无疑拓宽了未成年人思想道德建设的阵地。

（3）明确了未成年人思想道德建设的目标。学校编印的《诚信评价手册》，明确设定了56条修身标准，既符合学生的年龄特点、成长认知规律，又紧贴学生生活学习实际，避免了德育工作的空洞说教、乏味无力现象。

（4）理顺了未成年人思想道德建设的操作步骤。诚信评价课一般按照提出目标、承诺目标、践行目标、评价目标、表彰先进五个环节进行，步步深入，环环相扣，可操作性极强，学生乐于接受，构织起学校、家庭、社会共同育人的立体网络，真正把宽泛的德育工作落到了实处。老师说，诚信评价课是小课堂大世界；家长说，诚信评价课让我们能看到孩子在一天天成人；我们要说，诚信评价课为孩子立信修身提供了一方沃土，撑起了一片纯净的道德天空！

（5）解决了长期以来小学德育中存在的价值引领和习惯养成相脱节的问题。一般地，小学德育往往靠一系列活动来进行，如培养诚信品质，就通过讲讲诚信故事、唱唱诚信歌谣、演演诚信情景剧等少数人的活动来实现。实践证明，仅靠这些活动达到德育目标是远远不够的，是与小学德育重点——"习惯养成"相脱节的。我校实施诚信德育工程，寓诚信立人于习惯养成教育过程之中，使学生思想道德建设工作形成了以诚信立人为价值引领，以习惯养成为基本目标的常态化格局，引导每一位学生、每一位老师、每一位家长自觉践行、共同参与、携手推进，使诚信品质的塑造与行为习惯养成水乳交融，自然天成。

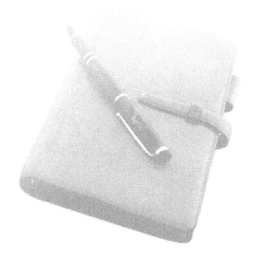

社会反响

一、理论和实践丰富而鲜活的研究[①]

刘志军

（河南大学副校长、教授、博士生导师）

今天我受了一天的教育，在听、看之余，我在不断地翻阅资料。三年来，一个学校有了这么多丰富的成果，这是在我过去所参与的评审中，包括一些国家级课题中少有的。作为专家组成员，我想把自己这几年来的所听、所看、所感，简单跟大家做一汇报。

（一）这个结题活动既有系统的理论思考，又有鲜活的、丰富的实践内容，这是非常难能可贵的。在课题研究中，往往有的理论思考很多，很丰富，很深奥，甚至让人看不懂，但缺失了一些相关的素材。也有一些课题素材很多，很散乱，但理论提升不够，而我们这个课题既有系统的理论思考，也有鲜活的素材做支撑，它自始至终贯穿着适度教育这个理念。尽管一开始，这个概念还相对模糊，但通过三年的研究，通过我们的成果展示，我清楚地看到：适度教育已经在我们学校的教育思想、教学过程、学生活动、教师与学生发展等方面都有了全程的渗透与体现。尤其是老

---

① 注：本文由录音整理而成。

师们以此理念为基础，发现自己身边的问题，通过发现问题去分析、解决问题，充分调动了老师们的积极性，这是最可贵的。

（二）适度教育是针对我们国家当前的教育问题中的"过度"与"不及"提出来的。2001年开始的基础教育课程改革，我们在阐述六大目标时，每一个目标针对的都是"过度"。因此，适度教育本身就体现了我们国家当前重大的教育问题，它从正面建构了怎样去正确看待这个问题。我们的"三六五教学模式"中的"六"也具体体现了适度的原则，把它具体到教学中，我们就能够有抓手。

（三）诚信评价课，这是一个学校自主开发的校本课程，还是一个很好的针对学生品德教育的课程。另外，学生的评价问题也是我近二十年来所关注的问题，因此我有很大的期望。听完课，我的收获很大。它能够通过日常的课堂来促进学生品德逐步地养成，使学生有了充分的评价与自我评价的能力，既能客观地评价自己，又能准确地评价他人，我们学校做得很好，这是一个长期坚持、长期训练的过程。

在我们学校，教师与学生的积极性得到了发挥。常言道："火车跑得快，全靠车头带。"我到过很多学校，很多校长有着很好的理念与思想，但真正深入到教师中去，感觉还是有很多问题。但今天看了我们所有的材料，绝不可能是校长一个人的思想，不是一朝一夕培训出来的，要调动所有老师的积极性，才能有这样的成果。这种积极性需要思想的引领、机制的创建和具体的教育教学活动，使每一个老师都能主动地发展。我们的学校就像一列动车组，每一节车厢都有动力，所以学校这列火车才跑得这么快。

二、适度教育是符合科学发展观的教育①

郭　戈

（教育部政策法规司原副司长　研究员）

适度教育研究在教育科研方面做出了典范。适度教育是个大问题，在课程改革

---

①　本文由录音整理而成。

纲要里面都提到了，都是因为教育存在一些过度的问题，如学生课业负担过重、学生兴趣发展、做人等不及，这不仅仅是一个学校的问题，而是我们国家整个教育的大问题。所以我认为这是一个积极的探索。同时我也觉得它是一种超越，是具有普遍指导意义的教育理念和思想。

濮阳市实验小学以适度教育为主题，通过研究取得了突出的成就，而且学校教学质量和工作都有很大的提高。报告中说的："学生的发展，教师的业务，还有学校的整体工作，都有发展和提高。"通过一天来的所见所闻，也确实感受到了这一点。而且我觉得适度教育研究比较好地体现了和专家结合。"适度"这个词选得好，适度是一个非常理想的词，而且其他学校也没有做过，不仅具有模式意义，还具有普遍指导意义，所以适度教育这个提法提得好，相当有前途。

适度教育与学校的实际工作结合得比较紧密，通过研究促进工作，在工作中加强研究，所以说研究和工作、研究和实验这几个方面也都结合得十分紧密。既有创新的理论成果，还有实际工作的提高和教学工作的进步。对大家所取得的成绩表示祝贺，对你们这种创新精神和辛勤劳动表示敬佩，同时对这次的研究课题表示赞赏。

另外，我再谈一个认识，刚才大家在台上也谈到适度教育是什么，可以从不同的角度对适度教育进行理解。适度教育是一个全面发展的教育，它是和谐的教育，它是生态的教育，它是绿色的教育，它是以我们学校为实践的基点来探索的一种新的教育模式。适度教育是符合科学发展观的教育，是以人为本符合全面协调可持续发展的理念。

最后提出两点建议：一是要坚持研究大胆实验。虽然我们取得了可喜的成绩，但是在"十二五"期间还可以继续以适度教育实验进行研究，在这个基础上再进一步。二是深化理论研究，推进研究深入，汇集相关成果，因为适度教育既是一个实际问题，又是一个理论问题。

三、一个真正的研究①

陈锁明

（北京师范大学教育学部教授、博士、教育部小学校长培训中心副主任）

非常高兴，今天是学习的一天，也是快乐的一天。如果说要适度，应该是动与静相结合，但今天坐在这里，更多的是静的方面。不过也好，静下来能学些东西。有时候我想，身体上可以累一点，但心理上一定是要快乐的。一个人心理上如果是不快乐的，那么坐在这里，身体上也一定是不舒服的。今天我们坐在这里，看到同学们精彩的表演，家长的发言，心里有很多感悟。因此即使坐在这里，身体上有点累，但心里是快乐的。我谈几个想法：

（一）我们要做一个真正的研究

为什么这么说呢？在我们中国大地上，关于教育曾经有很多提法。曾经有人做过统计，类似适度教育这样的提法，在我们中国大概有 100 多种，但是我们回过头来想一想，还有多少是有生命力的？能延续下来、存在下来还有多少种？没有多少了！为什么不能存在下来呢？就是因为缺少研究的深度，缺少像我们学校这样做的研究，所以慢慢就流失掉了。很多时候，仅仅是一个口号，或者是仅仅作为一个校长的口号、学校的理念被提出来而已，没有下一步很好的研究，所以有人开玩笑说我们中国的教育科研就是：出了一个题，找了一帮人，关起窗户门，写了一批小论文。念起来是顺口溜，对实践一点作用也没有。所以我想我们做研究，就要做一个

---

① 注：本文由录音整理而成。

有利于我们工作的研究，有利于自身发展的研究，这非常重要。如果研究不和自己的专业性结合起来，我想在座的老师都没有兴趣。今天老师们这样热情洋溢的发言，一定不是编出来的，否则你讲得再精彩，我们也听不下去。像我们濮阳市实验小学这样做研究，做得这么扎实，做得这么深入，因此我们才会有这样丰硕的成果。

（二）作为一个好的研究，应该有一个怎样的标准？

我们在做的研究，应该有一个标准。虽然我没有专门的研究，但今天我一直在想，这个评判的标准应该是什么呢？我谈几点自己的看法。

1. 参与性。

评判一个研究做得如何，我们要看参与的广泛性怎样，如果我们众多的老师都进来了，我想这个研究就是有益的。如果只是小部分人在做这件事情，那么这个课题就是无益的。很高兴，我看到是百分之百，我们全员老师都在参与，我们有一个强大的研究团队。

2. 主动性。

有些研究是被别人逼着做，比如校长让你做一件事情，你不敢不做，为什么？因为校长有这个权力，你不能违抗，于是你就做了。但在我们学校，我看到老师们很愿意来做这个事情。为什么愿意做？因为你尝到了甜头，因为对你个人的发展有益处，对教学有帮助，因此你愿意做。有句话说得好，主动性有了，结果肯定会好。我们经常教育我们的孩子：要有主动性，一定要学会主动学习。大家想一想，我们自己是不是有主动性呢？我们自己若没有主动性，任何事情都是做不好的，这是第二个标准，就是看你是不是真心实意地参与到这个研究中来。

3. 专业性。

专业性包括研究的规范性、科学性、先进性。我们老师做的就是专业的东西。大家想一想，如果所有的人都可以当老师，那么这个职业就没有意义了。现在，医生不是能随便当的，律师也是不能随便当的，但是老师呢，虽然我们强调资格证，但有时候，某些人还是可以随便进来的。谁都可以讲，这是不行的。会教育自己的孩子，就会教育所有的孩子吗？不是的。因此在研究这个层面上，也有个专业性的问题，这也是评判我们做的研究是不是很好的一个标准。今天，我们看到了大家用了一些很好的研究方法，把一些最先进、最科学的方法运用到了我们的研究中来。

4. 实践性。

我们一定要针对问题而来。什么问题呢？不仅仅是针对我们实验小学的问题，乃至于这个问题在整个中国带有普遍性。大家想适度教育在中国有没有普遍性？有一定的普遍性。有很多学校是"过"的问题，但也有很多学校是"不及"的问题。为什么"不及"？和老师的素养有关系。老师的素养解决不了孩子的问题。因此，我们要来做这个事情，我们做的可能会为中国解决这样一个问题提供一个很好的样板，是有意义的。

5. 发展性。

如果我们做的研究对学生的发展没有益处，对老师的发展没有益处，对学校的发展没有益处，那么，我想做这个自然也没有意义。可喜的是，今天我们看到了，所有的学生、老师、学校都得到了发展。我们学校存在大班额问题，为什么？因为你是名校。为什么你是名校？因为你教育的孩子好。为什么你的教育好？因为你在搞研究。不搞研究，你的教育就不是好的教育。这就是发展性，如果我们做的研究没有发展性，就是在做无用功。

6. 推广性。

我们做的研究不仅仅是濮阳的个体问题，将来还可以推广。我们可以在中国这片大地上多一些同盟学校加入，来共同研究适度教育的问题，那么我们的理论就有了推广性。我们已经在做了，真的要做好，可能还有很长一段路。因此，作为一个好的研究成果，我们一定要在推广性上做一些文章。也就是说，我们要有一个好的初步的模式，提供给大家参考。有了这样一个模式，我就可以解决孩子适度教育的问题。

7. 丰富性。

就是成果的问题。我们一定要看到成果，没有成果，就没有意义。可喜的是，今天我们看到了很多成果。成果的丰富性，不仅仅是给我们看一些纸张的东西，我们要看活生生的东西，这是最重要的。比如，我们今天看到两个孩子精彩的发言，那是令我们最高兴的。尤其是第二个孩子嗓音洪亮，一点也不怯场，如果我们中国的教育能培养出这样的孩子，那么我们就会有很大的成就感，我们做老师就是幸福的。

8. 适度性。

做研究也要有适度性。不能把老师搞得太累了。做研究不能无限制扩大，要围绕我们教育中的实践问题，比如，很好地解决一些问题。我们的成果已经很丰富了，下一步就要思考一些问题，解决我们课题的适度性，包括我们教师工作量的适度性。否则大家做疲了，做累了，就不愿做了。一个人既要教学，又要搞研究，不能太累了，累坏了就什么也做不了了。

（三）对适度的理解

适度，就是在"适"和"度"两方面做文章。什么是"度"？比如，今天我们看到的所有的东西，哪个是一个基本的标准？哪个孩子发展的程度是我们基本的标准？我们看到了一些比较优秀的孩子，那么普通的孩子，有没有一个"度"的问题？也就是说，作为中国的基础教育来讲，我们应该有一个基本的"度"。达不到这个"度"，就是"不及"；过了这个"度"，就是"过"了。但对于有些孩子来讲，不是"过"，他有自己的特长，是特长生。比如体育，刘翔可以跑，我们按照刘翔的标准去跑，肯定是不行的。是不是所有的人都不行？我想，可能我们需要在"度"上做一些文章。它的深度、厚度、宽度、广度，怎样去界定，应该有一个基本的标准。中国的教育有标准，但往往这些标准很模糊，因此，在"度"的方面，可能需要我们重新去界定。我认为，度的研究至少要从学生的身心发展、社会对教育的需求、个体的差异三个方面来考虑、探讨。

（四）专家型校长、老师的标准

全国的小学校长很多，但专家型校长却很少，我们的李校长是一个。我们在座的很多老师，也可以成为教育家。因此我说的不仅仅是教育家型的校长，还可以有教育家型的老师。但不管是校长也好，老师也好，都要学会去做研究。不做研究，永远成不了教育家型的老师、校长。我们在座的许多老师都很优秀，将来都有可能成为教育家型的老师。什么是教育家？心里要有一个标准，要有一个努力的方向。做研究就要朝着这个方向去努力。简单地说，教育家的标准是：四"独"一"公认"。

"四独"：第一，独特的教育思想。我们学校有适度教育的思想，各位老师也一定要有自己独到的思想，为自己成为教育家奠定基础，而这个基础一定要靠研究来滋润。第二，独特的教育实践。我们一定要在实践中做，把你的思想内化为你的行为，这很重要。从孩子的身上体现你的思想成果。第三，独立的教育著述。老师们一定要有体系化的东西，要有文章，有著述，这会为你将来成为教育家奠定坚实的基础。第四，独立的教育人格。教育不能重复自己，教育也不能复制别人。要有自己的，像你自己的东西。"一公认"，就是要得到大家的认可。比如在濮阳，大家公认李慧军是个优秀的校长，公认你是个了不得的、最棒的老师。但归根结底，不做研究，肯定是达不到的。

四、令人自豪的研究[①]

郭喜青

（北京教育科学研究院德育与心理健康教育研究中心　教授）

今天非常高兴有机会来参与小学适度教育研究课题结题鉴定会。我到北京已经七八年了，在北京教科院经常有机会到学校去考察也好，指导也好，去学习也好，这样的机会很多，看了很多不同层次的学校。大家都在探索减轻学生负担，为学生健康发展服务，这里面有许许多多的校长和老师是非常努力的，但是，真正地把理论和实践结合在一起，能够全员参与，共同地来研究教育过程当中的实际问题的不是很多。另外，一些大城市的学校有一种比较优势的心理，所以他们的一些创造、探索，很多是自信比较多，谦虚不足。很多学校，开展的一些课堂研究也好，自己的探索也好，很多都是以糟蹋老师和学生为代价，作秀，这是我的一些感受。其实，我今天看了咱们濮阳市实验小学的适度教育模式研究，我觉得在北京能够跟咱们学校同日而语的学校做这样的课题研究不是很多，所以说，我们应该有自信，我们应该感到自豪。

适度教育模式，主要是针对目前教育当中的错位现象，我们说不足也好，过度也好，总体来讲，它是和我们的教育宗旨、教育目的是不相符合的现象，我把它理

---

① 注：本文由录音整理而成。

解成错位。我们说在教育教学过程中低效，学生负担过重，家长苦不堪言，这种现象已经困扰了我们好长时间了，我们每一位老师、家长，包括校长都是希望摆脱这种困境的。现在我们找到了适度教育这样一条很好的出路，所以，我们能够选这个问题作为我们的研究课题，我觉得是需要勇气的，如果没有勇气，没有自信心，是不敢选这个课题来研究的，因为这个问题很多人都经过思考，是老师布置的作业多吗？老师说我也不愿意布置作业多。家长说我也不愿意看到自己的孩子这么辛苦，校长也不愿意这么做，但究竟是为什么？大家都把这个原因归咎于社会，这个问题没有办法得到根本解决。所以，从这点来讲，我们的选题是比较吸引人的，这是很多人关注而不能解决的问题。

另外，在研究内容方面，实验小学能够从适度教育的概念、结构、模式以及实施操作进行全面的探索，我觉得是很不简单的一件事情。对一个小学来讲，以教学为主，能够把这些理论问题进行一些探讨，并且有一定的看法，有一定的结论，这个是很不容易的，特别是关于实施六大操作的理念，我看了以后觉得符合我们素质教育的，符合小学生心理发展的规律。在研究方法方面，我感觉到以反思研究为主，重在行动研究，这样就能够做到全员参与。我们作为一个课题组也好，作为一个学校集体也罢，全员参与到课题研究当中来，能够用这个课题把大家凝聚在一起，这一点做得非常好。在北京有很多学校，他们的一些课题完全可以说是校长的，或者是副校长的，也或者说是某一位德育主任的，课题就成了某一个人的课题。有的学校甚至规定他必须得承担或者参与一项课题，于是就要求学校某个老师或某几位老师来分散研究，所以，学校里的人事资源，还有一些精力、时间都会被分散。成果没有得到很好地分享，实际上在很大程度上增加了老师的负担。有的老师，让他参与课题，让他做什么也不清楚，整个的课题设计，达到的目的也不清楚，反正是领导让我做什么我就做什么，让我提供资料我提供过去了，这样就算是参与了课题研究，很多小学是这么做的，到最后结题的时候，他也迷迷糊糊，不知道究竟是哪个课题的，有的时候你去搞一些课题结题的研讨会吧，他就会给你说，你能不能给我一个证书，我参与了某某课题，要证书的那个人往往不是他那个课题的，出现了很多笑话。我觉得像这样一些人其实并不是真正地要解决问题，老师和学生都没受到益处，他仅仅参与了这个项目。让全员参与，每一个学生，每一位家长，每一位老师都参与到课题研究当中。我们所做的工作都是为学生的健康成长服务，为学生的幸福生活服务，如果学生没有变化，没有发展，我们所做的一切工作都是没有意义的。

今天我很高兴地看到，我们通过老师的努力，我们整个团队的努力，学生的变化是很明显的，有很多数据和表格能够说明问题。今天我看到的研究成果是这样的，我也没有来得及认真地研读，我曾经有这么一个想法，能够让北京的一些学校，到我们实验小学来看一看，来学习学习，特别是德育和心理健康教育更适合于全员参与，我相信他们来了以后，一定也会像我一样感到震撼！

五、炸开了思想僵化的口子①

胡家钰

（河南省教育厅基础教育教学研究室　中学高级教师）

刚才几位专家和学者从不同侧面对这次适度教育课题进行了总结，我就不再重复了，我感觉有几点不同，第一，这个问题的提出，是在濮阳炸开了一个口子，也可以说在教育界炸开了一个口子。教育思想僵化需要炸开口子。前些年我们批应试教育，树立素质教育，那时我们都非常清楚，为什么它会有那么大的阻力，学生有阻力，学校有阻力，家长有阻力，明的阻力、暗的阻力，为什么？我们想一想我们的教育思想符不符合教育逻辑，符不符合教育发展规律，符不符合人的健康成长规律，符不符合当代经济发展规律。我们没有从这个方面分析，用适度教育为命题炸开一个口子，我觉得非常好，炸开口子以后别有洞天，具体我就不再多说，我们都看到了，我们都听到了，我们见识到了，包括孩子们，和孩子们一句一句地对话，孩子们给我讲情况，我觉得是别有洞天，这是第一个印象。第二，在这块地上实验，从立题到现在结题，三年多时间，我整体感觉是春色满园，包括班子决策，整个班子带领整个团队，领导着搞这个课题，教师参与搞课题，学生参与课题，在课题中受益，特别难得的是我们可爱的家长们，在关注孩子本身也在关注搞课题，说实话

---

① 注：本文由录音整理而成。

他们没有那么高境界，他也不需要那么高的境界，只要把我的孩子培养好就行了。真的，说实在话，家长关心的不是民族前途，国家命运，关心的是我的孩子，你考虑的是13亿、14亿国民的素质，我考虑的是我的孩子。什么叫作成功，教育好我的孩子就是成功，非常简单。一个很有名的教育专家给我讲他的孩子成绩不理想，他对我说："胡书记，我自己无能，为了孩子，我除了杀人放火不敢干，我啥都敢干。"中国教育某些方面失败，确实是，为什么？理论和实践脱节，如何操作一个理论实践，在实践中发现一个课题，我们实验小学敢立出来，指导一帮教育有识之士，去实践教育成果，这是非常了不得的。而且在孩子成长发育这个阶段实验，真是满园春色，春色满园，这整个过程不再讲了。第三，整个结果就是水到渠成，包括教师智慧，学生智慧，家长智慧，上级部门、国家领导都有，在这个方面，投入很多实践和精力，三年来它是一个水到渠成的过程。第四，我感觉瓜熟蒂落，三年结果，结果就是广大教师和广大学生，包括我们可爱的家长，还有社会关注这个课题的方方面面的领导。别看领导在那坐一坐，他会给你很大的信心，说实在话，领导能在这个时候在席上那么一坐，他就非常有远见。我们的学校领导班子带领我们的教师，教师参与了，教师受益了，最终受益的是学生，是国家未来和各项事业，你们很了不起。

六、一棵喜人的"苗"[①]

苏东升

（濮阳市教育局中小学教研室主任　中教高级）

适度教育像一颗优良的种子，经过李慧军校长和她的研究团队，三年的精心耕耘，精心培育，已经破土萌发，长成了一棵喜人的、很有发展前景的树苗，这里面饱含着校长和我们研究团队的心血、汗水和智慧。三年来，学校走了这样一段路，就是用理论指导办学的实践，又从实践中充实了理论，走的是一条科学发展的办学之路。我在学校也工作过好长时间，一说让大家学教育理论，大家都不乐意学，尤

---

① 注：本文由录音整理而成。

其是老师，从我们实验小学的发展，尤其是从适度教育研究来看，要想提升学校的办学水平，走内涵发展之路，一定要学理论，理论指导办学实践，办学实践又丰富和完善这个理论。教育因适度而精彩，其实，程晗博士的适度教育理论也因我们濮阳市实验小学而精彩。我们坚持用适度教育理论指导学校发展，就是一个最近的路，能够促进我们办学水平的提升，促进我们走内涵发展之路。

对于适度教育，发源于我们一实小的适度教育，我有一个期待。正像我们国家一直推行的素质教育的几个典型——和谐教育、情境教育、成功教育、主题性教育、愉快教育一样，期待着发源于我们濮阳市实验小学的适度教育能够成为我国推行素质教育的又一个典型。濮阳教育要有大目标，要为河南省甚至为我们国家推进素质教育、实施新课改做出我们应有的贡献。要做到这一点，我有两条建议：第一点是要加大对儿童心理特点认知规律的研究，因为适度不适度主要看孩子的感受，不是说我们成人的感受。我打一个比方，为了孩子成长，我们研究了各种各样的饭菜，但是孩子们的胃到底能不能消化这些饭菜，我们还要进行研究。我在北京师范大学学习的时候，接触过很多心理学教授研究儿童心理的量表，包括生理健康的指标、心理健康的指标，认知指标、道德认知的指标，如果有了这样一个指标来做理论支撑的话，我们的研究才能让人更信服。再进一步地下大力气，培养高素质的有理论、有实践的教师，真正地把我们实验小学打造成一个全国名校，一个百年的名校，最根本最核心的是要有一大批教育家、学科教育家。

七、本研究成果的定位、挑战与方向①

程　晗

（北京教育科学研究院基础教育研究所副所长、研究员、管理学博士）

我把今天的会议看成一个批判会，希望听到大家的一些反面的声音，这对我们课题的深入研究是有帮助的，可是大家都比较客气，我听到的不多，感到不过瘾。

---

① 注：本文由录音整理而成。

　　下面我们进行一个反思。

　　第一个大问题，我们的课题研究走完三年的历程，课题研究成果怎么定位？

　　从课题研究来看，我们的课题到现在为止，首先，从课题研究的性质来讲，它是发源于我们大陆一个土生土长的原创性的研究课题，过去没有。其次，它是科学发展观在教育界的具体化的一个体现。我认为，科学发展观的本质是什么，是适度

发展。邓小平讲发展是硬道理。不发展不行，发展过头了也不行。所以适度发展是科学发展观的本质。最后，我们这个课题研究的性质定位，应该是我们通过这个课题的研究看到了构建有中国特色的教育理论体系的希望。因为我们这个课题不是像教育部搞课程改革那样把西方的后现代搬到中国来。我们的适度教育是根据中庸哲学的思想原理及而不过的现代化的一种开发，也是马克思主义、辩证唯物主义的哲学质、量、度研究的一种结果，这是性质的定位。

　　我们怎样概括适度教育呢？

　　我们完成了六个转变。第一我们完成了适度教育由问号到感叹号的转变。开始我们不知道什么叫适度教育，满脑子的问号。经过三年的研究，我们现在知道了原来适度教育是这么回事。第二个转变，我们这个课题的研究，是我们这个团队完成了从游泳者到弄潮儿的转变。第三个转变，是从抽象的概念到一般操作模式的转变。现在我们已经把一般的操作模式研究出来。第四个转变，从学校层面来说，我们完成了学校教育教学质量的增长方式由经验到科研的转变。第五个转变，我们的教师教学实现了从必然王国到自由王国的转变。我认为适度教育既是教育的一种哲学，也是一个判断的标准，更是一种教学艺术。最后一个转变在学生上，我们的研究通过三年的努力使学生的学习完成了从模仿式学习到研究性学习的转变。

　　第二个大问题，就是课题深入研究面临的挑战是什么？

　　第一个理论方面研究的挑战。适度教育是一种适度哲学，如果形成了适度哲学的理论体系，那么它和马克思主义、辩证唯物主义是一个怎样的关系？我们的课题如果有影响力了，我们要走向国际，要国际化，首先就有一个语言的障碍。还有一

个障碍，信息社会背景下的教育改革进入了深水区，我们的孩子面临三个世界，校园、现实世界和虚拟世界。现在很多孩子在现实世界找不到满足，就要到虚拟世界找满足。第三个障碍，升学压力是我们适度教育向中学推广带来的挑战。第四个，就是家长的盲目攀比带来的挑战。家长不知道自己孩子有多大的潜力，给他们报各种各样的班。第五个挑战就是来自我们自身的一种满足。

第三个大问题，深入研究的方向。总体来讲，应该由中间向两端延伸。第一个，要向天空这个角度去延伸，第二个要向实践研究去延伸。这样天与地结合到一起，才能从根本上形成适度教育理论体系。我们要从一个教育变革的弄潮儿到潜水员转变，要下到海里去。具体来讲有三个层面，第一个理论的深度和高度应该怎样来把握，要向"四论"去把握，第一个就是适度教育的本体论，第二个是认识论，第三是方法论，第四叫价值论。要想使我们的研究成果得到推广，我们还要研究，研究不同环境条件下的一般模式，完成一般模式向多种亚式的变形与转变。

最后一个是实验因素，适度教育研究了一个什么问题，从本质上讲，我们研究了一个知识逻辑的问题、儿童的活动问题。其中最核心的是儿童活动的逻辑。据说研究杜威"儿童中心"导致失败，就是儿童活动的逻辑没有研究好。适度教育儿童活动怎样设计符合儿童活动的逻辑，这样效果才比较好。

八、对课题成果的综合评价①

杨银付

（教育部国家教育发展研究中心副主任 研究员）

非常感谢程晗教授的精彩点评，他不愧是我们适度教育课题的首席顾问。对大家有充分肯定，有深刻的分析，也有殷切的希望。据我所知，他在适度教育方面倾注了很多心血，甚至可以说不遗余力。

从早上8点到此刻的5点半，我和我的专家组的同人们，与我们濮阳市实验小学课题团队，与手拉手的相关学校的老师们一起度过了紧张、充实、快乐有收获的一天。我们专家组在中间休息的时刻进行了充分的讨论，在以下三个方面达成了高度的共识：

（一）适度教育研究具有重大的理论研究意义和实践价值

在理论方面，在北京教育科学院研究员程晗博士的策划指导下，对适度教育的概念、理论都进行了多方面的研究，可以说取得了明显的成效，初步构建了理论体系，填补了国内适度教育理论研究和小学适度教育模式研究探索方面的空白，对全国基础教育改革发展具有较高的理论引导和指导作用。在实践价值方面，可以说这个课题的提出就具有鲜明的针对性。

（二）研究工作扎实、成效显著

从研究工作过程方面，研究对象明确，研究方法得当。包括行动反思，观察文献、个案研究、比较研究，等等。研究设计科学，技术路线逻辑清晰，实施步骤规范严整、严谨。研究工作扎实，课题也取得了突出的成果。主要表现在四个方面：

1. 理论研究成果。对适度教育的核心概念进行了原创性的研究和科学的解读，提出了适度教育的理论基础和基本理论研究框架理论体系雏形。特别是李慧军校长

---

① 注：本文由录音整理而成。

出版了《教育因适度而精彩》的专著，另外还主编了三本适度教育丛书，另外还有其他的理论成果。

2. 实践成果。最突出的是"三六五"课堂教学模式，从兴趣、习惯到能力，从六个度到五个环节。

3. 取得了实际的效果。表现在学生方面，就是他们的全面发展。全面发展包括德、智、体、美的全面发展，也包括了他们的负担减轻；表现在教师方面，这包括教师理念的更新、教师的专业成长、教师幸福指数的提高；表现在学校方面，包括了学校的文化，从思想文化到知识文化。同时，正因为取得了这样的效果，适度教育引起了国内同行的关注。有关成果公布后，得到国内许多地方和学校领导、专家、教育新闻媒体的关注。教育学会会长顾明远教授亲自为李慧军校长主编的《教育因适度而精彩》作序并给予了高度评价。

(三) 进一步完善适度教育研究的若干建议

由于时间以及其他一些因素，适度教育的理论研究还有待进一步深入，原来计划撰写的适度教育论等理论著作尚未完成。小学适度教育模式的变式及运行环境和条件分析研究尚未来得及完全展开，一些统计分析还没来得及做，小学适度教育理论的深层研究有待于进一步展开。基于这样一种情况，专家组提出三条建议供课题组参考。

1. 进一步深化适度教育的有关研究。一是理论方面，逐步向适度教育的本体论、认识论、方法论和价值论更加体系化的方向来提升。二是模式研究方面，有待于进一步提炼。不仅要绿色还要五光十色。要加大对儿童心理发展规律的研究，什么叫度，最重要的是符合儿童心理发展的度，三个方面加强实验研究。

2. 建议有关部门继续支持学校申报全国教育科学"十二五"规划重点课题，继续开展深入研究。

3. 一花独放不是春，万紫千红才是春，百花满园才是春，优质均衡才是春。正因为这样，我们建议有关部门和组织召开全国小学适度教育模式研讨会暨濮阳适度教育成果现场展示交流会。推广课题研究的先进成果和经验，充分发挥名校带动作用，进行区域性推广，使薄弱学校建设少走弯路，尽快实现优质资源的扩大化。我们也看到了濮阳市中长期教育改革和发展的规划，希望适度教育探索能够为内涵发展和均衡发展做出贡献，最大限度地满足广大人民群众的日益增长的对优质教育的需求。

综合我们讨论的结果，专家组对课题做出如下鉴定结论：

2010 年 11 月 27 日，受河南省教育科学规划领导小组办公室委托，由教育部政策法规司研究员郭戈、教育部国家教育发展研究中心研究员杨银付、北京师范大学教育学部教授陈锁明、北京教育科学研究院德育与心理健康教育研究中心副教授郭喜青、北京市海淀区中关村第四小学特级教师刘可钦、河南省教育厅基础教育教学研究室中学高级教师胡家钰、河南大学教授刘志军 7 名专家组成的专家鉴定组，对河南省濮阳市实验小学李慧军承担的全国教育科学"十一五"规划《小学适度教育的模式研究》课题进行了鉴定，在听取课题组汇报、阅读课题研究材料、质询答疑的基础上，形成如下意见：

第一，研究的意义与价值

1. 理论意义和价值。在北京教育科学研究院研究员程晗博士的策划和指导下，本课题从对适度教育的适用范围、本质特征、基本规律的探索出发，在全国最先提出了"适度教育"的科学命题，对适度教育进行了原创性研究，并逐步完善了适度教育概念的内涵和外延，进而丰富和完善其理论基础，率先构建了适度教育初步的理论体系，填补了国内适度教育理论研究及其小学阶段适度教育模式研究领域的空白，对全国基础教育改革与发展具有较高的理论引领和指导作用。

2. 实践意义和价值。实施适度教育，还教育以本真，让教育回归自然，关注生命、满足需求，是教育以人为本的需要，是培养未来接班人的需要，是教育科学发展的需要，是构建和谐社会的需要。本课题从教育教学工作实践出发，结合适度教育对师生成长、学校及国家教育发展中功能的研究，通过研究，总结归纳出了小学阶段适度教育和教学的实践模式，改变了当前学校内部教育的过度和不及现状，维护孩子成长的生态平衡，降低了教育的生命成本，促使教育回归其本真状态，促使学生健康、和谐、全面、可持续发展。其实践研究成果在我国小学阶段实施适度教育具有广泛的使用和推广价值。

第二，研究工作与贡献

1. 主要研究工作

（1）研究设计科学。成立濮阳市实验小学"适度教育研究所"，与教育科研院所、社会各界联合，建立健全课题研究共同体；认真学习相关理论，立足本校实际，制定切实可行的研究方案，以行动研究、反思研究为依托，逐步推动课题研究；发挥各个研究个体的作用，在总课题思想的指导下，每个研究者根据教育教学实际确定自己的研究子课题，并坚持进行研究记录和描述。通过对教育教学方式方法、态度策略的评价，对教育教学效果的测评，对各种数据的分析，从中提炼出具有说服力的案例，以支撑课题研究的结论。

（2）研究对象明确。濮阳市实验小学 1—5 年级学生（学校是五年制）。

（3）研究方法得当。本课题以行动反思研究法为主，辅之观察法、文献法、个案研究、比较研究等方法，并进行了定性研究和定量研究相结合的科学研究，提高了该研究成果的科学性、规范性和专业性。

（4）技术路线逻辑清晰。加强研究者的理论素养，切实转变教育观念，以专家引领课题的理论研究，以行动反思带动课题的实践探索，以课题研究提高研究者的理论水平和业务能力，以本课题的实验引领学校的常规工作，提高教育教学工作的科研含量，促使学校教育教学质量的增长方式逐步由经验型增长向科研型增长转轨。

（5）实施步骤规范严谨。本课题计划三年完成，分为四个阶段：第一阶段（2007 年 9 月—2007 年 10 月）：论证、开题和启动阶段；第二阶段：（2007 年 11 月—2009 年 8 月）：各子课题全面研究阶段；第三阶段：（2009 年 9 月—2010 年 6 月）：中期评估和深化、提升阶段；第四阶段（2010 年 9 月至今）：成果总结和鉴定验收阶段。

2. 课题研究主要贡献

（1）主要理论研究成果

对适度教育的核心概念进行了原创性研究和科学解读，提出了适度教育的理论基础、基本理论研究框架和理论体系的雏形。出版了以李慧军主编的《教育因适度而精彩》为代表作的 4 专著，发表了一批有价值的理论文章。

（2）主要实践成果

总结归纳出了小学适度教育的实践模式，以适度教育为品牌的独具特色的二十四字，即思想引领、评价导航、科研管理、绿色质量、民主决策、内涵发展的办学模式。建立健全了小学适度教育质量评价机制和实施了健康教育工程、诚信德育工程、教师专业发展工程、潜能开发工程、学校形象策划工程和教师幸福工作工程

"六大工程" 2 项创新实践活动。

（3）主要实际效果

促进了学生全面发展和特长发展；提升了全校教师团队的整体素质和专业化成长和实现了学校的内涵式发展和教育教学质量的全面提高。

（4）国内同行反应

小学适度教育的模式研究成果公布后，得到国内许多地方和学校领导、专家、校长、教师和新闻媒体的高度关注、积极肯定。中国教育学会会长顾明远教授为李慧军主编《教育因适度而精彩》专著作序，给予了高度评价。国内先后到学校参观学习的有 2000 多人次，近百所学校自觉学习和推广实践该课题的研究成果，对我国基础教育改革和发展正在起着越来越重要的示范和引领作用。

第三，不足与建议

1. 不足

由于种种原因，适度教育的理论研究不够深入，体系不够完善，需要从理论和实践的结合上，提高理论的高度，丰富和完善适度教育理论体系，原来计划的《适度教育论》理论著作未能完成。小学适度教育模式的变式及运行的环境和条件分析研究没有完全展开，使用和推广范围论证不太清晰。课题中所设计的调查问卷的区分度、信度、效度、统计检验和回归分析未能涉及，数据分析的科学性受到一定的影响。小学生适度教育的活动逻辑深层次研究尚未展开，因而学生活动适度有效性受到一定限制。

2. 建议

建议一：适度教育理论研究应该继续丰富和完善，逐步向适度教育的本体论、认识论、方法论和价值论等更加体系化的高度提升。

建议二：濮阳市教育行政部门、河南省教育科学规划领导小组办公室继续支持学校申报全国教育科学"十二五"规划重点课题，继续开展深入研究。

建议三：全国教育科学规划领导小组办公室组织召开"全国小学适度教育模式研讨会暨濮阳适度教育成果现场展示交流会"，推广课题研究的先进成果和经验。

建议四：河南省和濮阳市教育主管部门帮助并支持濮阳市实验小学继续开展有效的实践，真正从科研引领的角度，通过基础教育增长方式科研含量，充分发挥名校拉动和辐射作用，进行区域性推广，使薄弱学校建设工作少走弯路，尽早实现优质资源扩大化，最大限度地满足广大人民群众日益增长的对优质教育资源的需求。

第四，鉴定结论

经课题专家组 7 位专家认真研究评审，全票同意该课题研究成果通过鉴定。鉴定等级为优秀。

九、努力创造符合科学发展观的教育①

郭永福

（中国教育学会常务副会长）

适度教育实际上是在努力创造符合科学发展观的教育。初识李慧军校长，缘于她曾邀请我为其主编的《适度教育丛书》写序，阅读了该书并翻阅了《中国教育报》苏令写的《适度教育：让教育不过度无不及》后，对李校长提出的适度教育有了一些初步了解。李校长是一位有胆识、有思想、具有创新精神的校长。她对当前教育现实中普遍存在的"过度"和"不及"现象进行了深刻的剖析，提出的适度教育很有针对性，在当前应试教育既过度又不及的情况下，对推动教育改革与发展具有积极意义。

应试教育首先是过度教育，即考什么教什么，教什么学什么，为了片面追求高分高升学率，让学生机械训练，频繁考试，搞得学生精神负担、课业负担都很重。本来规定中学生每天学习时间是 8 小时，而实际上是 15 小时，这就是过度教育。说应试教育又是一种不及教育，是因为不考的就不教不学，忽视德育、体育、美育，使学生畸形发展。应试教育所表现的"过度"和"不及"教育都带来很多危害，不利于教育方针的贯彻，不利于青少年的健康成长和人才的培养。李慧军校长提出的适度教育是在矫正过度教育和不及教育中寻求恰如其分的教育。正如李校长所说："所谓'适

---

① 注：本文由录音整理而成。

度教育'，是指教育过程、教育内容、教育方法均处于一种自然和谐状态的教育。"

适度教育是符合教育规律和青少年成长规律的教育，是符合科学发展观的教育。它是克服应试教育、实施素质教育、减轻学生过重课业负担和精神负担、提高教育教学质量的有效途径。在李校长的引领下，濮阳实小在实施适度教育的三年中，实施了"六大工程"，形成了六大操作理念，促进了三个发展，打造了五个亮点，形成了自己的办学特色，成绩是显著的。学校除了教育、教学质量在本地持续领跑外，学生的综合素质和各项健康指标也有不同程度的提升。适度教育受到师生的普遍认可，濮阳实小的做法和经验值得总结推广。

真心希望李慧军校长继续引领她的研究团队在今后的实践中，不断完善自己的做法，丰富自己的经验，把经验上升到理论，得出规律性认识，以便更好地指导实践，努力提供适合每个学生发展的教育。让更多孩子在适度教育实践中和谐发展、健康成长！

十、一位有独特教育思想的专家型校长①

陈锁明

（北京师范大学教育学部教授、博士、教育部小学校长培训中心副主任）

　　初始李慧军校长，是 2009 年她作为河南省唯一人选参加了全国小学优秀校长高级研究班的学习。学习期间，对李校长探索实践的适度教育有了初步了解。2010 年 11 月份作为该课题结题鉴定会的专家组成员，我奔赴濮阳市实验小学，切实感受了适度教育研究给学生带来的信息变化。2013 年 8 月，李慧军校长刚到濮阳市第二实验小学工作一年，邀我去讲学，我再次感受到她为新的学校带来的巨大变化，更加真切体会到李慧军校长堪称为数不多的有独特教育思想的专家型校长。

　　具备独特教育思想是专家型校长的灵魂。中国关于教育的各种提法大概有 100 多种，但有多少是有生命力的呢？之所以不能存在下来，是因为缺少研究的深度。而李慧军校长潜心研究的适度教育课题，却生动地体现了有益于学校的科学发展，有利于教师的专业提升，有利于学生的全面成长，丰硕的成果源于研究的扎实深入。科研是促使教育创新的不竭动力，是教育者追求卓越的丰沃土壤。李校长引领每位教职工坚持"关注生命质量，奠基终生幸福"的办学理念，以"抑制过度的教育、提升不及的教育、调整错位的教育，发展绿色的教育"为目标，学习并落实适度教育六大基本操纵理念：顺其自然适当引导；讲究到位及而不过；主张教育精细化；崇尚根雕艺术；承认不同，尊重差异；既拔出尖儿，又托住底儿。科学的理念使"适度"成为衡量教育教学行为的唯一标尺，从此，

――――――――――

　　① 注：本文由录音整理而成。

教师多了一份幸福，学生多了一份自信，校园多了一份和谐，教育多了一份精彩。

俯身去搞真正的研究是专家型校长的品性。真正的研究是能够解决问题的研究，真正的研究能够体现参与性、主动性、专业性、实践性、推广性、丰富性、适度性的研究，李校长的适度教育研究正具备这些特点。100％的全员教师都在参与，学校拥有一个强大的研究团队，老师们从研究中尝到了甜头，主动参与的热情很高。适度教育正是针对中国教育普遍存在的过度和不及问题而提出，他们的研究很可能会为中国解决这样一个问题提供很好的样板。李慧军所在的学校教师工作忙碌而充实，但更多的是幸福，因为他们从研究中听到了自己拔节成长的声音，他们从躬身实践中看到了学生快乐学习、全面发展的可喜势头。从适度教育质量的评价机制到三维六度五环节的绿色课堂，从诚信德育到双轨道三层级主体性校本教研模式，从他们将近视率纳入教师业绩评价，到倡导"要写好文，先做好人"的情思作文研究。以及她到二实小后把适度教育研究很快铺开，她提出校魂正气、大气、雅气，搞儒雅校园文化建设，实施三全科研管理模式，搞展示性评价构建绿色育人系统等等，围绕适度教育研究使得李校长所到之处工作风生水起亮点彰显，像这样的植根于一线又伴随学校发展的研究是非常具有现实意义的，是对教育功利主义的彻底摈弃，是在实践中对教育本真的探求，这样的研究才是真正的研究。

李慧军校长认为："在现行教育体制下，既关注分数的高度，又重视快乐的程度，更关注成长的速度，我们的教育才可能适度。"有了独特的教育思想、独特的教育实践、独立的教育著述、独立的教育人格，这样的专家型校长离教育家还远吗？

十一、教育理想的不懈追求者①

程　晗

（北京教育科学研究院基础教育研究所副所长、研究员、管理学博士）

作为李慧军校长的老朋友，作为她主持的全国教育科学"十一五"规划课

---

① 注：本文由录音整理而成。

题——《小学适度教育模式研究》的亲历者和首席顾问，真切地感受到李校长是一位有理想、有追求的校长，她痴心于教育、追求卓越的个性，使她在自己的从教历程中实现了一次次的蜕变和跨越，从一名普通的语文教师成长为一名有独到思想、有胆识魄力的优秀校长。

　　从濮阳市实验小学的三年规划到适度教育的提出，我均给予了具体的策划和指导，并先后参加了适度教育研究课题的中期评估和结题鉴定会。三年来，我切身感受到了适度教育从一个宽泛的概念到健全完善的理论体系，从一种教育理念到一套成熟的实践模式，从一幅规划蓝图到丰硕的研究成果，逐步完成了六个转变：适度教育从问号到感叹号的转变；课题研究团队从游泳者到弄潮儿的转变；适度教育从抽象的概念到一般操作模式的转变；学校教育教学质量的增长方式由经验到科研的转变；教师教学实现了从必然王国到自由王国的转变；学生学习完成了从模仿式学习到研究性学习的转变。

　　李慧军校长始终充满教育激情，她心系教师成长，如何成就教师们的教育理想，提升老师们的职业幸福感，是她适度教育研究课题中的一项重要内容，实践证明，适度教育研究有效促使教师沿着专业化成长的道路幸福工作。

　　李校长还有着浓浓的爱生情结，她遵循教育规律，营造安全轻松、健康和谐的教育氛围，促使学生全面健康快乐成长。她尊重喜欢每一个孩子，为学生创设特色发展的广阔平台，开设了丰富多彩的校本课程，组建几十个学生社团，实施小明星工程，举办书香文化艺术节等等，都为学生全面发展健康成长搭建了平台创造了条件。尤其可喜的是，学生健康指数均有不同程度的提升，近视率呈下降趋势，这是最令人高兴的成果，在她的学校里，学生自信的神情、灿烂的笑容、快乐的身影成为一道亮丽的风景。

李慧军校长以她的激情和博爱展示了一名女性教育者的特有魅力。相信，随着时代的发展，满足学生的成长需求，不断追求更适度的教育，教育就会永远鲜活灵动，永远精彩纷呈。

十二、让教育因适度而精彩①

楚江亭

（北京师范大学教育管理学院教授、博导）

作为李慧军校长在北京师范大学教育部小学校长培训中心参加全国优秀校长高级研究班学习时的导师，从她几年来潜心学习、不断实践的发展经历中，使我看到了一位优秀教育者痴心学习、勇于探索、躬身实践的可贵的品质，看到了中国教育未来发展的希望。

作为一名杰出的小学校长，李慧军追求教育本真的崇高理想，她植根教育教学一线的执着探索，生动诠释着一名教育工作者对教育事业的无限忠诚，对教育责任的勇于担当，对师生生命质量的倾心关注，让每一个生命幸福成长的大爱情怀，李校长的适度教育理念为学校带来了新的发展机遇，教育因此而处处精彩。

教育因适度而精彩，精彩之一体现在适度教育真正做到了以学生为本，考虑到了学生的成长需求、心理需求、个性发展需求和人生幸福需求。它要求施教者顺应生命成长的自然规律，以发展的眼光、宽容的态度、期待的心态，在适宜的时间和空间内，采取适当的方式、方法、措施，对受教者进行恰如其分的教育，使受教者的身心得到健康和谐、充分的发展。与当前基础教育中普遍存在的过度与不及现象相比，适度教育更多地体现了对生命个体的尊重，这种大胆的创新与改革顺应和谐

---

① 注：本文由录音整理而成。

社会的需求，符合教育的发展规律。

　　教育因适度而精彩，精彩之二体现在适度教育既有关注教师职业幸福感的主观愿望，更有令人感动的实践探索。适度教育对教师的幸福重新加以诠释和定义，站在更高的境界倡导教师建立新的幸福观，引导教师沿着专业化成长的路子更快进步的同时，党的十八大以后，慧军校长又针对立德树人的神圣使命，提出让师生"全人成长"的更高目标和要求，"教师幸福工作工程"这座美丽的海市蜃楼，正因为有了校本研究的切实努力，有了精彩活动的切身体验，有了教育故事的提炼传承，有了和谐校园的处处恩泽，而渐渐演绎成为看得见、摸得着、体会得到的真实感觉，幸福逐渐成为教师的职业追求，成为最美的校园文化。

　　教育因适度而精彩，精彩之三体现在适度教育对学生金色童年的坚守与捍卫。适度教育着眼学生未来，以"德"为先，"诚"字当头，构建"诚信德育"模式，夯实学生"德"的根基；他们不断地探索高效课堂，着力提升学生创新思维培养的不及，开发学生的"智"；适度教育坚决反对以损耗学生生命健康为代价的高成本教育，大力开展阳光体育运动，将学生近视率纳入教师业绩评价，这是促进学生健"体"；适度教育实施潜能开发工程，将每个学生都视为宝藏，张扬其个性，放大其优点，为学生特长搭建平台，这是在挖掘学生"美"的潜力；把每个学生当作学校的主人翁，设置千个文明值周岗位，让学生承担责任，在实践中感悟，在劳动中成

长，这是促使学生体验"劳"的乐趣和价值。适度教育不摆花架子，不浮躁，不功利，本本分分地促进学生"德智体美劳"全面发展。

李慧军校长是一位理想教育的追梦者，我们的教育因适度而精彩，她的人生因不懈的追求而熠熠生辉。

十三、恪守爱与责任　追求教育本真[①]

刘可钦

（北京市中关村三小校长）

作为教育同行，一直钦佩于李慧军校长的勇气和智慧。她对教育的理解和把握，对教育的执着和追求，非常难能可贵。作为一名小学校长，她在全国率先提出了"适度教育"研究课题，并被立项为全国教育科学"十一五"规划课题，几年来，李慧军校长带领她的研究团队取得了丰硕的研究成果。我有幸在北京师范大学参加了他们举办的"适度教育办学思想研讨会"，聆听了李校长的精彩报告，感觉受益匪浅。

李慧军校长胸怀大爱，适度教育抓住了教育的本质。没有爱就没有教育。李校长凭着对师生的爱，她成为深受师生爱戴的校长；凭着对教育的爱，她追寻自己的理想"适度教育"，虽艰难跋涉却矢志不渝，虽困难重重却乐此不疲。在立足教苑29年时间里，她书写了一个又一个教育童话。李慧军校长努力探索实践的适度教育的理念中，第一条就是对学生的教育要"顺其自然、适当引导"。作为一名校长，她努力为每一位学生成长搭建平台，创造良好的生长环境。在她的学校，人人都有可能成为小明星，有更多的学生找到了自信，享受到了教育的平等，享受到了学习的快乐。真正好的教育就是"当春乃发生"，好的教育方式就是"润物细无声"。适度教育不仅仅是操作方法和理念，更多的是对教育艺术的追求。让我们的教育贴近孩子的成长过程，让教育方式至简，让教育态度至诚，让教育对待孩子的成长至真，

---

① 注：本文由录音整理而成。

最终才能达到至美的教育境界。李慧军校长用她怀有的"大爱"的教育，获得了大美的教育境界。

李慧军校长富有智慧，适度教育抓住了教育的关键。同时，李校长也是一位有感召力、有人格魅力的研究型校长，她实施的双轨三层校本教研模式和三全科研型管理模式，都力争让每一位教育者的力量得到释放，找到了让人人专业成长的途径，人人体验到职业幸福感。作为一名校长，她不但为学校未来发展大厦绘制了宏伟蓝图，更夯实了根基，营造了浓厚的科研氛围，调动了广大教师参与研究、享受研究的积极性，让研究成为教师的成长之需，让适度教育办学理念成为大家共同追求的目标。学校呈现出科研发展的勃勃生机，一大批专家型教师脱颖而出，这一点尤其值得推荐和学习。

李慧军校长铭记责任，适度教育注重了学生的差异。只有不一样的度，才是适度。李慧军校长认为，世界上没有完全相同的两个孩子。辣椒没有冬瓜大，冬瓜没有辣椒红。人与人之间存在巨大差异，人人都是宝藏，教育者必须承认并加以尊重。要想让辣椒冬瓜都自信，就要努力制造出科学评价的尺子，既量出冬瓜的大又量出辣椒的红。她用质朴的语言道出了深厚的哲理，平实中有深度。适度教育不是一个口号，一个标签，它回到了教育的常识，从常识出发，去做一系列教育改革，为学

生创造良好的成长环境，这同样体现了教育者的大爱与责任。

"校长对学校的领导，首先是教育思想的领导。"有了科学的思想引领，有了对教育的大爱情怀，相信，李慧军校长的适度教育办学之路会越走越宽。

十四、李慧军：穿上魔力红舞鞋的舞者

徐相瑞

（濮阳市实验小学副校长）

我跟李慧军校长很是有缘。准确地说，她是我工作和事业上的引领者。1997年至2006年，她在子路小学做业务副校长，我做教导主任。2006年10月她调任市实验小学校长，一年后，我也紧随其后，到实验小学做业务副校长。

有句很经典的话：想要走得快，就单独上路；想要走得远，就结伴同行。我是一个心无所恃、随遇而安、性情温顺但绝不苟同的人，能遇到李慧军校长这样一个既仰望星空又脚踏实地，且总是大步流星、勇往直前，让我又敬又畏的引领者，是我此生的幸运。否则，我将会原地踏步或行之不远。我常常戏谑地对别人讲，跟随李校长这些年，总是气喘吁吁、惴惴不安的，竭尽全力还担心跟不上她的速度和节奏。

在我的印象中，她总是精力旺盛，不知疲倦。

2002年5月，濮阳市教育局定于21日在子路小学召开现场会，向全市推广子路小学的"展示性评价"模式。但是，因为活动时间所限，需要我们将之前录制好的"展示性评价"专题片由20多分钟压缩到10分钟左右。接到这一通知时已经是5月20日下午的5点多钟了。怎么办？作为业务校长，李慧军校长当机立断：重新改！重新录！哪怕通宵达旦，也要高标准完成！我当时的任务是为专题片配音。草草吃了点儿饭，便跟她匆匆来到了市电教馆的制作室。边改边录，边录边改，不知不觉已经到了深夜一点多钟。见我实在撑不下去了，她对我说："你趴在桌子上先眯一会儿，我改完后再叫你。"就这样，从深夜一点多钟到凌晨五点多钟的四个多小时里，一直是她改完一部分后把我叫醒配音，我配完音再趴在桌子上打盹儿，然后，她再继续修改……尽管整整工作了一个晚上，可是，5月21日的早上，她又精神抖擞地出现在了现场会上！

十几年过去了，那天晚上的场景就像电影镜头一样定格在了我的记忆屏幕上，并一直激励我要像李慧军校长那样能吃苦，有拼劲……

在李慧军校长的人生坐标里，只有起点没有终点，只有前进没有停歇，总是拿出自己十二分的干劲去争取百分之百的成功。

她十七岁辍学回家后，为了能再次返校读书，她能像小伙子一样去建筑工地当建筑小工；走上讲台后，为了能上好一节课，她能摸黑对着满教室的桌椅板凳反复试讲；为了能让临近毕业的孩子取得优异成绩，她能克服即将临盆、家父病重的双重困难，坚持上课，直至晕倒在讲台；为了能完成一个个科研课题，她能通宵达旦，夜以继日；为了能让所带学校不断迈向新的台阶，她始终高瞻远瞩，向星星瞄准，且每到一处，便能掀起一阵滔天的波浪……

在子路小学任业务副校长期间，她协助校长谢世山同志进行的《三特学校实验与研究》"填补了我省小学阶段全员参与器乐教育的空白，创建了一种素质教育办学模式，其研究成果达到国内同类研究先进水平"（专家鉴定评价），先后荣获河南省教育科研成果一等奖，濮阳市科技进步一等奖，濮阳市十大技术攻关成果奖。为了进一步深化课堂教学改革，她又与谢世山校长一起，致力于教学质量评价模式的研究，经过三年多的努力，所探索出的以全体教师和学生的全面发展为目标的"展示性评价"模式得到了市、省、国家级领导和专家的充分肯定。2002年5月21日，濮阳市教育局在子路小学召开现场会，向全市推广后，随即在我市引起了强烈反响。

与此同时，《河南教育》《中国教育报》分别以《新曲在这里奏响》和《扔掉相机，换上CT》为题先后对此模式进行报道，在省内外又一次引起轰动，吸引了省内外同行5000余人到子路小学参观学习。随后，教育部机关刊——《人民教育》的记者们又针对此模式的研究工作进行了长达三天的深入采访，并在2003年《人民教育》第二、三期合刊上，作了题为《多元、客观、开放》的长篇报道。全国教育学会教育评价研究会常务理事、研究员程晗博士评价说，"展示性评价"改变了传统的终端性、测试性评价暗箱操作的弊端……其导向作用和它独特的激励和改进作用，是目前我国现有的任何一项评价制度所无与伦比的……年轻的子路小学也随之轻歌曼舞，飞速前行！

2006年10月至2012年8月李慧军校长任濮阳市实验小学校长期间，在全国率先提出《小学适度教育模式研究》命题，并作为全国唯一一项小学研究成果跻身于全国各大学和科研院所研究成果之列，被全国教育科学规划办专家组评定为"良好"格次（全国优秀仅有一项）。《新华社每日电讯》于2010年12月8日，以《河南一小学将学生近视率纳入教师评价指标》为题、《人民日报》于2011年10月以《"适度教育"——让教育回归应有的精彩》为题、《教育时报》于2010年12月4日以《"适度教育"为中国教改带来了什么》为题进行了大篇幅报道，适度教育成为学校发展的亮点和特色。2010年3月16日在北京师范大学举行了濮阳市实验小学适度教育专题研讨会。其研究成果在全国广受关注和赞誉，辐射影响全国30多个省市提升教育质量，李校长个人应邀到全国各地作报告百余场……短短6年，实现了她要在这所被称作"青藏高原"的濮阳市实验小学建"珠穆朗玛峰"的宏伟目标！

2012年8月，在调任濮阳市第二实验小学校长之后，她又一次向星星瞄准：努力把二实验办成一所教有特色、学有特长、师生共享成长幸福的、充满活力的、有文化有内涵的学校！为了提升团队凝聚力、战斗力、创新力，她确立"让每一个生命幸福成长"的办学理念，提出"正气、大气、雅气"的校魂以及"做最好的自己"的校训，以"素质教育质量三维评价体系"为导向，探索实施"三全科研型管理模式"……短短三年，让这所豫北地区的全国书法实验学校全方位焕发生机，赢得了社会的广泛关注和普遍赞誉。

勤勉、执着，心怀梦想，追求卓越，回报她的是一项项沉甸甸的荣誉："濮阳市建市功臣""濮阳市拔尖人才""河南省优秀教师""全国十杰中小学中青年教师提名奖""国务院政府特殊津贴享受者""全国教育系统劳动模范""全国先进工作者",先后三次受到党和国家领导人的亲切接见,多次被《中国教育报》《人民教育》《河南日报》《教育时报》以及省市电视台等有关新闻单位宣传报道。

一路走来,李校长有太多喘口气,停下脚步歇一歇的理由,但是,她说,所有这些,都是她千里之行,重新始于足下的不竭动力。

写到这里,我忽然想起了安徒生童话里那个穿上红舞鞋的女孩,从穿上梦寐以求的红舞鞋开始,就一直跳,一直跳,总也停不下来。不是只有舞者才会穿上红舞鞋,从此曼妙旋转,不知疲倦,在李慧军校长脚上,也有这样一双"红舞鞋",自从选择教育那天起,对教育的情怀和抱负就召唤她不停地向前、向前,总也停不下来……

十五、我眼中的李慧军校长

王志敏

(濮阳市实验小学办公室主任)

2006年10月到2012年8月,李慧军校长在市实验小学就任。6年时间,我看到了一个有胆识、有魄力、有想法、有行动,真心干教育的好校长。我听到了众多家长对她的由衷赞叹和高度评价,感受到了老师们对这个可亲可敬好领导的信赖与尊重,还有一届届学生们对这位"知心校长"的无比喜爱。在我心中,李校长始终占有很重要的位置,她的为人、她的敬业、她的大气、她的善良都值得我尊敬和学习。我觉得,这样的人做校长,是老师们的幸运,是孩子们的福气。

(一)她仰望星空,充满激情

李慧军校长是一位始终充满教育激情的人,她的教育始终洋溢着情趣和乐趣。她做事雷厉风行、敢想敢为,2006年到任后即投入全部精力为学校发展描绘新的蓝图,下定决心争创全国基础教育的知名品牌。为了抢占全国基础教育前沿,李校长带领班子成员赴京请专家。科学论证后,制定了三年发展规划,提出重点实施六大工程:健康教育工程、诚信德育工程、教师专业发展工程、潜能开发工程、学校文化内涵建设工程、教师幸福工作工程。为了赢得家长的支持，李校长向 3000 多名学生家长贯彻新的办学思路，向大家公开自己的电子邮箱和手机号码，并公开承诺：校长 24 小时不关机，家长可以随时提出意见和建议。这种公开、透明的阳光办学行为得到了家长们的高度信任。

她想到了，说到了，更做到了。学校在全国率先提出的适度教育研究课题取得了丰硕的成果。为得到各位教育专家的指点和帮助，李校长带领课题组的核心成员赴北京师范大学召开"适度教育办学思想研讨会"，一个欠发达地区的小学校能到教育的最高学府举行教育教学工作研讨会，其勇气实在可嘉。

（二）她脚踏实地，亲力亲为

李慧军校长就像一个永远充满斗志、浑身都有用不完劲儿的"斗牛士"，每天都充满精气神，实验小学"朝气 勇气 豪气"的校魂在李校长身上体现得淋漓尽致。凡要求老师们做到的，她总是率先做到。李校长办公室的灯被老师们称为"长明灯"，无论星期天、节假日，她总喜欢待在办公室里。作为办公室主任，需列席参加校长办公会，很多时候，这样的会议会在下班时间或节假日召开。李校长说："实验小学是全市的窗口校、亮点校，家长们对咱的期望值很高，改革的步子不能停，创新的点子不能等，我们只有不停地前进、前进，学校才会永葆再发展的活力，教师才会获得最大的专业成长，学生们才能真正享受到金色童年！"

和李校长一起出差学习，印象最深的是她枕边经常会放一个小本子或便笺，还有一支笔。很多时候，本来已熄灯睡觉，忽然听到了窸窸窣窣的声音，轻声问李校长："李校长，你在干什么呢？怎么不开灯？"她呵呵一笑："把你吵醒了？我忽然有了一个好的想法，怕一会儿忘了，赶紧把它记下来！"从那以后，我理解了一个真正专注教育事业的人，是把自己全部的心思和情感都倾注了进去，虽苦尤乐，享受其中。

（三）她务实求真，洒脱自然

李慧军校长从心眼里爱学生，这种爱源于她对生命的尊重，源于她作为一名女性特有的细腻和柔情。只要能让孩子们高兴的，她都尝试着去做；只要有利于孩子们身心健康的，她都执着地去追求。

作为校长，让她感到最欣慰最快乐的依然是深深的爱生情结。她主张要尊重、喜欢每一个孩子，确立了"关注生命质量，奠基终生幸福"的办学理念，倡导"以学生为圆心的教育"，抓住学生爱玩的心理，实施潜能开发工程，为学生创设特色发展的广阔平台。

她特别能听得进学生的意见与建议。有一次，李校长在操场上边转边看，几个男孩儿围住她，叽叽喳喳："李校长，咱校的篮球架太高了，我们很难投进去，篮球架也太少了，玩得不尽兴啊！"本来几个孩子嘻嘻哈哈、有意无意的提议，李校长却记在了心上，随即在召开的校长办公会上郑重其事地提了出来，并以最快的速度付诸行动。短短一周时间，十几个并排的低矮精致的篮球架出现在了操场上。从此，操场上玩篮球的学生多了，成功投篮后的笑声更响啦！

李慧军校长的心里一半装着学生，一半系着老师。她不但想着如何成就老师们的教育理想，更着力提升老师们的职业幸福感。于是，具有实验小学特色的原创工程——"教师幸福工作工程"诞生了！

为了营造关爱、和谐的校园氛围，逢年过节，李慧军校长总是亲自看望离退休老教师，逐户慰问，从不间断。实小退休教师有40余位，一家家跑下来着实费时费力，但李校长总是说："他们是实小功臣，我们应该永远尊重这些老教师！让他们对学校始终有家的归属感！"在李校长在任时，实验小学举行过一次至今仍被大家津津乐道的活动，那就是邀请全体教师家属就如何构建和谐家庭举行"让爱永驻我家"专题报告会。不少老师都说："实验小学就是我们的大家庭，每位老师都是自己的兄弟姐妹，李慧军校长就是我们的知心当家人，她用自己的一言一行感动了实小，在这里工作，感觉很舒心！"

李校长善良豁达，是非分明，该表扬表扬，该批评的也绝不含糊。但大家都心悦诚服，因为李校长完全出于对学校发展考虑，无一点私心杂念，她的心和老师们走得很近。老师们喜欢和李校长聊天，她总是笑得合不拢嘴，也总会触景生情，经常泪花闪闪的。她说自己"笑点"低，"哭点"也低。但老师们都清楚，李校长是真性情的人，不虚伪，不矫情，喜怒哀乐全都明明白白写在脸上。最让我们难忘的是每年的"幸福在实小"春节大联欢，我们精心编排的节目总能得到李校长的最大褒奖，她整场乐得哈哈大笑。老师们都说：李校长是我们这些演员的"铁粉"！

李校长在意每一个学生。有一次，她去班里听课，发现了一位在手工制作、绘画方面很有天赋的孩子吕家兴，这个学生非常内向，不善言谈。为了鼓励他，李校长说："只要你用心去做，校长为你个人举办展览！"她说到了，也做到了。在学校用房非常紧张的情况下，她腾出了两间房子，为吕家兴搞了个人作品展览。从书画到手工，从泥塑到陶器，琳琅满目的极富创意的作品吸引了全校师生前来参观，从此，不太自信的吕家兴成为校园小明星，他的脸上绽放出了灿烂的笑容！在适度教育研究课题的大型结题活动中，吕家兴还作为代表面对专家、媒体侃侃而谈。《中国教育报》的记者说："能做出如此丰富作品的孩子，在全国也不多见！"听到这些，李校长总是掩饰不住内心的喜悦："我们就是想方设法为每一个孩子搭建平台，谁能说，我们的学校将来不会出很多位艺术大师呢？"

一个好校长就是一所好学校，在我眼里，李慧军校长就是一位不可多得的好校长。这样的好校长，我希望中国的学校里多一些，再多一些。

十六、动静缓急，运转随心

——我眼中的李慧军校长

管美玲

（濮阳市第二实验小学教师）

真正走近李慧军校长并领略了她的管理风格之后，我常常想起太极拳，想起太极拳中四两拨千斤的道学智慧。

　　李慧军校长 20 世纪 90 年代就在澶州大地出名了，当时她还任教于濮阳市第一实验小学。后来，听说她到了市子路小学任副校长；再后来她又回到濮阳市第一实验小学任校长。但直到 2012 年 8 月前，我耳闻的都是关于李校长的各种光环和荣誉，对于现实中的她，因不曾走近，也就不甚了解。

　　2012 年 8 月中旬，忽闻李校长调任濮阳市第二实验小学校长，心中窃喜。作为濮阳市第二实验小学的老教师，我对学校怀有极深的感情。也清楚我们市二实小若想真正崛起，有诸多散乱的资源和文化碎片需高手整合。李校长的到来无疑给学校的发展带来了机会和希望。

　　第一次近距离注视李校长，觉得她眉宇间有一股英气，透着倔强、不服输的气韵。她立身站起，周身气场十足。谈吐虽幽幽轻缓，却有摄人心魄的吸引力。我禁不住脱口而出："李校长气场好大呀！"直觉告诉我：李慧军真的是不同凡响！

　　果真，到市二实小仅三天，她就以一种特别的方式在全校教职工面前亮相——露天进行演说。那天，李校长和全校人员一人一把小凳子露天而坐（学校搞基建没有会议室）。她的简短演说很亲民很真诚，也很有力度，语气坚决果敢，每句话的顿挫处稍显霸气，一扫私下交谈时的轻柔和缓。她对二实小的脉搏把得很准，紧紧围绕着"正气""大气""雅气"三个中心词，循循而谈，让人惊诧于她短短三天之内对二实小情况的正确认识和准确把握。若不是有敏锐的洞察力和丰富的管理经验，对新到单位的把脉不会如此精准。

　　从此，"正气、大气、雅气"正式成为二实小的"校魂"，成为二实小教职工做事做人的导航仪，也结束了二实小自建校以来 20 多年没有明确思想来统领教职工的历史。

　　也自这天起，濮阳市第二实验小学的文化碎片和闲置资源开始慢慢聚合或焕发生机。

　　"做最好的自己"是李校长针对二实小教职工当时的思想和工作状态提出的"校训"。二实小本有一支素质很好的教职工队伍，但多年的风雨坎坷消磨了一部分教职工的工作热情和斗志，工作中标准不高，接受任务时有些畏难情绪。针对这些现状，李校长给全体教职工谈人生理想和价值观，以小草、小花和大树喻三种人，即像树一样追求精神的独立与高贵的人，像努力开花的小草一样赢得别人的关注、认可与尊重的人，像不开花的小草一样安于现状地活着的人。这次引领如醍醐灌顶，一语惊醒许多梦中人。而后，李校长亲自督导，利用二实验讲堂、各科室演讲比赛等措施，强化了二实小人的进取意识、奉献意识、高标准严要求意识等。又加上一系列考核方案的改革，让"不到站"但赋闲在家的人主动回岗，后勤人员主动要求到一线任教等。一系列连环组合拳让教职工深深叹服，也领略到李校长动静缓急、运转随心的魄力。

濮阳市第二实验小学是豫北地区的一所书法实验学校，书法就是学校的名片。校内设有专供教师们练习粉笔字的黑板墙，供100多位教师早晨到校后习练。很长时间以来，教师们习惯于匆匆草就，至于是否美观，不甚在意。李校长到了二实小后，观察了几日，然后不言不语拿起粉笔给写得好的教师画对钩，不批评也不表扬。当天，老师们就发现了校长的这个举动。第二天，就开始有很多老师一笔一画认真书写了，写完后还主动找人挑毛病以求字迹更美观。对钩越来越多，每天早晨在粉笔字墙前研讨字体结构、笔势和书写技巧的教师也越来越多。如今，打对钩的行为还在延续，那面粉笔字墙也早成了校园的一大景致，赢得外地参观者和来校指导工作的各级领导的啧啧称赞。

李校长就是这样不动声色地指引着大家迈向正轨，引领着老师们认真做着每一件小事，并从一个个看得见、摸得着的小成就中获得成长感、喜悦感、幸福感。

思想问题解决之后，许多问题也就迎刃而解。现在的二实小人工作作风大改变，再也不会一等二看三观望，各科室人员和一线教师的执行力大大提升。大家都清楚工作任务下达之后，校长一定有各种后续的跟进措施，所以，每个人都会"背好自己身上的猴子"，在规定的时间节点高标准完成任务。

李校长在农村长大，参加过各种农业劳动，非常熟悉农村生活和农村民间文化。务农的经历不仅锻造了她的坚韧勇敢和吃苦耐劳精神，也成为常被她信手拈来恰当利用的丰厚的教育资源。她用"辣椒没有冬瓜大，冬瓜没有辣椒红"的比喻来说明每个孩子都是有用之才，告诫老师和家长们要根据各个孩子不同的性格和特长因人施教，让每个孩子都幸福成长；用"看她娘的脚后跟，就知她闺女七八分"来告知家长们注意自己家教中的示范引领作用……这样的道理非常适合讲给我们的学生家长们听，因为相当一部分家长缺乏必要的文化知识。

李校长虽成绩卓然，但绝没有人们想象中女强人的那种风风火火或表现强悍的样子，她一直就那么优雅地走，优雅地来。她知识结构中的艺术素养让她具备了很高的审美眼光和独特的审美情趣。在她的指点下，市二实小的校园变得特别美丽大气。校园文化氛围浓郁，装饰简洁而典雅，让每一个来访者都流连忘返。作为女性，她很爱美，也常见她和女教师们谈论服装。她衣着得体，但端庄中总有时尚优雅的味道。自来到二实小这所书法学校，李校长又开始习练毛笔字，接触琴乐。在古琴练习室，她被大家戏称为班长。这"班长"也是个操心的活儿，每周得想着和琴师联系，还得想着提醒大家准时操练。有时她出差在外或因其他事务缠身不能到琴室学习，但准时召集大家练琴这事，她是绝对忘不了的！

我不知道该怎样准确评价李校长，因为：

她是一个精力特别旺盛的人；

她是一个有丰厚文化底蕴且善于激励大家前行的人；

她是一个工作得心应手且常出新招的人；

她是一个时常准备着伸手去摘那个踮踮脚就够得着的桃子的人；

她是一个在应试夹缝中努力为孩子们的成长撑起一片天空的人；

她是一个慧眼识才不拘一格用才的人；

她是一个不怒而威，让消极和丑陋无处遁形的人；

……

朱永新教授在他的《新教育之梦》中曾谈到理想校长的八个标准，我拿这些标准与李校长一一对照，发现李校长条条符合，而且还多出两条：那就是不懈坚持与享受过程。而这，才是做校长的智慧！

十七、只为追逐一个教育的梦想

陈丽娟

（濮阳市第二实验小学教师）

　　人生有五大幸事：出生后遇到一对好父母；上学时遇到一位好老师；工作时遇到一位好师傅；成家时遇到一位好伴侣；晚年时遇到一个好子女。走过不惑，蓦然回首，好像每一件幸事都来光顾我。往事历历，这里我要说的是我工作中的引领人、我生命中的贵人——李慧军校长的故事。

（一）定目标、明方向，描绘愿景

　　梦想，代表着对美好未来的憧憬与向往。国有梦，国运才会昌盛；人有梦，人生才能出彩。

　　梦想是动力，创新是基础。实干是关键，实现是目的。我们的领航人李慧军校长深深明白：有的路，是脚去走。有的路，需心去走。绊住脚的，往往不是荆棘和石头，而是心。2012年李校长到任之初，就结合学校实际，提炼了校魂、校训，为我们明确了方向，统一了思想，也凝聚了力量，从而转变了观念，转变了作风。她以小草的三种活法比喻人生的三种态度，引领我们的价值取向，让我们看好自己，做最棒的自己。告诫我们不仅要关注学生分数的高度，还要关注学生成长的速度、快乐的程度，更要关注教育的温度，让每一个生命都幸福成长。号召大家努力把二实验办成一所教有特色、学有特长、师生共享成长幸福的充满活力的、有文化、有内涵的学校。让学校成为学生最向往的地方，让教室成为学生最快乐的地方，让老师成为学生最可亲可敬的人。校长始终怀着一颗轻盈的"诗心"、澄澈的"童心"、包容的"爱心"、坚守的"痴迷"去爱孩子，爱教育。抛弃一切功利，只为追逐一个教育的梦想。我们见识了校长的纯净与执着！

（二）炼中层、强团队，握手幸福

　　有人说在高原上再努力也烧不开一壶水，说明环境很重要；骑自行车再努力也追不上宝马车，说明平台很重要；一个人再有能力，也比不过一群人，说明团队很重要。李校长到任以来，一直都非常重视中层班子队伍建设、年级组团队建设和教师的全面成长平台的打造。

为提升中层工作能力，校长前后作了《巩固中传承、稳进中提升》《人人背好自己的猴子》《大气的人应有的十种品质》《团结一心、坚定信念、同心同德共筑和谐家园，发挥优势、把握机遇、传承稳进谋求新的发展》《力铸校魂、强化责任、促学校快速发展增内涵，凝聚力量、乘势而上、为"一创双优"活动添光彩》《潮起正是扬帆时》《增强主动服务意识打造和谐有魂团队》《正视自己把握机遇，创新工作成就未来》等多次讲话，对中层进行思想引领及工作方法指导。要求中层干部率先垂范、勇于担当，做事不怕难，不叫苦，不推诿，不计较，不抱怨。树立团队协作意识、奉献精神，工作之中讲团结、讲和谐、讲正气、讲奉献、讲标准、讲合作，做好上传下达，更好地推动学校工作的顺利进行。

在李校长的引领下，我们还建成了拼搏进取、活力四射的优秀年级组。当前我们学校正在推行适度教育，施行"三全"科研型管理模式，以科研带动学校的教育教学管理工作，这期间最重要的一环就是年级组团队建设。校长鼓励六个年级组长及组内班子成员争做组内工作谋划者、校魂精神引领者、和谐氛围营造者、组内工作行动示范者、教师力量凝聚者、幸福工作促进者。同时给予组内自主空间，鼓励创新做事、特色教学、百家争鸣。于是我们见证了二年级组"三连冠"的牛气，见证了爱莲组长的团队毕业会考阅卷时忘我工作至凌晨的执着，见证了四年级组以活动促成长的大胆尝试，见证了三年级组工作的务实精神，见证了五年级组全体师生为了学校荣誉不断超越自我、努力奋发的动人画面。

百年大计，教育为本；教育大计，教师为基。党的十八大提出了立德树人的根本目标，反思我们师生的成长模式，李校长提出了全人成长教育理念，引领教师在师德师风、专业技术、健全人格、精神心灵四方面全方位成长起来。并为老师们设计了教师全人成长档案，让老师根据自己的实际每学期制定全人成长目标，记录全人成长典型案例，进行全人成长总结，使得我校教师处在一个立体的综合实践氛围中，人人明确目标，人人追求全人成长。激励教师勇于创新、乐于思考、善于总结、勤于练笔，以实现由"教书匠"到"教育专家"的完美蜕变，进而带动学校跻身名校之列。

　　"让每一个生命幸福成长"是我校办学的核心理念。学生的幸福感与幸福理念源于教师，而教师的幸福度又源于学校。为了让教师对学校产生认同感，以主人翁的心态轻松投入、愉悦工作，也为了播撒、传送幸福，我校开辟了"二实验讲坛"，让大家各抒己见，为学校的发展建言献策；推出了系列"道德讲堂"，讲述身边事，树立好榜样；开展了"做学生最喜爱的好老师"演讲比赛，弘扬先进，确立目标；设立"生日感恩礼"，感谢员工父母为单位培养优秀人才，倡导员工反哺父母、恪尽孝道，从而凝聚人心共图学校繁荣；匠心独运，开展"欣赏与感谢"活动，引领老师们关注身边事，发现、学习身边的榜样，心怀感恩，捕捉、感受身边人给予自己的帮助，人人为我，我为人人，打造文明和谐、团结进取的工作团体；多次举办了"幸福二实验"新春晚会，讴歌学校巨大变化，畅想学校发展蓝图。

（三）做课题、求特色，全人成长

　　2012年9月，李校长带领我们申报的课题《小学适度教育的内涵与实践研究》以省优秀课题得以立项，并申报了国家级课题。课题实验以来，我校在适度教育内涵的拓展与延伸及教学实践方面都作了大规模地探索研究，确立以"儒雅"为立校方针，丰盈了适度教育的核心理念，提出了我们的办学目标，明确了学生的行为目标，倡导学生自主参与的"三三五"高效课堂，做活了学生社团，开发了各种师本生本课程，丰富了适度教育环境下的特色教学。一步一步走来，回首走过的路途，我们留下的脚印竟是那么深厚。课题不再是凭空臆造，也可以这样一步一步做出来，我对李校长常说的"把蓝图做起来"有了更深层次的解读。是啊，先把心放到理想的高度，朝着目标做工作，终有一日我们一定会变理想为现实。

如果说敬业奉献是事业成功的保障，那么儒雅大气就代表着事业成功的高度。这也是我们实施适度教育，构建儒雅文化，塑造儒雅教师，培养儒雅学生，促学校教育绿色可持续发展的初衷。与圣贤为友，与经典同行，作为全国6所书法名校之一，我们的三笔字因经典内容的注入而脱胎换骨，粉笔字展示台、教师经典抄写室的开辟更是让老师们的三笔字更上一层楼。雅言传承文明，经典润泽人生，经典进校园、进课堂，我们又听到了那琅琅诵读声，那些如成语、歇后语般凝练的经典语句在震撼教育者的同时，也深深植入了孩童的心间，教育因经典而简洁、静雅。

儒雅文化深深植根于我国广博、丰厚的历史文化土壤中，我们的校园文化建设就紧紧围绕"儒雅"主题创建。从诗意校园到书画长廊，从道德主会场到书法楼梯间无不彰显着儒雅韵味。潜移默化中我们提炼的儒雅之根、儒雅之智、儒雅之道、儒雅之德、儒雅之博、儒雅之礼已如春风化雨渐渐内化为师生的言行。

书籍是人类进步的阶梯。一本好书就是一位好老师，它可以塑造一个完美的灵魂，可以改变我们的性格，引导我们积极向上，奋发进取。近几年来，我们一直实行"图书漂流"计划，巧用心思创造了学生捐一本阅读十本二十本书的奇迹。不仅如此，我们还克服重重困难，创建了教师阅览室、学生图书室，并为每个班级添置了一个书袋子，方便学生就近阅读。

教育不单单是学校、教师的事，为了让学生、家长参与到学生的成长教育中来，李校长又开设了"小公民修身课"，指导我们设计了《诚信明礼，幸福成长，小公民素养自育手册》，把教育融入到日常生活中，做到孩子的心坎上。大家一道打造身体壮、心智强、习惯好、讲诚信、爱学习、懂感恩、有教养、善创新的合格小公民。德育不再是空泛而谈，而成了可触可感的身边事。以活动促成长，几年以来我们的孩子有了长足的进步。就拿我们学校那两排果实累累的木瓜树来说吧，我们的孩子每天都从那里走过，在那里嬉戏，累累的果实把枝丫压得都能蹭到学生的头，可我们的孩子愣是不去伸手摸一下，更不用说采摘了。所以才有了我们"二实验木瓜采摘分享节"那隆重感人的一幕，成熟的木瓜每班都有份，大家可以尽情地触摸、嗅闻，体验收获的喜悦。

与圣贤为伍，做儒雅少年。自2013年以来，校园儒雅文化建设与学校实际融合，李校长提出了读、研、抄、诵经典的工作思路，期望学生借由吟诵、解读、抄写、演绎经典，达到以德育人，以文化育人的目的。连年成功举办了书香文化艺术节，动态节目精彩纷呈，全校 40 多个班级，3000 多名学生个个参与，人人是星；静态展示更是出人意料，书法、绘画、剪纸、手抄报，班级的、个人的……那真是"忽如一夜春风来，千树万树梨花开"，真可谓"步步楼台层层景"。那一日的校园洋溢着节日的气氛，那一日的孩子绽放着醉人的笑颜，那一日的我们收获着一个又一个惊喜……

特色办学就特在丰富多彩的第二课堂。李校长到任以来，在学校教室紧张的情况下，依然挤出一部分教室开辟了音乐、美术、英语、科学、古筝、琵琶、葫芦丝、象棋、形体等功能活动室，极大地丰富了孩子们的第二课堂，催生了一个个校园小达人，创造了一个个校园吉尼斯纪录，极大促进了学生的全人成长。李校长和我们一起奋斗三年了，她提出的"正气、大气、雅气"如丝丝春雨化入我们二实验每个人的血脉中，化成我们的精神，化为我们的言行。让我们一同铸就一个更强更美的二实验，我们坚信：二实验不会辜负李校长的停留。二实验会因为李校长的停留成就一段辉煌！二实验更会因为我们大家的努力开启一段新的传奇！

十八、我眼中的李慧军校长

晁秋实

（濮阳市第二实验小学教师）

李慧军校长虽然调到我们学校刚满三年，但早在二十年前就是濮阳市乃至河南省大名鼎鼎的优秀教师了。现在有幸和李校长一起工作、一起学习真是我的福气。虽然我们共事时间不长，但从李校长身上我学到了很多很多，真的受益匪浅。在我心目中李校长就是个天才育人专家，因为她在教育领域里是那样驾轻就熟，那样提纲挈领，那样删繁就简，一切教育难题到她那里都能轻易化解。

2012 年秋季李校长来到我们这个拥有 200 多名教职工，平均年龄已 44 岁的濮阳市第二实验小学。这支庞大的教职工队伍虽然素质较高，能打硬仗，但老教师居多，都有一种船到桥头舟到岸的心理，不愿意学习，不思进取。安于现状势必会制约教育的发展。李校长当机立断，制订学校发展三年规划目标，让大家看清方向，认准目标，齐心协力，再创辉煌！

李校长还要求每位教职工制订自己的个人发展目标导航仪，促进个人成长。为此，学校一次次召开动员会。"对于一艘没有方向的船而言，任何方向来的风都是逆风。"李校长的话如醍醐灌顶，我们一直铭记在心。

李校长不仅海纳百川，善于引导，而且善于为教职工的成长搭建平台。自从李校长到来后，我校陆续开辟二实验讲坛，举办道德讲堂。在这些平台上，不仅有国家级的名师专家来传经送宝，还有校内教师的教育教学经验分享及学习成长心得体会交流。我就是在这一平台上成长的受益者之一。

我已47岁，是个性格内向，自信心不足，不擅长与人交流的人。从不会主动与别人沟通，一直默默无闻，与世无争，与人无争。自从看了李校长给我们推荐的讲座《高品质的沟通》之后，顿觉豁然开朗。与同事，与认识的、不认识的人沟通的话题越来越多了。打开了心的牢笼，顿觉浑身轻松。之后，接连在寒、暑假里，面向全体教职工做了两次讲座，反应甚好。一次题目为《滋养》，用自己学习成长的亲身体会提醒教师们要通过学习滋养自己的心灵，享受幸福人生；另一次题目为《认识吟诵》，把自己学习吟诵的收获分享给大家，让更多的人了解我们的传统读书法——吟诵。

这两次讲座，让我发现了另一个完全不同的我。更加丰富了我的个性，突破了原来的僵化的我，使我的人生开辟了更多的可能性。虽然我依然普通得如一棵小草，但这是一棵不再安于现状的小草，而是一棵生命力顽强的小草，一棵不羡慕大树、不鄙视藤蔓的小草，一棵自我心灵富足努力开花的小草。

而这一切，要感谢李校长！

十九、给学生开"个展"的校长

程俊英

（濮阳市第二实验小学副校长）

"辣椒没有冬瓜大，冬瓜没有辣椒红"这是李慧军校长的"适度教育"名言。她认为，教育只有适合每个人的个性及发展特长才是适度的。

2012年8月李校长调到了濮阳市第二实验小学。她倡导在学生中开展的第一个活动就是"人人是星"。于是，美术、舞蹈、合唱、足球、篮球、田径、武术、形体、书法、科技、机器人、琵琶、古筝、葫芦丝、棋类等三十几个社团像繁星一样在学校闪烁。一大批小明星如雨后春笋般涌现。

四年级有个学生叫王红特，之前曾是家里的淘气王，班里的捣蛋鬼。他在家不听话，妈妈管不了；在学校上课捣乱，作业完不成，大家拿他没办法。但他很爱画画。后来班级开展了"人人争做小明星"的活动，他也受到感染，不甘落后。在认定奋斗目标时，他说："我喜欢画画。本学期，我要利用课余时间最少画十幅画。"李校长听说后，亲自找到他，鼓励他争做绘画小明星，并承诺只要他画十幅以上作品，就给他举办个人画展。艺术节前夕，他抱来了厚厚的一摞作品，有素描，有油画，有水粉，每一幅画都充满了灵气。于是，李校长兑现承诺，在学校"艺术画廊"里，举办"王红特个人画展"。醒目的标示，风格不同的绘画，赢得了许多学生的驻足观赏，赞美声不绝于耳。一时间王红特成了全校学生羡慕学习的榜样。从此王红特也变了。变得自信了，上进了，爱学习了。一次，他发现老师的课桌把手掉了，他从家里拿来钉子、锤子，创造性地把钉子拗弯，制作了一副把手。

李校长为王红特举办个人画展的事迅速在全校发酵，一大批小明星迅速涌现。2014年庆六一"书香文化艺术节"时，学校一下子为73位孩子举办个人书法、美术、手工作品展。学校走廊里，教室墙壁上，目之所及，全是孩子们的作品。

静态作品展了，有唱歌、舞蹈、器乐才能的孩子怎样展示呢？为了给更多的孩子机会，李校长决定"书香文化艺术节"除展示静态作品外，也为孩子们举办动态才艺展示搭建平台。2015 年 5 月 29 日，第三届"书香文化艺术节暨庆六一活动"如期举行，学校 53 个班级，班班是舞台，于是乎，各种歌曲：民族的、流行的；各种舞蹈：拉丁、芭蕾、探戈、新疆舞、印度舞等；各种器乐：琵琶、古筝、二胡、古筝、葫芦丝、架子鼓等，还有相声、快板、口技、武术，等等表演，应有尽有，孩子们兴致盎然，大展才艺。

仅仅这些还不够。按照李校长的话说："也要给那些有偏才怪才的孩子创造机会。"一次，在创建省级文明单位誓师大会上，李校长讲到兴处，兴致勃发，随机提问学生："我们的近期奋斗目标是什么？"这时，一个三年级学生朗声回答："创建校园吉尼斯世界纪录。"顿时引得一片欢笑。原来，学期初，校大队委干部在升旗仪式上向大家宣告，本学期起，李校长要为孩子们举办"校园吉尼斯"活动。这个消息引起了同学们的普遍关注，大家摩拳擦掌都在暗地里准备呢。

"辣椒没有冬瓜大，冬瓜没有辣椒红。"为了让"辣椒"更红，"冬瓜"更大，李慧军校长的梦想之一就是把学生"个展""个演"开到社会上。

二十、我眼里的李慧军校长

王巧玲

（濮阳市第二实验小学党办主任）

自 2012 年 8 月至今，在经过三年两个月的近距离接触后，我越发感到李慧军校长的魅力，她的大爱、执着、睿智、责任、担当、激情、阳光感染着我们学校的每一个人。

（一）学校发展的引路人

在濮阳大街小巷谈起市第二实验小学近三年的变化，都会说道："现在二实小那个校长李慧军真不简单！她可是个女强人！在她眼里任何困难都不是困难。"是啊，正是李慧军的眼里没有困难，我们市第二实验小学才会在短短三年里实现了跨越发展，才呈献给社会一所全新的学校。

难忘记，2012 年 8 月，李慧军校长调入濮阳市第二实验小学任校长，当时学校正处在危房改造面临一切重建的困难时期，摆在李校长面前的是一片建筑工地和较为陈旧的办学设施，她的办公室只能是半间未启用的厕所，学校没有会议室，到任后第一次全体教职工大会是在院子里露天举行的。至今我还清楚地记得当时李校长与大家推心置腹、意味深远的话语："二实验的发展关键依靠大家。我一个校长浑身是铁也打不了几个钉，我会慢慢地走近你，关注你、支持你、最后学校的发展依靠你。人在路上，梦在心里。让我们风雨同舟，患难与共，努力渡过眼下校园建设这一非常时期，相信有一天，我们的努力会赢得濮阳各界广大市民的关注！"李校长是这样说的，更是这样做的。三年多来，李校长带领学校全体教职工克难攻坚，在搞好学校楼房建设、设施建设、环境建设、队伍建设、制度建设、文化建设、课程建设的同时，每个学期都给老师们作报告、专题讲座，点燃了老师的激情，唤起了老师的梦想，激发了老师们的斗志！而今，李校长在全体教职工大会上依然对我们讲："学校发展到今天，每一位老师都功不可没！以后我们要继续齐心协力、携手并肩再创学校新的辉煌！"

难忘记，2015 年 10 月，濮阳市第二实验小学在市直几十个单位争创省级文明单位的激烈竞争中脱颖而出，首创成功，这是 2015 年市直唯一一所学校晋升为省级文明单位。创建省级文明单位，曾是我们建校二十多年的夙愿，然而从此时创建成功算起，我们这支队伍仅和李校长结伴行走了三年时间，这是她敬业拼搏干事创业精神的真实写照。

如今，濮阳市第二实验小学被誉为学生向往、家长满意、社会认可的有文化、有内涵、有品位的学校。学校上下心齐、气顺、劲足，充满活力，呈现出人心思变、人心思干、人人思发展的良好局面。仅 2014 年，就吸引了 5000 余名广大同人前来参观，省委常委赵素萍、省人大常委副主任原濮阳市委书记段喜中、省教育厅厅长朱清孟、市委副书记何雄等领导先后来校视察。现在平均每天都有一拨儿或几拨儿同人和社会各界人士来校参观。学校能有今天的变化和成就，归根到底还是要归功于三年前李慧军校长的到来，是她开启了学校发展的历史传奇。

（二）教工幸福的暖心人

教工的职业幸福感源于校长的幸福引领，这一点我感受最深。我是建校第二年就来校工作的，至今已有27年了。说实在的，27年中只有近三年才真正体会到了当老师的幸福。和三年前相比，我承担着同样的工作任务，然而，所不同的是，工作的心情不一样。那时的我，没有梦想，不敢梦想，特别是与外校老师一起参加活动时，总感觉自己不如人家，也不敢发言，没有自信，心理上更感到是一种负担。而如今，无论走到哪里，我都会自豪地主动介绍自己"我是濮阳市第二实验小学的老师"，与其他学校老师一起参加活动也是争着发言，唯恐落后。2014年12月，我参加了一个月的"省培"学习，小组讨论、制作组报，我都是积极参加。2015年暑假，我们学校四位老师到广州学习，汇报学习成果时我们第一个上台汇报了我们自编自演融古琴、书法、吟诵为一体的节目《古琴翰墨韵》，赢得各地同人的高度赞评。说起这些变化，还得归功于我们的校长李慧军。

我们在李慧军校长身上看到的总是大爱、大气、激情和阳光灿烂，李校长给我们传递的是幸福，是向上的力量。为了消除教职工的职业倦怠感，提升职业幸福指数，李校长以《人的三种活法》《做一个大气的人》等为专题，跟我们分享她的人生观和价值观，引领我们做努力开花的小草，像树一样活着，追求生命的高贵和精神的高贵。

难忘，"幸福二实验"之生日感恩礼。虽然那只是一张小小的贺卡，一封朴实无华的书信，但是那里装满了校长对教职工满满的爱。"在二实验这个温暖的大家庭里，我们成为同事、朋友，彼此关爱、激励支持。感恩您的辛苦，感谢您的付出，感动您的奉献……"生日那天，当我打开校长的贺信，读着校长温馨的话语时，我哭了，那是一种感动，一种幸福！后来，与同事交流，说起生日感恩礼他们和我一样的感受，他们说："我们都在这工作二十几年了，第一次收到校长的生日贺信，我们真的好感动。"

难忘，校长手把手地指导我们的工作。以我为例，这三年多来，我除了带一个班语文课兼任班主任之外，做得最多的工作是写材料。正是因为李校长多次手把手地教我怎样组稿，我的水平才提升很快。可以说，每一项材料文稿，只要我发给李校长电子稿，不管她正忙着干什么，不管她身在哪里，她都是最快打开邮箱一句一字地看、电话指导，甚至亲自修改，包括标点符号的运用是否恰当。清楚地记得，在一遍又一遍修改创建省级文明单位纪录片脚本时，最后一遍修改是我们俩都看着文稿，李校长一句一句地读出声来进行修改的，当时，修改完之后已经是中午12：50。那天晚上，制作纪录片，我加班到凌晨1：20，李校长也等到1：20，我回家休息了，李校长还在看那个未定稿的纪录片，做最后把关，估计那天晚上她都没怎么休息。最让我感动的是，当时我感觉可能要加班很晚，就告诉她不要等了，明天一早汇报，没想到李校长说："你能加班到很晚，我就能等到很晚。"正是李校长一丝不苟地多遍指导，才使得我写的每一个材料都感觉是精品，而每每看到这一个个精致的作品，那整夜的辛苦、几十个小时的艰辛就会抛到九霄云外，而留在心中的是满满的幸福感和伟大的成就感！真的是工作着、快乐着、幸福着。

（三）学生快乐的大朋友

李慧军校长是濮阳市第二实验小学的第六任校长，我看到的她与一般校长不同的是，李校长从来到我校那一天起，就能蹲下身子和孩子们一起游戏、谈心，成为孩子们的大朋友。

瞧，这是课间活动，孩子们和校长竟然玩得那么开心、那么无拘无束。

　　我班的班长代晨露对我说："李校长很和蔼可亲，很温柔，又很博学。看到李校长，我就想跑到她跟前问好，也好想问问校长怎么学那么多知识。"

　　我班的又一位学生说："那一次，我们课间下棋的时候，李校长来看我们下棋了，我们一点儿也不紧张，特别高兴。"

（四）家长希望的圆梦人

　　李校长提出了学生全人成长观，不仅符合孩子成长的实际还非常符合家长的期望，没有哪个家长不希望自己的孩子终生幸福，而能够为孩子终生幸福打基础的教育就是适度教育，就是引导学生成长为身体壮、心智强、习惯好、讲诚信、爱学习、懂感恩、有教养、善创新的高素质公民的教育。自2012年8月始，学校坚持实施适度教育，让每一个生命幸福成长，全面构建绿色育人系统，实施素质教育质量三维评价体系，开设小公民修身课实施诚信德育，建设儒雅校园文化，广泛研发校本、师本、班本等课程，多渠道搭建广阔展示平台，双向选择成立多项学生特色社团，以一种发展的眼光、宽容的心态和期待的心理，营造一种相互接纳、健康和谐的教育氛围，顺应人的自然，开发人的潜能，对受教育者进行恰如其分的教育，就是要努力创办适合每一个孩子健康成长的教育，实现人的全面、健康、和谐、可持续发展的目标。

　　2015年9月，学校进行了为期一周的"家长开放日"活动，好多家长到校参观后，都感慨地说："我的孩子真幸福！孩子能在这个学校学习，是我们的福分。"一个孩子的奶奶参观后，在微信中这么评价：花香、书香、墨香、处处飘香；歌声、琴声、书声，声声入耳。还有一位退休老教师送孙子上学参观后，也非常激动地写下文章来评价我们的学校"自古中州赞濮阳，人杰灵，龙之骧。孔圣先师，讲学清河庄，卫之新声—奇葩、字圣王，永流芳。当今我们二实验，处处溢春光，教师队伍精干，巾帼领航，魂魄大气雅，创省级文明单位，正能量，顺吉祥，和谐凝集赶帮超，温馨校园特色彰显，写就了不朽篇章，基石教育贵如金，少年强则中国强，治校方略绘蓝图，培育花朵成栋梁，展未来，生机勃勃，硕果累累，万紫千红大气象"。

　　这就是我眼里的李慧军校长——学校发展的引领人、教工幸福的暖心人、学生快乐的大朋友、家长希望的圆梦人！

二十一、快板书：歌唱幸福二实验

（石凤丽、王　慧）

（创作：濮阳市第二实验小学教师　表演：三年级全组老师）

（合）竹板打，精神爽，新年又到喜洋洋；

今天我们聚一堂，心中有支歌要唱。

（分）什么歌？听我说。什么歌？慢慢说。

（合）音乐的流水旋律的河，心灵一碰就是歌；

二实验喜事实在多，咱得一件一件说：

（合）校园美，校园亮，校园一派新气象。

绿树环绕花儿香，景色怡人心欢畅。

面面墙壁会说话，一步一景真漂亮，

红的墙，白的窗，洁白的教室亮堂堂。

（独）咱去厕所解个手，咦，咋和那星级宾馆一模样？

（合）石景喷泉添雅致，大彩屏挂在院中央，

电视里播出咱形象，成长的滋味暖心房。暖——心——房。

（独）书法室、美术室、音乐室、阅览室；

古筝室、琵琶室、形体室、科技室；

还有那葫芦丝和英语室，

咱这室那室各种室，促学生全人快成长。

（合）老师有了好去处，阅览室、经典室、聊斋里咱把心灵来滋养。

（独）金秋时节更是美，咱师生把那

果实累累、香气宜人恁大个儿的木瓜来分享。

（合）各项工作做得好，离不开我们的好领导。

我校领导不等闲，勇争项目搞创建；
高瞻远瞩向前看，决策制定全局观；
领导来到咱身边，沟通交流听意见。

办学目标方向明，学校发展亮点显，
科研兴校品位高，"三全管理"走在前；
有特色，有特长，师生幸福共成长，
抓引领，立校魂，风清气正抖精神；
开讲坛，铸师魂，凝心聚力谱新篇，谱——新——篇——
（独）咱来说说李校长，样样精通美名扬
教学行，管理行，为人处事样样行
嘘寒问暖贴心人，有困惑她来指迷津，
师生装在她心间，心中梦想她点燃！
新闻报道顶呱呱，热烈掌声送给她！（合）送——给——她——
（合）领导博学眼界宽，教师聪明有才干，
我校教师不年轻，业务学习不放松；
教研活动不间断，都把业务能力练；
习惯培养抓重点，高效课堂是关键。
三三五，大课堂，共同追求高质量，
学书法，练好字，传统文化来弘扬。

（二人）走进课堂你来瞧，教室里面静悄悄，
教师耐心做指导，学生练字兴致高，
学会倾听有教养，小组合作显实效。
这边您来看，老师在给学生解疑难，三遍五遍不嫌烦。
那边您再瞧，三年级的老师指导学生，手把手地教着干。
（合）又关怀，又沟通，荣辱与共师生情。
我们给您鞠一躬，鞠——一——躬！
（合）学生理想和信念，老师真情来点燃，

手抄报、黑板报，内容丰富真奇妙。

水彩画、中国画，色彩构图效果佳；

硬笔字、粉笔字，个个都是顶呱呱。

读经典、诵美文，国学经典增内涵；

浓浓书香满校园，精彩活动讲不完，讲——不——完。

（独）家长纷纷托人情，"让娃来贵校学习行不行?"

子女若能上我校，家长心里偷着笑。

（合）站在这里真骄傲，只因工作在咱校。

咱们学校就是好，家长普遍赞誉高；

社会满意咱高兴，力创全国文明校；

（独）哎！哎！不要急，不要躁，

咱先实现省级文明单位之目标；

日积月累慢慢来，咱坚定信念、扎扎实实，

一定走向全国文明校。

（合）对！对！咱一定走向全国文明（闻名）校。文（闻）——明（名）——校。

（表演于2015年春节联欢会）

二十二、快板书，夸夸咱们李校长

二（1）班张弛家长

听快板书要认真，
唱一段咱们的校长李慧军。
李校长是精英，
科学管理有水平。
她能把学校的文化生活来丰富，
她能把师生的心情来放松，
她能把职工的爱心来调动，
为困难学生捐款是真感情。

李校长办学目标方向明，
特色校园展新荣。
教学模式大改革，
适度教育结硕果。
电脑电视入课堂，
轻松学习快成长。
校园明星展风采，
特长展示显奇能，
读书活动育精英——育精英！

丰富多彩的文化节，
强身健体的体育节，
奇思妙想的科技节，
活力四射的艺术节，
德智体美齐发展，

活动丰富乐无边，
各种舞台齐展示，
奏响了实小校园的辉煌诗篇。

校园奏起和谐的歌，
教师唱起成长的歌，
我们弹起自信的歌，
校园响起明天的歌，
师生放飞心中的歌。

你讴歌，我讴歌，
唱不尽对咱李校长的赞美歌。
千言万语汇成一句话——
亲爱的李校长，
我们爱你，
我们敬你，
我们喜欢你！

二十三、兰心蕙质真君子

——我的老师李慧军

郭亚辉

每到草长莺飞的春天，看到孩子们放飞的风筝，思念就会疯长，那个在月亮地儿里、带一帮孩子排练舞蹈《又是一年三月三》的美丽女孩，是我的小学老师李慧军。

1986 年，濮阳市第一实验小学，李慧军老师开始了她一生追求的教育事业，而我，有幸成了李老师的第一届学生。李老师集我对"最美女教师"所有认知于一身，特别是那双大眼睛似乎会说话，闪着灵光，笑起来让人感到沐浴着阳光般的温暖，而课堂上那般威严，就连最调皮的学生也保证能规规矩矩听完一节课。

李老师知识渊博，口才雄辩，用一口标准的普通话教授我们语文课。印象最深的是课堂上的阅读欣赏。她朗诵时的抑扬顿挫，感情真挚，既富文采，又充满激情，任何人听她的课，都会被她吸引，感情随她的指引而跌宕起伏，进入忘我境界。下课铃响后，才如梦初醒，回到现实。回想当年，五十名八九岁的孩子，深深地被老师吸引，教室是那么安静，思绪随老师指引"身未动、心已远"。还记得学习冰心的《小橘灯》时的情景，老师的朗诵里，闪烁着朦胧橘红的光环，李老师教我们镇定、勇敢、乐观；还记得学习《小布头奇遇记》时，那些生动有趣的故事，那风趣幽默的语言，就连最懵懂的孩子，也被逗得乐不可支；还记得学习《卖火柴的小女孩》时，老师的朗诵那么动情，老师的眼圈红红的，而教室里唏嘘一片，有的女生甚至哭出声来，感情一时无法自控，就像书画艺术创作中的"留白"，时间在这里凝固了几十秒钟，李老师缓缓合上书本，举起右手，在黑板上轻轻敲了两声，然后做了一个下压的手势，教室里渐渐安静下来 ……多年以后，这一幕，还深深镌刻在我的心里。

20 多年前，在大部分孩子还是"散养"状态、大家普遍认为"教育孩子是学校的工作"的 20 世纪 80 年代，李老师刚刚毕业，一腔热情，满怀爱心，毫无保留地投入到学生教育中。当时条件不够好，她自办手抄报《雏鹰报》，一周一期，内容丰富，收录有名言警句，有同学们的范文，附带同学们自画的插图。自己的作文能够被选登上《雏鹰报》，是当时同学们的最高追求。出报那天，是我们最期待的日子。

　　语文课上，李老师抑扬顿挫、极富感染力的朗读，将我们带入文学的广阔天地尽情遨游。多年以后，我在市电台做记者，撰写不同题材的稿件时会找专长不同的播音员播报，因为播音、朗诵会赋予文章第二次生命。这种感悟，其实生发自李老师朗诵自己作文的时候。在老师的朗读声中，我才第一次惊觉，原来自己的作文是那么优美，小小的我，从此爱上了写作，并走上一生与写作结缘的道路。

　　李老师教语文，不是简单地教学生啃课本，不是像蚂蚁一样搬家储粮，而更像蜜蜂一般，教孩子们认识百花，更传授采花酿蜜的本事。听老师的课，好似置身"老鹰抟云"的意境，在学问的广阔天地中悠游自得。李老师的教学标准很高，字体必须饱满大气，学生必须积极向上有精气神，我们班的学生，生龙活虎，凡事争先，"鲜"点子层出不穷。

　　正如孟子所说的："大人者，不失其赤子之心也。"李老师给我们几个女生自编自导了舞蹈《又是一年三月三》。那时候，实验小学学生还不像现在这么多，教室也少，只有一栋"工"字形教学楼，楼北面是宽敞的操场，晚上，月亮地儿里，夜风轻吹，李老师带我们排演舞蹈，满院子的欢歌笑语。累了，大家围坐在一起，讲故事，说笑话，唱歌，笑笑闹闹。这时候，李老师不再是课堂上严厉的班主任，分明是邻家漂亮大姐姐，是全班同学心目中的"女神"。这时候同学们拼命挤在女神周围，老师那温暖的手轻轻拍了拍身边的学生的头，离得远的还会嫉妒——至少我少年时曾这么想。"又是一年三月三，风筝飞满天，牵着我的思念和梦幻，走回到童年；记得那年三月三，一夜难合眼，望着墙角糊好的风筝，不觉亮了天；常念那年三月三，还有画着小鸟的风筝，和那小伙伴，风筝懂得我的心，朝我把头点，牵着我的思念和梦幻，永把我陪伴。"如果我的小学时代是部美丽的电视连续剧，这首歌就是贯穿始终的背景音乐，她深深浅浅地吟唱，伴我走过快乐的小学时光，永远回响在我记忆的长廊。

我不算一个成绩特优的学生，但也不算糟糕，尤其语文更好，这是小学打下的底子，准确地说，是李老师的功劳。那时候，我们班里的学习氛围相当好。一是有学习的"气场"，二是同学之间争优成为一种风尚，学习上的事是斤斤计较的。一争高下之后，胜出者是受人尊重的。这样的学习氛围，使我们班成了全校各科学习成绩最好的班，将第二名远远甩至身后，一直保持至小学毕业。

李老师既深谙教育教学规律，又有对教学的热忱与不懈追求。在几十年的教学、管理实践中，她能提出一系列创见以启迪后学。要做到这一点，委实不易。这样的积累不仅仅是课堂的积累、时间的积累，更是精神的积累和责任的积累。

2008年，我任濮阳市广播电台新闻部主任，带领新闻部记者编辑播音员十员女将，一路努力拼搏，最终赢得肯定，被河南省"巾帼建功"活动协调小组、河南省妇女联合会授予"河南省巾帼文明岗"荣誉称号。在颁奖仪式上，作为代表，我坐在濮阳宾馆餐厅二楼会议厅前排等待上台领奖，突然发现，我的老师李慧军，代表濮阳市第一实验小学，即将上台领取"全国巾帼文明岗"的奖牌。能够跟恩师同台领奖，一时激动得难以自抑，语无伦次地向老师汇报这些年自己的努力，感谢老师当年悉心的栽培，李老师却轻轻拍了拍我的手，带着些许遗憾，淡淡地说："我在想，当年我那么年轻，缺少教学经验，有些时候，恐怕对你们的教育有些地方是不足的。"经过几十年风霜的浸润，李老师步入中年，额头轻现些许沟壑，然而眉宇中，我仍然看到当年意气风发、恨不得将满满一天24小时都交付学校交付学生们的年轻女孩，怀着深深的感情，带着满满的激情，全身心投入。然而几十年后，她还要反思还有哪里不足、不够好！多年来，李老师荣获了包括全国劳动模范、国务院特殊津贴专家等为人瞩目艳羡的荣誉与光环，我深深地知道，这一切对她而言都是"实至名归"。

"青山矗立，不堕凌云"，2014年8月30日，我旁听了李慧军老师在"实中大讲堂"所做的教育报告，讲到教育的"大爱""大气"，讲到她现在的濮阳市第二实验小学的校训："做最好的自己"。一个人唯有做真实、独特、精彩的自己，才能成为完整的、丰富的、具备内在力量的人，才是人生真正的价值所在；讲到她曾不止一次讲过的"非洲草原尖茅草"的故事——尖茅草最初的生长期是在深深的地里，努力地扎根、蓄积能量与营养，人们在地面上看不出它的生长和变化，而半年之后，在雨季到来之际，尖茅草的生长就像被施了魔法，三五天就会长到两米的高度，大片的尖茅草就像一堵墙，让人感到震撼。我知道，李老师现在的高度，让人仰望的高度，是她蓄积多年的努力的回报，而即便如此，老师也没有停止脚步，仍在教育教学领域里孜孜追求。"不思量，自难忘。"时光荏苒，授业之恩，永志难忘。

小学早已毕业，然而人生这堂大课仍在进行，工作中、生活中每有疲累，或者竟想放弃努力之时，李老师的形象总能浮现脑海，像在当年课堂一样，逼视我，促我奋起，促我继续前行！

后　记

幸福　感恩

自 1986 年师范毕业，分配到濮阳市实验小学任教至今，转眼间已经 29 个春秋，当我屈指算出这个数字，不免一阵唏嘘，真可谓 29 年过去弹指一挥间啊！我静下心来，回顾所走过的路，自然涌上心头的有反思、有幸福、更有感恩。

说起反思，总感觉有些惭愧。因为，在同人们眼里，我是成功者，收获了许多荣誉和赞扬，而在我的家人眼里，我不是称职的女儿，不是称职的母亲，不是称职的妻子……所以，这29年来，有鲜花和掌声，更有痛苦和泪水，但是更多的还是幸福。于是"幸福"和"感恩"就成了我最重要的两种人生体验。

首先，我是幸福的。

我为拥有一份自己热爱的工作，并能全身心投入其中乐此不疲为之奋斗而幸福。29 年间，我从一名教师，到教导处副主任，再到任业务副校长，校长，不管哪个岗位，我从没有过敷衍塞责，而是认真经营着每一项工作。我信奉的格言是"把你的任何一项哪怕微小的工作，都当成一个宏大的世界去研究它对待它，你才能成功。"于是，不知多少个日日夜夜，我都是在全身心投入的状态下度过的。有个朋友对我说："无论什么时候见到你，你总是精气神十足，你哪来那么大劲儿啊？你做那么多事，累不累啊！"我自己也很难说清楚，我的精气神是从哪里来的，反正是从来没有讨厌过工作，从来没有因为牺牲节假日，甚至加班加点到深夜而苦恼过，累过，不知不觉这种加班加点工作的状态就成了属于我的常态。有时偶尔早下班一次到家，不但我自己不习惯，就连家人也不习惯，会忍不住调侃，"哟，今天咋舍得早回家一次，太阳从西边出来了？"我抿嘴一笑，心里浸润着幸福。

我为在一路播洒汗水的同时，收获了许多研究成果，并成为广大同行们可资借鉴的经验而幸福。在市实验小学当老师时，我教了8年小学语文，所教班连续8年升级考试全校第一名，并出版了专著《评赏阅读教学法》，成长为全国十杰中青年教师。在市子路小学当副校长10个年头，和我的老校长老同事们共同研究出的质量评价模式——《展示性评价》成果，被《人民教育》《中国教育报》长篇报道，曾一度享誉全国，吸引了全国各地的广大同人前来参观学习，惠及了数万师生。后来又到市实验小学当校长，所进行的"小学适度教育"研究，不仅被立项为全国"十一五"规划课题，其研究成果获得全国鉴定"优良"等级，《中国教育报·现代校长周刊》给予整版报道，《新华社新闻稿》和《教育时报》也都先后给予大幅和连续报道，又一次吸引了一批又一批来自全国各地的同行们前来学习借鉴。2012年，我轮岗到市第二实验小学，我有太多的理由停下脚步放松一下自己，然而，一股强烈的责任感和使命感又促使我继续奋进一如既往。短短三年间"三全科研型管理模式""素质教育三维质量评价模式"以及"儒雅校园文化"等成果，又成为我校新亮点，被许多来访者称道赞赏。根据马斯洛的层次需要理论，我为达到"被认可"这一最高层次的人生需要而感到幸福。

我为工作中得到领导的赏识、专家的认可、同人的赞扬、孩子们的敬爱、家人的支持而幸福。29年来，我一路耕耘一路收获，从在市实验小学初当教师，获得学校年度考核总分第二名，首任校长刘延义为我颁发第一本荣誉证书之后，一直到2015年4月获得国家最高奖赏——"全国劳动模范"，受到党中央和国务院的联合表彰，这期间几乎年年都会有荣誉造访，自然无比欣慰和自豪。然而更令我感到骄傲的是，收获荣誉的不只是我个人，而是我所到之处的广大教师和我们的学校。在实验小学当了6年校长，6年间，我们获得了全国教育系统先进单位，全国精神文明建设先进单位，全国未成年人思想道德建设先进单位，全国红旗大队，全国三八红旗集体，全国德育工作实验学校等。到市二实小工作三年来，也先后荣获全国巾帼文明岗，河南省未成年人思想道德建设先进单位，河南省师德师风建设先进单位，河南省文明学校，河南省文明单位等。也许，这正是我经常讲的"不为荣誉，却赢得荣誉"的原因所在。我深知，任何荣誉的获得离不开领导的赏识、专家的认可、同事的赞同、学生的敬爱和家人的支持，而这些，我是能够深切感受得到的，故此，我很幸福。

其次，我很感恩。

回想自己在教书育人的道路上走过的 29 年，值得我感恩感谢的人太多太多。首先我要感谢市实验小学首任校长刘延义，是他为我提供了在实验小学工作的机会，让我师范一毕业就成为一名小学教师；是他渊博的学识和厚重的文化底蕴，让我认识到自身之不足，才不断地努力不断地学习从不敢懈怠；是他引领我们"要向星星瞄准"，才使我有了明确的人生目标，才有了持续前行的足够动力。我感谢市子路小学首任校长谢世山，是他让我学会了怎样做校长，怎样做一个有韧劲儿懂包容的校长，是他让我拥有了先进的教育理念和坚韧不拔的毅力和意志，这些都是我勤耕不辍的力量源泉和百折不挠的原因所在。我感谢北京教科院基础教育研究所副所长程晗博士，他作为适度教育研究的首席顾问，我们结下了深厚的友谊，没有程博士的引领和指导，我和我的团队不知还要在漫长曲折的教育道路上摸索多久。我感恩我经历过的五任教育局局长，从景献银主任、聂兆鹏局长、张秋郎局长、刘庆聚局长、到朱世泽局长，五位局长对我的支持帮助与厚爱，才使我和我的团队工作顺利，不断进步，一路取得好成绩。感谢与我共事的市实验小学、市子路小学和市第二实验小学的教职员工们，感谢他们曾经给予我的支持、帮助和鼓励，没有他们的配合，我不会有今天的成绩，我所取得的成绩，全是大家的努力帮助得来的，可以说，成绩是教职工们的，他们才是成果的主人，我只不过进行了总结而已。

我还要感谢我的学生们，是他们的成长成就了我，同时，我也为自己曾经年轻经验不足，而耽误了孩子们成长感到愧疚。我要感谢学生家长，是家长们的信任让我有了担当的勇气，有了职业的梦想。

还要感谢曾经给予适度教育研究以指导与鼓励的各位领导和专家们，他们是人民教育出版社书记（教育部原政策法规司副司长）郭戈先生，教育部政策评估研究室杨银付主任，中国教育学会原常务副会长郭永福先生，河南大学的刘志军校长，河南大学教科院汪基德院长；特别感谢我的导师：北京师范大学教育部小学校长培训中心陈锁明博士和北京师范大学楚江亭教授，以及北京中关村三小的刘可钦校长，是他们的点拨、指导与鼓励，才使我不断进步。还有令我敬佩的著名记者张虹生（新华社）、苏令（《中国教育报》）、褚清源（《中国教师报》）、史道详（《河南教育》）、王占伟（《教育时报》），等等。我要感谢的人实在太多太多了，恕无法在此一一列举，这份感恩将永远铭刻在我的心里。

　　然而，还有一位不得不在这里特别提起的我的一位老朋友，《中国教育报刊》社人民教育家研究院的徐启建院长，是他自 2009 年经我的同乡老大哥聂延军先生介绍发现"适度教育"那天起，就一直用其独特的方式关注着我们，支持着我们，在他的鼓励下，我写出了《教育因适度而精彩》一书，并在广西师范大学出版社出版发行。而今，同样是徐启建先生的鼓励和帮助，我的《李慧军与适度教育》一书又将完稿，是徐先生一直在助我实现"我的适度教育梦"。

　　最后，我要感谢我的家人，由于我对工作太投入，而对家人忽视太多，缺失了很多关心、关爱与照顾，母亲、女儿和爱人都对我很包容，他们从不埋怨我，相反，他们都想方设法照顾我。是他们的照顾与包容，我才有足够的时间和精力投入工作，因此，我有时候想起来，总会有发自内心的愧疚，一种说不出的滋味如鲠在喉。然而，"人生自古谁无憾？"也许正是由于缺失了母亲的照顾我的孩子才那么独立和优秀，正是缺失了女儿的照顾我的母亲才那么健康矍铄，乐观豁达，正是缺失了妻子的关心，才使我感受到爱人的体贴与家庭的幸福。所以，我认为我的人生等于工作，工作等于奉献，奉献等于收获，收获等于幸福。一言以蔽之，我拥有幸福的人生，我感恩身边所有人和事。

2015 年 10 月